中國學術思想

六 編

林 慶 彰 主編

第 12 冊

失衡的邏輯
——以「吏階層」為進路論王充「疾虛妄」之思想意涵

徐 其 寧 著

國家圖書館出版品預行編目資料

失衡的邏輯——以「吏階層」為進路論王充「疾虛妄」之思想
意涵／徐其寧 著 — 初版 — 台北縣永和市：花木蘭文化出版
社，2009〔民98〕
目 2+202 面；19×26 公分
（中國學術思想研究輯刊 六編；第 12 冊）
ISBN：978-986-254-063-3（精裝）
1.（漢）王充 2.學術思想 3.研究考訂
122.6   98015218

ISBN - 978-986-2540-63-3

9 789862 540633

中國學術思想研究輯刊
六 編 第十二冊   ISBN：978-986-254-063-3

失衡的邏輯
——以「吏階層」爲進路論王充「疾虛妄」之思想意涵

作　　者　徐其寧
主　　編　林慶彰
總 編 輯　杜潔祥
出　　版　花木蘭文化出版社
發 行 所　花木蘭文化出版社
發 行 人　高小娟
聯絡地址　台北縣永和市中正路五九五號七樓之三
　　　　　電話：02-2923-1455／傳眞：02-2923-1452
網　　址　http://www.huamulan.tw 信箱 sut81518@ms59.hinet.net
印　　刷　普羅文化出版廣告事業
封面設計　劉開工作室
初　　版　2009 年 9 月
定　　價　六編 30 冊（精裝）新台幣 50,000 元

失衡的邏輯
——以「吏階層」爲進路論王充「疾虛妄」之思想意涵

徐其寧　著

作者簡介

徐其寧，1978 年生，臺北人。國立東華大學中文系碩士班畢業，現就讀國立清華大學博士班。

提　　要

　　在王充研究上，不論是大陸學者，或台灣學界，幾乎都集中在才性、命定、氣、歷史思想、無神論等思想議題，或是由胡適開啟的對王充講求實證方法的方法論討論上，這樣一套幾乎已經定型的研究模式，已經造成王充研究的擁擠，但許多本質性的問題卻還是沒有解決。包括我們還是不知道，「虛妄」到底是什麼，王充「疾虛妄」的重點與目的究竟何在。

　　本文嘗試從吏階層的展開，討論王充思想之形成與特色，實際是有吏者維護社會秩序，以及儒者批判社會亂象的雙重性格。希望透過與王充息息相關的「吏階層」中，還原當時的場域，讓王充思想與當時社會有對話的空間，而不再只是王充個人的思想獨白，從而理解王充《論衡》之旨「疾虛妄」者，實涵攝了民間與知識份子二階層。在民間，王充藉由批判百姓寧遵時宜之忌而棄理性的生活態度，展現他具有教化、正俗的循吏表徵。在知識份子階層，王充強調求真與重用，對時人喜增語誇言以悅心的浮誇之風表達不滿。

　　至於王充的宣漢說，以及對漢代祥瑞的肯定態度，突顯的並不是他一己的媚漢心態，而是反對人為的操弄災異、假借天體「異」，混亂施政方向，並期望豐富的漢代文人、著作祥瑞等「人事」徵候，使治世基準能以「文人為用」。

　　在「疾虛妄」的有效性上，儘管王充積極的透過講求實證的方式，企圖達到辨別虛實，疾除虛妄的目的，然而他儒與吏的雙重身分，在儒者強調批判，吏者追求社會秩序穩定之下，屢屢相衝突而消減其效用，使王充的判斷往往流於常識，並有失衡的傾向。再者，他並沒有提出一套更穩固的解決方式，也使其「疾虛妄」思想在「破」的層面要大於「立」的層面，亦使其思想明顯產生偏移。因此儘管王充針對民眾過分追求趨吉避凶的心理，提出命定主張，希望遏止民眾只顧遵循時宜之忌，求一己之福，卻未能說明理性的教化政策，是否能對民眾提供相同的心靈安撫作用。

　　本文屏除一般以點的「個人」、單一連接的論述，而改以「面」的方式鋪展王充「疾虛妄」的思想意涵，期望提出一種更符合王充思想產生之「起點」，對思想家有更豐富的理解。

目
次

第一章　緒　論

第一節　王充著書動機及目的

　　王充（27～91），字仲任，會稽上虞人，生於東漢光武帝至和帝年間，《論衡》始作於明帝永平二年（59），晚於《譏俗》、《政務》二書。時王充自京師歸會稽，屏居教授，年三十三歲。至和帝永元元年（89）書成，歷時三十年。〔註1〕

　　關於王充的著書動機，歷來研究王充思想者，蓋多引其〈對作〉所云：

> 《論衡》之造也，起眾書並失實，虛妄之言勝眞美也。……虛妄顯
> 於眞，實誠亂于僞，世人不悟，是非不定，紫失雜廁，瓦玉集糅。
> 〔註2〕

大抵均認爲王充著書是爲了去僞求眞，〔註3〕甚至更明確指出反讖緯、去神學化、去孔孟之偶像化等。從當時帝王對讖緯、方術的興趣，〔註4〕以及附勢之

〔註1〕　見黃暉：〈王充年譜〉，收入《論衡校釋》（黃暉校釋，附劉盼遂集解，北京：
　　　　中華書局，1997年），頁1224，1232～1235。以下本文所用《論衡》俱爲此
　　　　版本，除卷別、篇名、頁數外，不另加註。

〔註2〕　《論衡》卷29，〈對作〉，頁1179。

〔註3〕　任繼愈謂王充《論衡》全書主旨爲「去僞存眞，疾虛立實」。（見任繼愈主編：
　　　　《中國哲學發展史》〔北京：人民出版社，1998年〕，頁518。）

〔註4〕　《後漢書》〈張衡列傳〉載：「初，光武善讖，及顯宗、肅宗因祖述焉。自中
　　　　興之後，儒者爭學圖緯，兼復附以訞言。」見范曄：《後漢書》（李賢等校，
　　　　北京：中華書局，1997年）卷59，〈張衡列傳〉，頁1911。）又《東觀漢記》
　　　　亦言：「六年……天下悉定，惟獨公孫述、隗囂未平。……當此之時，賊檄日

徒以此「習為內學，尚奇文，貴異數，不乏於時矣」的風尚，〔註5〕如是的推論不僅合理而且看來符合王充所論。〔註6〕然而必須注意的是，《論衡》一書，其中批駁的，不只是當時熱門的讖緯言論，還有大量的民間信仰問題。讖緯與民間信仰之間，乍看是分屬二不同階層的風氣，然王充俱以「疾虛妄」收攏，實際正代表了這些信仰、習俗在根本上，與上層階級信奉神仙方士者同

以百數，憂不可勝，帝猶以餘閒講經藝、發圖讖。」以及「十七年，帝以日食避正殿，讀圖讖。」見漢、劉珍等撰：《東觀漢記》（四部備要本，臺北：臺灣中華書局，1981 年）卷 1，〈光武帝〉，頁 7、9。（而 17 年時以日食避正殿讀圖讖事又見《後漢書》卷 1 下，〈光武帝紀〉，頁 68，注 1 引：《東觀記》之說，謂『（17 年）上以日食避正殿，讀圖讖多，御坐廡下淺露，中風發疾，苦眩甚。』）可知光武帝對讖尤有特殊之興趣，不論是戰事倥傯之際，日常生活中也是讖不離手。而在讖之外，上層階級還有求仙、長生的不死追求。光武帝雖曾「窮折方士黃白之術」（見《後漢書》卷 18，〈桓譚馮衍列傳〉，頁 960），然觀其子明帝、東平憲王蒼、楚王英，其孫章帝之舉，卻顯示他們對方士的態度可能是友善的。明帝曾遣「太醫令丞方伎道術」為前太子彊視疾；楚王英與明帝親愛，其人「學為浮屠齋戒祭祀」，「交通方士」；明帝甚至與其敬重之同產東平憲王蒼相與日者交遊。至章帝，尤親東平憲王。建初七年三月，諸王歸國，「帝特留蒼，賜以秘書、列僊圖、道術秘方。」而河南出土的肥致碑，也記載了可能是章帝時的待詔方士臣肥致交通章、和二帝之紀錄。《後漢書‧方術列傳》甚有明載許楊、高獲、王喬、謝夷吾、李南、李郃、薊子訓、壽光侯等人行走於光武至和帝之間。同時，從曹褒將五經讖記之文雜入舊典，而章帝納之一事，亦可佐證當時帝王對讖緯仍持高度興趣。以上事見《後漢書》，卷 42，〈光武十王傳〉，頁 1424、1428～1429；卷 82，〈方術列傳〉，頁 2710～2714、2716～2718、2745、2749；卷 35，〈張曹鄭列傳〉，頁 1203。而關於肥致碑之碑文記載至今仍留存諸多疑點，如邢義田指出的，從碑文無法得知肥致確實於何帝時受詔為待詔，及何時應帝之詔除災，此二時間點均被刻意的模糊化。而碑首重複書寫章、和二帝，可能是方士位抬高自己身價而故弄玄虛的障眼法。然此碑仍可作為見證帝王好神仙和社會求仙風氣的密切相關。見邢義田：〈東漢的方士與求仙風氣〉，《大陸雜誌》94 卷 2 期。

〔註5〕　《後漢書》卷 72 上，〈方術列傳〉，頁 2705。

〔註6〕　王充對於讖緯的態度，相較於桓譚、鄭興明言「不信讖」，張衡「以圖緯虛妄，非聖人之法」及「宜收藏圖讖，一禁絕之」的明確反讖主張，實際是有些搖擺不定的。其雖有明言：「神怪之言，皆在讖記，所表皆效《圖》、《書》，「亡秦者胡」，《河圖》之文也。孔子條暢增益，以表神怪；或後人詐記，以明效驗。」「讖書秘文，遠見未然，空虛闇昧，豫睹未有，達聞暫見，卓譎怪神，若非庸口所能言。」（見《論衡》，卷 26，〈實知〉，頁 1070。）表明了認為讖緯是神怪之說，持不可信的態度。然本傳中既未言其非讖，〈效力〉又言孔子於「秘書微文，無所不定」（《論衡》，卷 13，〈效力〉，頁 582），或微引讖書「董仲舒，亂我書」（《論衡》，卷 29，〈案書〉，頁 1170～1171）以證孔子之論定於仲舒之言等，似乎又標明了凡孔子所為者皆不能懷疑其為偽。

樣有著「追尋一己之福」的心理作用。〔註7〕此二者之所以被王充評爲是「虛妄之言」、「不實誠」之認知，在於二者都與國家整體政策有衝突之處，並且危害一國的政權穩定。

這些方術、讖緯、民間信仰的出現，並非始於王充所在的光武至和帝時期，當時何以沒有有識之士出面澄清？最根本的原因，應該在於其時國家運作仍有著嚴密的法家或儒家（如春秋斷獄）支撐，對於事物的判斷仍有著一貫的法理。即皮錫瑞所謂：「皇帝詔書，羣臣奏議，莫不援引經義，以爲據依。國有大疑，輒引《春秋》爲斷」。〔註8〕然而到了以讖緯、符命起家的王莽、光武帝之後，判準的中心成了讖緯、符命，儒家原初的道統已然出現危機；光武帝甚至多次以讖決事，如其即位初年「方信讖，多以決定嫌疑」，〔註9〕其後又與反讖之桓譚衝突，史載：

> 其後有詔會議靈臺所處，帝謂譚曰：「吾欲以讖決之，何如？」譚默然良久，曰：「臣不讀讖。」〔註10〕

可以看見自光武帝即位以來，即已習於以讖決定嫌疑，甚至不惜折損股肱大臣。如是的決事判例其子顯宗亦承襲之。史載：

> （明）帝嘗問（鄭）興郊祀事，曰：「吾欲以讖斷之，何如？」興對曰：「臣不爲讖。」帝怒曰：「卿之不爲讖，非之邪？」興惶恐曰：「臣於書有所未學，而無所非也。」帝意乃解。興數言政事，依經守義，文章溫雅，然以不善讖故不能任。〔註11〕

以讖決事最大的危險，是在於讖可任意假造，〔註12〕且相較於附經的緯，漢

〔註7〕　所謂「追尋一己之福」，主要指的是民間信仰的一個特色，即一般人在信仰活動中，主要關注的是一己（包括個人和家庭）之福，而人對於得到此一己之福的手段主要是各種方術和祠祀祝禱。然而漢代民間信仰與官方宗教多有重疊，故此語亦無特定指爲民間所有。見蒲慕洲：《追尋一己之福——中國古代的信仰世界》（臺北：麥田出版社，2004年），頁9、14。此議題在第三章中將有詳述，此處暫不贅述。

〔註8〕　見皮錫瑞：《經學歷史》（周予同注，臺北：漢京文化事業有限公司，1983年），頁103。

〔註9〕　《後漢書》卷28上，〈桓譚馮衍列傳〉，頁959。

〔註10〕　《後漢書》卷28上，〈桓譚馮衍列傳〉，頁961。

〔註11〕　《後漢書》卷36，〈鄭范陳賈張列傳〉，頁1223。

〔註12〕　如光武時，帝因尹敏博通經記，令校圖讖，敏對以讖書非聖人所作，恐貽誤後生云云推辭，帝不納，敏因闕文而增之曰：「君無口，爲漢輔」，光武見而怪之，既知，不罪。（見《後漢書》，卷75上，〈儒林列傳〉，頁2558。）

讖之起多因隨著改制更朝而來，易成爲權謀之士把持政權的途徑，而使國家的運作產生偏差。

而在民間信仰部分，從秦簡《日書》及《論衡》的比對中，不難發現這一套關於歲時禁忌、天災福咎的法則一路流傳了下來，而且有增多、複雜化的現象，尤其王充的故鄉會稽，「俗多淫祀，好卜筮」，〔註13〕民眾寧願依循日書生活而違政令，〔註14〕使政策成爲具文，使政權的基礎有不牢固的危機。因此王充著書之動機實基於對世俗「是非不定」的憂心，故而欲「釋物類同異」，以「正時俗嫌疑」。〔註15〕是以王充所「疾」者，是各階層於種種神異、神聖、神驗說法下，所被之飄邈不實虛妄的習氣，而此習氣使人處在一種幻化、不實際的情境，於現實生活發生諸多怪誕、奇謬的扭曲情事。

王充之「疾虛妄」，不僅有「破」的部分，更具備了「立」的實效。他針對經言、傳書、儒說、世論四種不論是知識份子階層，或民間俗言等言論中的虛妄不實處，以事驗心證的徵實法論證其中的虛妄性。其所謂：

> 《論衡》者，所以銓輕重之言，立眞僞之平，非苟調文飾辭爲奇偉之觀也。……冀悟迷惑之心，使知虛實之分。實虛之分定，而華僞之文滅。華僞之文滅，則純誠之化日以孳矣。〔註16〕

可以看出，王充的著書目的，在於立眞僞之平、冀悟迷惑之心知虛實之分，企望達到「純誠之化日以孳矣」的境界。由此可以更清楚的了解，所謂「疾虛妄」者，旨在提出一套判斷事物眞僞的方法，以維持判斷價值系統的平衡。是以而「疾虛妄」一語雖爲一方法論的提出，重在解決問題，然其中的確涵攝了當時的政治、社會、文學等諸多思想問題。也因爲他著重提出對問題處理的實際層面，故對於人內心涵養、成聖爲君子等方面便無法做深入的細部陳述，此非王充之不足，而當是《論衡》成書初衷之設定。

從黃暉對《論衡》的分類來看，王充討論的面向相當廣，〔註17〕然此俱

〔註13〕《後漢書》，卷41，〈第五倫傳〉，頁1397。

〔註14〕如第五倫任會稽郡守職時，當地民眾以牛祠神，至其生活匱乏，然前後郡將均無能禁。第五倫就任後強加執行，民初仍不顧，後此俗乃絕。而更多日書一類與政策的衝突，請參本文第三章。

〔註15〕《後漢書》卷49，〈王充王符仲長統列傳〉，頁1629。

〔註16〕《論衡》卷29，〈對作〉，頁1179～1180。

〔註17〕黃暉將《論衡》內容分爲六組：第一組說性命；第二組談天人關係；第三組論人鬼關係及當時禁忌；第四組言書傳中關於感應之說違自然之義和虛妄之言；第五組討論程量、賢佞、才知；第六組是自序、自傳。見黃暉：《論衡校

由「疾虛妄」一詞統攝，表明當世之問題不僅在於虛妄之氣，選材制度、聖賢傳書籍、貴古賤今風潮等都與這股氣息相互幫襯，而幾經廝殺下得回的漢家政權，不但使原有決斷的支配力旁落與經相配的符應、讖緯及方術上，最大的僭越是影響皇帝的詔告命令，使國家陷入根本上的危機。是以綜合上述，「疾虛妄」一詞對朝廷便是指關於國家內部統治力量的問題，包括人才選鑑制度、今古文之爭下的學術問題；而對百姓，則是指信仰價值的偏移，對天的過度畏懼、信奉，忽視「人」的主體性，甚至違政策之令而依循日書的生活態度。是以王充提出此語，實在企圖找回漢家固有之秩序，並提供一檢驗虛實之法。其〈對作〉亦明表：

> 上書奏記，陳列便宜，皆欲輔政。今作書者，猶上書奏記，說發胸臆，文成手中，其實一也。〔註18〕

清楚揭示王充著書著書目的即在於「輔政」。他期望藉由「細說微論」，細部地條列批判各項命題下的虛妄言論，「解釋世俗之疑，辯照是非之理，使後進曉見然否之分」，〔註19〕對人民甚至朝野君臣起到判斷事物真假之訓練，對政權提出振衰起弊的施政方針。

第二節　王充「疾虛妄」之指稱及《論衡》論述方式

一、「疾虛妄」之指稱

從上對王充著書動機的敘述上，及其所謂「虛妄」者，蓋已可以有了一個初步概念。然而還可以繼續追問，王充能對鬼、妖、神等作出細部的區分及描述，何以對其全書要旨給了這麼模糊不清的辭彙？再者，從《論衡》中，實在很難透過他刻意表現的瑣碎寫法與各種案例中，找到他所謂的「虛妄」，究竟指的是什麼。反過來說，在兜攏了民間習俗、書籍傳語的誇飾語詞、神化後的孔子及其弟子等物的囊中，其實還是無法為他定義「虛妄」一詞的明確指稱。相對於對其書「釋物類同異，正時俗嫌疑」的讚語，〔註20〕「虛妄」一詞的確是有著模糊狀態。關於虛妄一詞的定位以及定義問題，可以從「虛

釋‧自序》，頁1～4。
〔註18〕卷29，〈對作〉，頁1181。
〔註19〕卷29，〈對作〉，頁1183。
〔註20〕《後漢書》卷49，〈王充王符仲長統列傳〉，頁1629。

實」一詞上察考；〔註21〕而此又可再帶引出若干層次的思考。其一，是虛實的分界；其二，是對虛實的判斷準則。而要釐清這些問題，關鍵在於王充的驗證態度。驗證法之於《論衡》，不僅是全書方法論之總要，亦是王充判斷上一個重要的依據。換句話說，王充之所以要求驗證之效，在於他企圖作出虛、實之別——虛者不可證，實者可證。由此思《論衡》之虛實，可知其重點乃在於可被證實為存在者為實，反之則虛。是以王充認鬼神為虛，而妖者為實，實際是經由技術上驗證的判斷，以及實有層的對存在狀態的雙重思考後才得出的結果。是以所謂之「虛妄」，對於王充來說可能只是一種姑且名之之名，他指出的是對某「類」事物的總體評價以及特質，並不必然指向某「項」事物。而為何要以「虛妄」來概括，而不作正面、明確的指陳？本文以為，最主要的原因，應當在於此類事物的無可名狀。王充既名之為「虛妄」，則已經表達了一種虛無無形的「狀態」，而唯有「神異」，才能符合王充的所有陳述。〔註22〕因此《論衡》所謂之虛妄，實際就是指神異，或一言以蔽之：「神」也。而將「神異」放入當時社會風氣，則傳注者「好神道以恢義」，〔註23〕民間則神物以避禍，神人以求仙，「神事立化」之事更大量存在於普遍流傳且被信仰、遵從的時宜之忌中，〔註24〕凡此都足以反映出王充所說的當時「虛妄之言勝真美」〔註25〕、而人心「好奇怪之語」，以為「實事不能快意，而華虛驚耳動

〔註21〕關於《論衡》中虛實問題，首由周桂鈿所發。然在其《虛實之辨——王充哲學的宗旨》書中，雖已看出「虛實之辨」為《論衡》中的宗旨地位，然對「虛」、「實」二者的指陳，卻只停留在王充自言「虛妄之言勝真美」、「務使俗實誠」，並作為是王充為文一破一立的方式。（見氏著《虛實之辨——王充哲學的宗旨》頁 2～3。）此釋仍舊讓虛者為虛，實者為實，並沒有太多的發揮，虛實之間依然界定不清。然而，杜正勝在〈古代物怪之研究（上）——一種心態史和文化史的探索〉中，梳理出王充對於物怪的認定，在於是否存在、可證與否。此說實為解釋《論衡》中虛實問題關鍵。這個可能並不算結論的物怪定義之一，卻使筆者對「疾虛妄」一詞之指稱有了另種發想。杜文見《大陸雜誌》104 卷 3 期（2002 年 1 月），頁 3。

〔註22〕此處之「神」，非必指一實際、可被人感知的神祇，而是一種神異的狀態。《論衡》〈論死〉中曾有謂神為「伸也，伸復無已，終而復始」，此是對人死後狀態鬼、神的一種區分，屬狹義的「神」。《風俗通義》之〈怪神〉，應劭釋題時謂：「神者，申也」，亦為單指一具有神性之物，為狹義之神指稱，與本文此處之論不同。《論衡》之說見卷 20，〈論死〉，頁 872～873。應劭之說見王利器：《風俗通義校注》（臺北，明文書局，1988 年），〈怪神第九〉，頁 386。

〔註23〕《論衡》卷 28，〈正說〉，頁 1131。

〔註24〕《論衡》卷 17，〈是應〉，頁 762。

〔註25〕《論衡》卷 29，〈對作〉，頁 1179。

心也」的神異風氣。〔註26〕同時，這股風氣不僅存在人心、彼此溝通話語上，更成為著作的必備要件。種種假經典之名而行神異之實者，已惑亂人心，混淆價值準則，是以王充欲再定真偽之平，使俗務實誠。而由此再觀王充所強調並主張之驗證法，相對於虛妄來說，實為強力之反擊。

此外，歷來往往視〈實知〉、〈薄葬〉為王充驗證論之主要表述篇章，然觀其內容，前者之敘述重點是在術數、讖緯上，後者則是針對民間信仰的鬼神論上。誠如上所論，不論是讖緯或民間鬼神信仰，其共通點在於均有神異表徵，而此才是王充之虛妄主體，而今之所謂大傳統、小傳統分際，在「神異」上也產生了連接點，二階層都籠罩在神異的風氣中。而此亦是王充在其認識論及驗證論中，不採對二場域提出個別的疾虛妄方法，反而是綜合討論了民間的祭祀葬習、鬼神之有無，以及讖緯、當時書籍中夾雜大量的鬼怪無稽之說的原因。

二、《論衡》之論述方式

關於《論衡》的論述方式，往來少有人注意，或以為詞費不足論，〔註27〕或言反覆疊遝，一直是比較被忽略地一環。然而從〈自紀〉王充自言其書「形露易觀」、「違詭於俗」、「不能純美」、「文重」四特點，〔註28〕可知其著書之形式為有意識之為之。作者之著書動機與作品之間，雖並無一絕對相應關係，然王充數語，可以看到作者於其中的巧心重意。若依馬克思主義文學批評者對文學內容與形式的若干定義，指稱「文學中真正的社會因素是形式」、「內容決定形式」、「形式由內容產生」等，〔註29〕形式問題成為觀看作者與社會層面之交互作用最佳視角，而王充自述的有意識的選擇作品表現形式，即已展現了書寫標的的文化場域、社會階層，甚者更意味了其中隱藏的一個預設的讀者／讀者群。從王充對其書寫形式四特點的說解上看，其曰：

〔註26〕《論衡》卷29，〈對作〉，頁1179。

〔註27〕胡應麟（1551～1602）謂「王充氏論衡八十四篇，其文狠冗薾沓，世所共輕，而東漢晉唐之間，特為貴重，蔡邕祕弗視人，葛洪贊弗容口，劉子玄槌提班馬，不遺餘力，而獨尊信是書。」見胡應麟：《少室山房筆叢正集》（上海：上海書店出版社，2001年）卷28，頁275。

〔註28〕見《論衡》卷30，〈自紀〉，頁1195、11197、1199、1201。

〔註29〕見伊格頓（Terry Eagleton）：《馬克思主義與文學批評》（文寶譯，臺北：南方叢書出版社，1987年），頁27、29。

《論衡》者，論之平也。口則務在明言，筆則務在露文。……夫文
由語也，或淺露分別，或深迂優雅，孰爲辯者？……文字與言同趨，
何爲猶當隱閉指意？獄當嫌辜，卿決疑事，渾沌難曉，與彼分明可
知，孰爲良吏？夫口論以分明爲公，筆辯以形露爲通，吏文以昭察
爲良。深覆典雅，指意難覯，唯賦頌耳。經傳之文，賢聖之語，古
今言殊，四方談異也。當言事時，非務難知，使指意閉隱也。〔註30〕

可以看到，所謂「口則務在明言，筆則務在露文」，如是的寫作形式，固然是
王充「吏」者習慣所然（「吏文以昭察爲良」），然而更多的考量，是其書寫企
圖的表現——即吏與知識份子的雙重風範。由此形式即成爲有意義的結構，
與內容之間，就有了辯證的空間。而內容既作爲展現社會物質且成爲指導形
式產生的主因，從內容衍伸出的預期效用即成了重要的關鍵要素。

　　《論衡》之作，既在疾虛妄，而疾之原因，在於「起眾書並失實，虛妄
之言勝眞美」〔註31〕、「使俗務實誠」，〔註32〕故以「露文」「冀悟迷惑之心，
使知虛實之分。實虛之分定，而後華僞之文滅；華僞之文滅，則純誠之化日
以孳矣」。〔註33〕因此教化之效才是王充最終的預期之功，而此，正表示了王
充傳達其「身爲」循吏的身分。其針對與政策相左的時日之忌，藉由如是鬆
散、口語的表現形式，如同親臨民眾依序解說，諄諄教誨，從而化解民間對
時日之忌的遵從力量，而此正表現出吏者「師」的傾向與特質。〔註34〕

　　而若〈自紀〉中以「王充」或「充」自稱取得了一種「史傳執筆者的客觀
的立場」，並且表示了「是在作者和讀者共存的情況下寫成並被閱讀的」，〔註35〕
則其以問答體方式並述說其書「形露易觀、違詭於俗、不能純美、文重」等語，
即是一種刻意爲之、預設讀者群體及其意識之心態下寫成的。然而值得注意的
是，如是問答的型制不唯作者自序，更是全書所採用的行文方式。〔註36〕王充

〔註30〕卷 30，〈自紀〉，頁 1196。
〔註31〕卷 29，〈對作〉，頁 1179。
〔註32〕卷 29，〈對作〉，頁 1184。
〔註33〕卷 29，〈對作〉，頁 1180。
〔註34〕余英時嘗謂漢代吏道的其中一個表現，即是化民成俗，「師」的取向。見余英
　　　 時：〈漢代循吏與文化傳播〉，《中國思想傳統的現代詮釋》（臺北：聯經出版
　　　 事業公司，1999 年）頁 223。
〔註35〕見〔日〕川合康三著：《中國的自傳文學》（蔡毅譯，北京：中央編譯出版社，
　　　 1999 年），頁 24。
〔註36〕關於作者序論中的問答形制意義，可參車行健：〈論漢代書序中的「設論」〉，

在所設定的議題下徵引諸說，〔註37〕逐條破解，形成一種對話、問答的形式，在「發話」與「駁話」的同時，其中某種位階的優勢便油然浮現，即藉由「答者」的旁徵博引，問者一方表現出一種世俗的拙劣認知。而此優勢的形成，一方面加強了文本中「作者」的意識，而在回答的同時，也為作者作了恰當的擺置。因此王充的問答行文方式，非如論者所言，是一種如現今辯論賽般「與人辯論」的而已。〔註38〕

　　除此之外，王充身為知識份子著書以傳世明志的心態亦多有論者。〔註39〕在討論《論衡》論述方式中，還必須注意而〈自紀〉未提及的，是王充對語言、文字的多所苛求，以及多以五經為依據、判準。此現象不獨見於三增九虛十二篇，更散於全書論述上。如王充本傳所云，《論衡》者，「釋物類同異，正時俗嫌疑」，其所依據的標準，即經典之文，聖人之說。是一種對道的追求。〔註40〕其以為「經傳之文，賢聖之語，古今言殊，四方談異也。」故「筆著者，欲其易曉而難為，不貴難知而易造；口論務解分而可聽，不務深迂而難睹」，〔註41〕欲傳其道，當盡量的口語化，故《論衡》者，「口則務在明言，筆則務在露文。高士之文雅，言無不可曉，指無不可睹。觀讀之者，曉然若盲之開目，聆然若聾之通耳。」〔註42〕因此對於「深覆典雅，指意難睹」的賦頌，自然即在屏棄之列。〔註43〕而王鳴盛（1722～1797）在《十七史商榷》

《中國古典文學研究》8期，2002年12月，頁167～186。

〔註37〕然而這樣的議題設定，黃震有「隨事各主一說，彼此自相背馳」之評語，事實上王充非有此意，其論述上的矛盾，實基於他史與儒雙重身分的衝突，尤其在面對政權穩固的考量上，往往「史」的力量會大於他「儒」的主張。此問題在以下第二章至第五章中將有論述。黃震之說見氏著：《黃氏日抄》收入文淵閣四庫全書（臺北：臺灣商務印書館，1983年）第707～708冊，子部1，儒家類。

〔註38〕鄧紅：《王充新八論》（北京：中國社會科學出版社，2003年），頁43。

〔註39〕王充寫作《論衡》之動機，久已為論者討論，其用心於傳世，更不獨此文所發。如乾隆云「因校四庫全書始得其全卷而讀之，乃知其違背經離道，好奇立異之人，而欲以言傳者也。」見乾隆：〈御製讀王充論衡〉，文淵閣四庫全書子部10，雜家類3，《論衡》。而唐君毅更明言，「王充著書以待後世之知者」，見唐君毅：《中國哲學原論　導論篇》唐君毅全集卷12，（臺北：臺灣學生書局，2004年）頁233。

〔註40〕唐君毅指出，王充重語言之指物之用，及其心意與客觀之事物之相通，而不重在以己之心意通古人之心意矣。見唐君毅：《中國哲學原論　導論篇》，唐君毅全集12，頁233。

〔註41〕以上二引文俱出《論衡》卷30，〈自紀〉，頁1197～1198。

〔註42〕卷30，〈自紀〉，頁1196。

〔註43〕歷來以此作為王充不喜賦頌，或去除詞藻修飾之評，恐僅見王充之一端，而

序中所謂：「經以明道，而求道者不必空執義理以求之也。但當正文字、辨音讀、釋訓詁、通傳注，則義理自見，而道在其中矣。」〔註44〕正與王充從正世俗嫌疑之進路相同。唯王充進一步希求用於世，云：

> 董仲舒作道術之書，頗言災異政治所失，書成文具，表在漢室。……
> 夫仲舒言災異之事，孝武猶不罪而尊其身，況所論無觸忌之言，核道實之事，收故實之語乎！〔註45〕

並續言「賢人之在世也，進則盡忠宣化，以明朝廷；退則稱論貶說，以覺失俗。」〔註46〕在在表現出對世俗「文露而旨直，辭奸而情實」的憂心，〔註47〕而期於成有用之文。

第三節　研究方法

一、既有研究成果之檢討

自魏晉以來，對王充《論衡》一書已經累積了相當多的評價，以下略舉數說，對既有之王充研究作一整理。

自《論衡》流傳以來，於書於人，長期存在二極論點。除卻與本傳相同之意見外，不論是片段的對其人、其書之短評，或綜合性的專文論述，大抵可有三種意見。譽者謂是書具「釋物類同義，正時俗嫌疑」之功，〔註48〕毀者則從其出身背景論其文詭辯，其人不遇、憤激，自言己孝，有文無行，名教之罪人。〔註49〕持中者則肯定王充具出俗之識，〔註50〕但疑其所疑，〔註51〕

非其之全意。

〔註44〕王鳴盛：《十七史商榷》（臺北：大化書局，1984年），頁1。

〔註45〕卷29，〈對作〉，頁1178。

〔註46〕卷29，〈對作〉，頁1178。

〔註47〕卷29，〈對作〉，頁1179。

〔註48〕范曄於王充本傳云：「論衡八十五篇，二十餘萬言，釋物類同異，正時俗嫌疑」，見《後漢書》卷49，〈王充王符仲長統列傳〉，頁1629。後世如晁公武（1105～1180？）《郡齋讀書志》、陳振孫（1183～1261？）《直齋書錄解題》者，論《論衡》內容時亦沿用是語。晁公武言《論衡》「釋物類同義，正時俗嫌疑。」見晁公武：《郡齋讀書志》（臺北：廣文書局，1979年），頁735。陳振孫謂王充著書八十五篇，「釋物類同義，正時俗嫌疑」。見陳振孫：《直齋書錄解題》（臺北：廣文書局，1979年），頁663。

〔註49〕錢大昕（1728～1804）《十駕齋養新錄》云：「傳充少孤，鄉里稱孝。按論衡自敘篇云，六歲教書，有巨人之志，父未嘗笞，母未嘗非，不云少孤也。其

慨歎其中糅雜過多不遇之情而失理之平正。〔註52〕民國以降，相關的思想討論便有了更爲精細的劃分，約略可爲二方向：其一爲對方法論的突出討論，其二爲依循思想史脈落中若干議題之集中論述。前者以胡適爲代表。胡適從科學實證的角度討論《論衡》的哲學方法，謂之爲「當時科學精神的表現」，〔註53〕此「科學」一語，使《論衡》研究一轉至方法論面向，至今仍位居《論衡》研究主流。〔註54〕後者則以思想史上著重討論的性命論、天人關係等議題論王充之主張；而此亦已成爲在理解王充思想上一套定型之指導綱領。此種研究「典範」（paradigm）的形成，不僅對《論衡》理解易形成某種侷限，

答或人之嘲，稱鯀惡禹聖，叟頑舜神，顏路庸固，回傑超倫，孔墨祖愚，丘翟聖賢。蓋自居於聖賢而訾毀其親，可謂有文無行，名教之罪人也。充而稱孝，誰則非孝？」見錢大昕：《十駕齋養新錄》（臺北：臺灣中華書局，1986年）卷六，頁6。

〔註50〕如葛洪《抱朴子・喻蔽》面對同門魯生難王充「兼箱累篋，而乍出乍入，或儒或墨，屬辭比義，又不盡美」之說曰：「王生學博才大……若以所言不純而棄其文，是治珠翳而剜眼，療淫痺而刖足，患莨莠而刈穀，憎枯枝而伐樹也。」楊明照：《抱朴子外篇校箋》（北京：中華書局，1997年）下，卷43，〈喻蔽〉，頁423、428、438。

〔註51〕如胡應麟云：「讀王氏《論衡》，煩猥瑣屑之狀溢乎楮素之間，辯乎其所弗必辯，疑乎其所弗當疑，允矣。」見《少室山房筆叢正集》卷28，頁275。

〔註52〕如黃震《黃氏日抄》云「惜其初心發於怨憤，持論至於過激，失理之平正，與自名論衡之意相背耳。」。乾隆帝〈御製讀王充論衡〉言「喜其識博而言辯頗具出俗之識……讀論衡者，效其博辯、取其軼材則可；效其非聖滅道，以爲正人篤論則不可。」

〔註53〕見胡適：〈王充的論衡〉，收入黃暉：《論衡校釋》附錄四，頁1273。

〔註54〕諸如盧文信：《王充批判方法運用例析》（臺北：輔仁大學中國文學研究所碩士論文，2000年）、朱珮瑜：《王充論衡思維方法探析》（臺北：東吳大學哲研所碩士論文，2003年）、康瀞文：《王充認識論研究》，（臺北：國立臺灣師範大學國文研究所碩士論文，2003年）。甚或是單篇期刊論文如：陳啟聖：〈「必然性／或然性」與「自然命定論／宿命論」──從當代對王充的批評談起〉，《鵝湖》，2003年1月、劉謹銘：〈王充思想是否符合科學標準之評議〉，《漢學研究》2003年6月。其或借西方邏輯辯證論之，或以知識論來明王充思維。誠然，援西方成熟的邏輯學概念來勾勒王充的思維方式，的確能起到清楚表達或劃分的作用，然忽視當世普遍思維風潮及王充「疾虛妄」一語的原意，對於王充思維究竟能否有適當的定位仍需更多考慮。此外，大陸研究王充之著名學者周桂鈿，在其《虛實之辨──王充哲學的宗旨》（北京：人民出版社，1996年）一書中，明確指出「虛實之辨」才是王充哲學的宗旨，其言雖審，然此觀點之出，明顯仍是從方法論上著眼。其認爲王充「破」虛妄，「立」實誠，故虛實之辨當是《論衡》要旨。見氏著《虛實之辨──王充哲學的宗旨》頁2。

視角的統一，也使《論衡》的研究成果過分擁擠於方法論、義理等的討論上。

將王充思想的內在理路作出扼要釐清者，首爲陳麗桂。陳氏從王充的天道自然觀中，言王充天道之運行，一則稱「不故」則見其無意識，無主宰，二則稱「適偶」，謂其機械式之巧合偶會，而強調「自然」之結果，使人事中諸多難解問題亦委之「自然」，而稱之曰「命」。此對理解王充思想已作出挈領之提綱。〔註55〕

林麗雪之《王充》，對王充思想作了較爲全面的說解，包括《論衡》的傳世問題上，都有詳密的爬梳。然其書仍多注重王充的方法問題。〔註56〕

徐復觀認爲《論衡》中大量出現的歌功頌德文章，以及所討論問題點上的枝微小義，都源於其身處鄉曲，「遭遇限制了展望時代的眼界」，並從本傳作爲研究進路察考之。〔註57〕其後龔鵬程從王充宣漢立場論其思想之世俗化。某種程度而言，龔氏之論在王充思想研究上的確起到另闢蹊徑之新意，然其中取材及論述多迳由王充急欲向中央靠攏之心態論之，不免予人有「強加之罪」之疑。〔註58〕

但凡圍繞王充個人身上的問題，除了充斥全書的命定觀外，一因是在《論衡》篇章的安排上。若此排列方式在流傳中，除了自然因素的缺佚外，並未遭到人爲的破壞、修正或刻意的挪移，而確爲保留王充著作本貌的話，〔註59〕則其首篇即從逢遇、命義論起，不免已左右了閱讀的方向。

儘管徐復觀已經注意到王充思想中過分仰賴經驗與遭遇之特點，其後又有

〔註55〕陳麗桂：《王充自然思想研究》頁5，收入《國立臺灣師範大學國文研究所集刊》，1975年6月，第19號，頁171。

〔註56〕林麗雪：《王充》（臺北：東大圖書公司，1991年）。

〔註57〕見徐復觀：〈王充論考〉，收入氏著《兩漢思想史》（卷二）（臺北：臺灣學生書局2000年），頁563～638。其後此觀點不斷在研究王充之論著中加以討論。其中田鳳台對徐氏言王充思想中無孝之觀念，駁曰王充「夫婦合氣，情欲動而生得子」爲學理上論述，不得以之從倫理觀念檢視。而對徐氏疑王充師事班彪一事，田氏大抵認同，然又引班固傳注引謝承書曰：「固年十三，充見之，撫其背謂彪曰：此兒必記漢事」一文，以爲又似有入室之事。見田鳳台：《王充思想析論》（臺北：文津出版社，1988年），頁10～15。

〔註58〕參龔鵬程：〈世俗化儒家：王充〉，收入氏著《漢代思潮》（嘉義：南華大學，1999年），頁251～302。

〔註59〕容肇祖言今本《論衡》30卷、85篇，疑唐、宋即所傳如此，而《隋書·經籍志》謂29卷，《唐書·經籍志》以下稱30，或爲後人求合整數之故，非必僞一卷以求增益。見容肇祖：〈《論衡》中無僞篇考〉，《容肇祖集》頁97～98。

龔鵬程「世俗化儒家」的批語出現，〔註60〕然其中除了更多的「以意逆志」外，其實並未開出一套新的理解模式，甚至沒有脫離歷來在探究一思想家之思想時所採用的思想史脈落思考法。以往在將王充置於思想史脈落中時，往往必須就思想史上某些特定議題來論各思想家對此之論點，然將之同置一思想平準上，眞能看出一思想家之特點？或反而成爲突顯此思想家思慮不周，甚或是駁雜、疏亂、矛盾之尷尬？本文意不在對既有之思想研究方法提出檢討，而在提出：面對如王充這樣素民思想家，該選擇什麼樣的切入角度？從既有的研究成果來看，討論《論衡》或王充思想的專書或單篇論文，對於《論衡》這本苞雜諸多議題的論著，切入點有很大的不同，以下舉其大者。從天道述起者，如田昌五之《王充——古代的戰鬥唯物論者》〔註61〕、田鳳台之《王充思想析論》〔註62〕、林麗雪之《王充》〔註63〕、陳拱之《王充思想評論》。〔註64〕此著重表現王充之思想與當代不同處，並以此爲王充思想的基礎。由政治論起者，如周桂鈿之《虛實之辨——王充哲學的宗旨》，〔註65〕說明王充在政治上的主要主張及對聖賢的認知。由認識論起者：如潘清芳之《王充研究》，〔註66〕、林俊宏：〈論衡的思想研究〉；〔註67〕此強調王充辯證方法上的獨特性。由王充身平遭遇入手者，以徐復觀爲主。見氏著之〈王充論考〉。〔註68〕甚有自宣漢說起者，以龔鵬程之〈世俗化的儒家：王充〉爲代表。〔註69〕此說在企圖對胡適高揚王充以來的諸多褒王之篇什上作新的思考，而首舉宣漢一篇，說明王充思想「本質」的媚俗。凡此均是由外部的政治環境、思想背景出發，或強調王充不遇的思想，未從《論衡》一書出發，不免使人以爲，《論衡》之作，只是王充自己的個人興趣，忽視了其欲使風俗純正的目的。

〔註60〕龔鵬程指出，王充未必媚俗，但他與俗爲偶。他代表了士庶人的俗世願望。王充的出現，代表了「成聖」之學，已世俗化成爲一種講求「成功」之學；他追求的是一般社會上所謂的成功人生。見龔鵬程：〈世俗化儒家：王充〉，《漢代思潮》頁 281、286、289。

〔註61〕田昌五：《王充——古代的戰鬥唯物論者》，北京：人民出版社，1973 年。

〔註62〕田鳳台：《王充思想析論》，臺北：文津出版社，1988 年。

〔註63〕林麗雪：《王充》，臺北：東大圖書公司，1991 年。

〔註64〕陳拱：《王充思想評論》，臺北：臺灣商務印書館，1996 年。

〔註65〕周桂鈿：《虛實之辨——王充哲學的宗旨》，北京：人民出版社，1996 年。

〔註66〕潘清芳：《王充研究》，收入《國文研究所集刊》第 22 號。

〔註67〕林俊宏：〈論衡的思想研究〉，《鵝湖月刊》第 20 卷第 5 期，1994 年 11 月。

〔註68〕徐復觀：《兩漢思想史》卷二，頁 574～637。

〔註69〕龔鵬程：《漢代思潮》頁 253～296。

　　然而《論衡》之所以流傳不絕，主因在於王充勇於批判及懷疑的一種自
覺精神，而其書中所揭櫫的若干論點並沒有那麼大的影響。從前述的研究回
顧中，即可看出諸家對王充本人的興趣，比其思想觀點的討論要來得多。而
此正是導致《論衡》研究裹足僵滯之因。〔註 70〕從《論衡》中，可以知道王
充吸收了大量庶民文化，而此不僅稀釋了一思想家思想之純度，更足以混亂
其判斷力。其所表現的少數上層儒家思想，實際上並沒有超出與其同時之思
想家如桓譚、班固諸位。正因於王充思想的駁雜，使吾人必須借由其他層面
來補充理解其思想體系。因此本文以其所屬的吏階層作爲研究進路，重新檢
視王充「疾虛妄」的思想意涵。

　　同時，在對王充所指陳的「是非」問題「全是常識」的判語下，〔註 71〕
不僅與蔡邕視爲「談資」秘藏之意暗合，〔註 72〕更隱含了王充思想中「俗」
的特質。之所以稱爲「特質」，在於相較思想史上的「精英份子」，《論衡》中
大量敘述的民間信仰、儒吏衝突，以及對書籍中保留傳說的批駁，在在顯示
其所謂「疾虛妄」者，蓋屬於社會議題，而非思想議題；尤其其間方術之類
議題恰恰成爲今日治思想史者關注的焦點。因此要理解王充思想，必須回到
他所處的位階來著手，「吏」階層正爲一恰當之觀測角度。而「以吏階層爲研
究進路的討論」的副標題，不僅在指陳王充「吏」的身分位階，更在於期望
從「吏」的角度來重新審視《論衡》。而審視的焦點，將著重討論他提出的全

〔註70〕王充何以成爲思想史中一份子，葛兆光已經提出，爲了思想史的連續性，不
　　　　得不説出一個「影響」，以建立一個思想史上的邏輯，這種做法有可能把思想
　　　　的連續變成單向的，忽略了接受者方面。見葛兆光：《思想史研究課程講錄》
　　　　（北京：三聯書店，2005 年），頁 278。

〔註71〕勞思光指出，王充以爲一切「是非」問題，必須訴諸於事實及效果以決定之。
　　　　此説毫無「詭異」之處，全是常識。問題在於人所爭之是非，在意義範圍上
　　　　是否皆是涉及「事實」；倘論者所涉及之問題乃「必然」或「應然」之問題，
　　　　又當如何？此在王充則全未論及。見勞思光：〈漢代哲學〉，收入氏著《新編
　　　　中國哲學史》（二）頁 137。

〔註72〕在不考慮蔡邕爲王充的首位賞識者一事的眞假前提，我們可以思考，以「談資」
　　　　視《論衡》，顯然是個貶意，但其中所包含的不只是對内容的褒貶，可能更帶有
　　　　所謂像蔡邕這樣的「上層」知識份子對《論衡》中所展現的「底層」知識的一
　　　　種低俗的趣味。如同胡應麟指出的，「中郎以《論衡》爲談助，蓋目爲稗官野史
　　　　之流，且此編驟出未行，而新奇可喜，故祕之帳中。」見胡應麟：《少室山房筆
　　　　叢正集》卷 28，頁 275。又乾隆亦云「讀論衡者，效其博辯、取其軼材則可；
　　　　效其非聖減道，以爲正人篤論則不可。」見乾隆：〈御製讀王充論衡〉，收入文
　　　　淵閣四庫全書（臺北：臺灣商務印書館，1983 年）子部 10，雜家類 3，《論衡》。

書關鍵——「疾虛妄」部分。

二、研究進路

　　從既有研究的回顧討論中可以看到，對於王充研究方式的形成以及僵化，業已對王充思想產生一種阻礙以及某種程度的定見。而本文於標題上特別提出了以「吏階層」為進路來討論王充的「疾虛妄」思想，正是針對這樣的研究範式而作的反思，從王充的思想特質、《論衡》的書寫對象、論述主體三者上，重新思考王充思想之研究方法。

　　相較於學派傾向強烈的思想家，王充社會階層上的「吏」身分，反而成為其思想傾向的主因，並使他的思想有著更多世俗、民間色彩。〔註73〕而《論衡》中近半的民間信仰論述，亦使其討論的思想議題，與其他著重討論心、性、命等主體性、道德性的思想家有很大差別。因此標題上「吏階層」的進路，即意味了是從王充的思想本質來思考的進路。而「吏階層」的提出，更意味了本文將是在一個理論框架下的論述，而此論述架構又呈現了一種以朝廷為視角的社會管理階層。因此隨之而來的「吏階層」是否成立，其涵蓋範圍為何，以及是否有「吏文化」的存在等，都是在討論本文的方法論之前，必須釐清解釋的問題。

　　此處所言之吏，主要指的是地方行政體系的底層官吏；習法令文書的文吏，主要職責在對朝廷負責，宣揚政令，治理百姓。余英時〈漢代循吏與文化傳播〉一文，〔註74〕從文化傳播的角度指出，中介於民間、朝廷的吏，教化功能才是其治理上最主要的職責所在。由此可知「吏」的特有文化以及特

〔註73〕關於王充「世俗」性，龔鵬程曾指出，王充雖自言其書「違詭於俗」，然「從思想內容上看，王充是徹底世俗化了的」。其因有三，一是對待世俗的態度。王充對世俗的批判，「只是與世俗在一齊討論那些世俗事物、世俗價值、並爭論有關這些世俗事物與價值的世俗解釋而已。他對世俗的態度，是『關心切身問題』式的。」再者，王充批評世俗，但並沒有提出一超越性的價值。其三，王充「不信擇日、不信鬼神、又反對占卜，卻相信揣骨、看相，相信有妖怪，……可見王充是位心思總在世俗事務中打轉的哲學家，他討論世俗事務的方法及層次，也與世俗意見相距不遠。從他正面肯定者、相信者看，他甚至可說是一位替世俗辯護的哲學家哩！」見龔鵬程：〈世俗化的儒家：王充〉，《漢代思潮》頁 277～278。龔氏此說，正足以說明，歷來從思想史的單一視角來看王充，往往會發現這樣的尷尬：思想家的思想並不高明。實際卻是忽視了思想家背後所處的環境，以及他的社會身分、階層對其思想所產生的「形成性」的決定影響。

〔註74〕余英時：〈漢代循吏與文化傳播〉，《中國思想傳統的現代詮釋》，頁 167～258。

定思維，在於負有「以吏爲師」的淑世、教化義涵。而近來出土文物中，日書的出現與墓主多屬吏階層的現象，對吾人反思王充思想上，有了新的刺激及新的問題。如與王充同爲郡功曹一職的尹灣漢墓墓主，其墓中出土的大量日書占卜事宜，對吏階層「可能」普遍掌有此物的權力與方法的佐證更添一筆。紀安諾即提出日書以及占卜之類的資料，「可能都是官吏在職務上所必備的」工具。〔註75〕

　　「吏階層」的確立，讓王充思想與當時社會有了對話的空間，而不再只是王充個人的思想獨白。而此空間的形成，同時也讓當時社會風氣與王充思想間，有了拉扯的張力，使吾人能進一步清楚看到，王充在解決問題上所展現的細密針腳。因此選擇以吏階層作爲研究進路，除了暗示一種階層層次上的分野，並試圖從吏階層中某些獨得的思維方式，進一步將王充思想劃歸到更洽切的位置。〔註76〕而援其他文化層面來對思想史作一新梳理，對當今治思想史者雖爲新熱點，然將這些「常識」置於思想中，究竟能否起到還原思想本質之效用，或反而導致思想自身主體性之喪失？〔註77〕將這樣的疑問放在王充研究上，顯得格外注目。儘管不必如論者所過言，以「一半」的層面探討思想，〔註78〕然王充思想中存在的大量「俗」文化比重，的確須以另一半的常識佐證之。而此亦是本文採用一社會階層爲研究進路之因。是以如是

〔註75〕　見紀安諾：〈尹灣新出土行政文書的性質與漢代地方行政〉，《大陸雜誌》95卷3期，1997年9月，頁23。對此蒲慕州則提出了日書的保存者與使用者可能不同的說法，此似乎暗示了吏者（保存者）是藉此來理解日書使用者——百姓之思維，以收管制之效。其間的辯證問題可參本書第三章第二節討論日書的部分。

〔註76〕　思維方式之定義，雖不必如劉長林所言爲一民族在長久發展過程中對事務的某種普遍、穩定的趨向和公認的觀點，然縮小到個人上，學養、社會環境等都是影響層級。參劉長林：《中國系統思維》（北京：中國社會科學出版社，1997年），頁1。

〔註77〕　既有之思想史或古史在出土文獻的熱潮下，「重寫學術史」或另一次的「疑古」聲音亦伴隨而出。而此間強調以術數等「常識」入思想史之要者，葛兆光用力最深。其謂過去的思想史是按精英和經典的單元來書寫的，而這些高明的思想家與思想著作又有一套固定之書寫模式。並強調思想研究要關注「一般知識、思想和信仰世界」，注意「常識」世界，將視野擴大至觀念史、文化史上。參葛兆光：《思想史研究課程講錄》（北京：三聯書店，2005年），頁134、298。

〔註78〕　葛兆光言，自有思想史以來，對於先秦兩漢常常只看一半的書，只讀六藝、諸子、詩賦，不讀兵書、術數、方技，這就使很多古代思想只剩下一半了。見葛兆光：《思想史研究課程講錄》頁326。

的提問不在反駁如上論者所提出的思想方法，反而是呼應其所提出的著重以一般知識、信仰以爲思想史重點的論點。〔註 79〕王充所自言之疾虛妄思想不應長期由一套心性之學上理解，而應從其相對應的所屬階層觀照之。

透過「吏階層」的視野，我們有更多的資料能對王充「疾虛妄」的議題作充分的理解。包括可以清楚看到，王充的論述對象正分屬民間與廟堂二階層，與一般吏者上承統治階層之命令，下掌民間諸事，直接面對民眾的職責相同。而貫串其中的「疾虛妄」，指的正是環繞精英份子以及民間中的「神異」思想。上層知識份子藉讖緯神化傳注、孔孟，下層百姓以「神」之故，棄政令而以日書等時宜之忌決事。二者都因「神」而瓦解了正常的價值、判斷系統，而此才是王充所念茲在茲的疾虛妄思想。也因爲「神」，今人所謂的大傳統、小傳統，有了連繫的管道。本文之重點雖不在以王充爲基點觀大小傳統之聯繫，或以之觀測上下二階層思想異同，然必要的視角轉換，是釐清王充思想駁雜上有效的做法。同時，王充自身儒、吏的認知定位混亂，屢屢相齟齬其判斷，而歷來對王充論述矛盾之說實肇因於此。如是的思維矛盾，亦正顯示了自武帝以來「習文法吏事，緣飾以儒術」，〔註 80〕並將大量儒生劃歸到吏階層時，吏與儒之間，不論是思維方式，或行事風格、依據上的衝突。

因此以吏階層爲討論基源之設定，是期望能將王充思想還原到一恰當的位置。藉由吏的角度，也可使吾人重新檢視王充思想的層級。如面對鬼神論時，其表現出的是代表了庶民階層的思想，或與同時之思想家相同？若二者皆非，則又能顯示出什麼樣的思想層級？《論衡》書中大量的民間信仰，應該放在哪個位置討論會比較恰當？從論者將方術釋爲宇宙與生命二大議題中，〔註 81〕可以重新思考《論衡》流傳以來最受爭議與詬病的命定論，可能有更深刻的意義。

〔註79〕 葛兆光認爲，在人們生活的實際世界中，還有一種近乎平均值的知識、思想、信仰，作爲底色或基石而存在，這種一般的知識、思想與信仰真正地在人們判斷、解釋、處理面前世界中起著作用，因此，在精英和經典的思想與普通的社會和生活之間，還有一個「一般知識、思想與信仰的世界」。而這個知識、思想與信仰世界的延續，也構成一個思想的歷史過程，因此他也應當在思想史的視野中。見葛兆光：《中國思想史 導論 思想史的寫法》頁 13。

〔註80〕 班固：《漢書》卷 58，〈公孫弘卜式兒寬傳〉，頁 2618。

〔註81〕 李零在論方術之對象時，言其涉及兩大問題，一宇宙，二生命。古人關心宇宙，故有數術之學；關心生命，乃有方技之學。方術即數術、方技之統稱。見李零：《中國方術續考》（北京：東方出版社，2000 年），頁 4～5。

　　再者，思想史上觀念史的研究脈落，在諸多論者的親力身爲的實踐下，
已然有了具體的研究可能。本文以「疾虛妄」概括王充思想，同樣也有著觀
念先行的前提。然而王充之說，雖能切中時弊，然從《論衡》「談資」之姿的
流傳上，可知其說實難代表一時之整體概念。〔註82〕且《論衡》中有意識的
口語表達形式，更說明了書寫者預設的可能讀者及其討論之問題思想高度。
因此本文從「吏階層」這樣的觀念爲研究進路，不同於羅孚若是在面對紛然
思潮而生之對方法的重新考量，〔註83〕而是取決於研究對象王充思想上「俗」
的特點。

　　從王國維（1877～1927）倡「二重證據法」以來，新材料的出現對固有
之思想文化便有著相當的輔助作用，尤其在處理史料相對缺乏的先秦兩漢，
藉由出土文獻的幫助，對古史有更鮮活的助益。然在實際操作上，仍以王氏
所言，用「以補正紙上之材料，亦得證明古書之某部分全爲實錄」。〔註84〕如
前所述，1993 年出土之尹灣漢墓，不論在墓主師饒的郡功曹身份，或是出土
之文書簡牘，對王充研究都有了許多可供參考的旁證，尤其在文書簡牘中關
於吏階層官制問題，「功遷」制的確立，與王充自述之升遷過程有著緊密關係，
而此對於理解王充思想背景上，有了新的佐證。〔註85〕同時，其中大量的術

〔註82〕　王爾敏在論近代中國思想史研究法時主張：以單一概念爲中心題旨的著作形
　　　　　式，完成一個時代的觀念歷史，而不像前人是用人物分別代表時代，並爲時
　　　　　代思想的骨幹。見王爾敏：〈近代中國思想研究及其問題之發掘〉，收入章政
　　　　　通：《中國思想史方法論選集》（臺北：水牛出版社，1993 年），頁 287。
〔註83〕　李弘祺指出，羅孚若於「存在的大連鎖——觀念史研究」中觀念史方法，可
　　　　　以看作是面對思潮紛紛的狀況所引發方法學上的反應，一方面有感於單純哲
　　　　　學思想對歷史事實及文化狀況解釋的無力，另一方面則一時無由把握漫溢的
　　　　　人文學加以一貫的處理，以致要求觀念史家要瞭解那麼廣泛的知識。見李弘
　　　　　祺：〈試論思想史的歷史研究〉，《中國思想史方法論選集》，頁 252。
〔註84〕　王國維：〈古史新證〉，收入氏著《古史新證——王國維最後的講義》（北京：
　　　　　清華大學出版社，1996 年）頁 2。同時，如同邢義田在〈武氏祠研究的一些問
　　　　　題〉中，針對巫鴻《武梁祠》一書在方法上極盡推演之能事這樣的小缺憾，言
　　　　　「相信漢代某些地區或階層人物的共通心態，漢墓和祠堂畫象是十分有用的材
　　　　　料。但要坐實這些畫像是基於某一特定個人的獨特思想和意圖，除非有明確證
　　　　　據如趙歧的記載，否則極容易流於臆測。」見邢義田：〈武氏祠研究的一些問
　　　　　題——巫著《武梁祠——中國古代圖像藝術的意識形態》和蔣、吳著《漢代武
　　　　　氏墓群石刻研究》讀記〉，《新史學》8 卷 4 期，1997 年 12 月，頁 215～216。
〔註85〕　關於王充與師饒之間的思想對比問題，是相當有意思的討論，然現今對尹灣
　　　　　簡的問題猶有很多不明處未見討論，如其中的術數類簡思想、墓主私人信札
　　　　　名刺與墓主之關係及思想。同時，墓主之思想也未見有更多的研議。（現今可

數類簡牘，對王充思想上吏階層中普遍擁有「日書」類文書用具有了更確鑿的證據。因此副標題的「吏階層」之於「疾虛妄」，不僅是外在的處理框架，更是各內在面向的共同聯繫，與本文的中心支撐。

　　除此之外，本文既已標明一社會階層的取向，而不是以「儒」、「道」等學派為進路，不僅指出王充的思想從社會階層的角度來看才能清楚，同時也暗示，王充的思想學派脈落並不是那麼嚴謹清明，也就是說，若從儒、道等思想的主體性、道德性來考量，王充的思想性並不突出。是以此進路無可避免會有這樣的疑問：思想家自身的思想特質何在？尤其歷來思想史著作對思想家「個人」思想的突出，不論其主要關注於心性論或性命論上，都隱隱可以看出在這樣特定議題上各思想家對之所作的努力。然而當思想家自身的思想不是那麼的精采時，是否只能以「不列入討論」一語帶過？〔註86〕因此，選擇以一種社會階層來做研究進路，必須小心面對思想家主體性的喪失的可能，或將其思想與現實過分緊密結合而陷入扁平化的危機。如同王充身兼儒與吏二種身分，姑不論其內心哪一種成分含量高，在以下的論述中，我們將可以看到，這二種身分的摩擦使王充在對心、性、命等的判斷上，不僅取徑獨特，更出現與其他思想家不同的結論。是以職官的問題不只單純顯示一客觀的位階，亦連帶影響一人的感知觸角。因此如是的研究進路，亦對王充思想有著高下立判的寓意。

　　項退結在釋「邏輯」時指出，邏輯的對象是思想，其中又包含概念、判斷、推論三部分。〔註87〕而邏輯（logic）的字源 logos 為「道」，〔註88〕因此

　　　　看到對師饒思想評論者，唯蔡萬進一人，其肯定師饒儒的身分，謂：「墓主師饒是一位受時人思想影響較深的人物，是一位接受儒家思想體系的知識份子和具有忠君思想的地方官吏，由於時代局限和對自然界的認識所限，也摻雜了不少當時盛行的陰陽五行思想。」見蔡萬進：《尹灣漢墓簡牘論考》頁192～193、196。）故此問題僅能於此略提，在本文中並不作交互討論。

〔註86〕徐復觀在論揚雄時，曾指出揚雄對時宜忌諱以及讖緯表現出其「充滿合理主義的精神，而受他的影響最大的桓譚、張衡也是如此。王充則有此一傾向，而學養不足，故不足與此三人相倫比。」見氏著《兩漢思想史》（卷二）頁523。此處並非否認王充的學養不足，或提出另一論點以與徐氏之說抗衡，而是疑問，難道沒有其他的方法來對王充思想作另一種追認？又如徐復觀在論王充人性論時，謂王充指出的性惡者可藉教化而為善，對性惡者開出一條自立之路，實為（王充）思想上突出之論，並「使我們承認他的思想家地位」。見《兩漢思想史》（卷二）頁638。是以欲站穩思想家地位，只能在特定的關心「人」形上之修為議題上思量之？

〔註87〕見項退結編譯：《西洋哲學辭典》（臺北：華香園出版社，1992年），頁314～315。

若依王充所自言,「論衡者,論之平也」,〔註89〕則本文以「失衡的邏輯」爲
主標題評定之,即是指出王充於思想、判準上的某部分偏移。偏移的原因,
在王充吏與儒雙重身分及此二種身分所蘊含的思維影響的結果。因此「邏輯」
一詞不僅意味著一種「方法」,更多的是思維,以及思維影響下的判斷方式。
在吏的角度,藉由正俗、「以吏爲師」的教化工作以維護政權的穩定。而儒的
的立場,是知識份子對世衰道微的憂心焦慮。當神異之風侵入二者場域之時,
「吏」的力量會越過「儒」對道的追求。因此王充思想中的若干矛盾,實際
是由於如是的衝突而來。

三、研究步驟

如前所述,整部《論衡》,依黃暉所作出的分類可分爲:性命、天人關係、
人鬼關係及當時禁忌、書傳中有違自然之義的感應論述、程量賢佞才知,以
及自序六類,〔註90〕而歷來研究王充《論衡》者,亦隱隱可見此條分類脈落。
此分類雖可使人明晰王充的討論重點,但其最大的盲點,在於不能看出王充
思想上的層次性。此層次性指的是對民間、知識份子二階層的雙重認知與批
判。王充的身分與一般士大夫或知識份子不同,他終身都爲地方官吏,而此
職影響他的認識觀點極大,因此欲理解王充思想者,不能捨棄他的出身背景
以及所延伸出的底層文化而不論。地方官吏所接觸的族群,爲一般百姓,而
此族群最大的特徵,在於其信仰以及習俗與知識份子有很大不同。從出土文
物中已經可以看到,日書之類的選擇術,不僅是民眾生活上不可或缺的支柱,
而擁有此書的官吏亦或多或少對此書信服(並進一步成爲生活指南),或用來
理解以掌控民眾心理。而本文以「疾虛妄」爲敘述範圍,除有王充自言此爲
《論衡》全書關鍵之考量外,更在於期望能對《論衡》作出更本質性的理解。

在篇章安排上,緒論首先討論王充著書動機及目的,並剖析《論衡》所
採之論述方式及王充「疾虛妄」之指稱,以及在反思既有的研究成果之後,
提出新的研究方法。

第二章則從吏階層討論王充的思想定位。此章雖著重官制探討,其中實
具影響王充思想方向的背後成因,故此章亦爲王充思想背景之察考。

〔註88〕 項退結編譯:《西洋哲學辭典》頁316。
〔註89〕 卷30,〈自紀〉,頁1196。
〔註90〕 黃暉:《論衡校釋·自序》,頁1~4。

　　三、四二章主要討論《論衡》疾虛妄的二個面向，即民間的趨吉避凶觀念，與知識份子階層中偽書橫流的狀況。如是的分述不但是基於王充吏與儒身分之合流，更是王充吏務上實際實踐所感發的問題。標題上，「除魅與正俗」、「去偽與求眞」的設立，是以一破一立的對比方式，對「疾虛妄」關注的民間與廟堂二場域，作出一明確的區隔，並意圖使讀者於標題上看到王充於其處所作的努力，和企圖達到的目標。

　　第五章主要關注歷來對王充宣漢說的爭議，是否與王充思想相扞隔或衝突、矛盾，或成爲「疾虛妄」意旨上之偏移，甚至成爲後人將《論衡》視爲王充不遇情結之闡發。故此章是從政權穩定的吏者王充面對王充宣漢思想作出評議。

　　第六章則爲檢討部分；從知識、邏輯的角度討論「疾虛妄」方法有效性問題。王充講求驗證的方法歷來研究者已多有論述，而此亦是王充最爲人稱道處。而從邏輯角度觀王充的方法論，意並不在對王充方法論提出符合西方邏輯學、知識論上的對應比照，而希望援西方較爲成熟的方法論，對「疾虛妄」的有效性作出客觀的評價。最後，作爲思想史上一員，必須對王充思想作出恰切的定位。即王充在展現其是一個有正俗化民能力的循吏如召信臣、王成之屬的作爲後，〔註91〕以及歷來對《論衡》視爲雜家之屬的同時，其思想究竟能否仍歸置爲儒家一系？故此處以思想譜系爲進路來進行察考。如是最終仍回歸到王充思想歸屬的議題上的章節配置，在於作爲一種方法上的嘗試，本文力圖將思想家的社會階層與其內在的思想理路相結合，其間無可避免的會產生思想家思想主體的可能忽略。在透過以上面向的拓展之後，作爲思想史上「思想家」位置的確認，最終還必須對思想家的思想傾向作出一更爲客觀的定位。

　　對於王充思想的若干議題，儘管我們已經有了長期研究以來的一些定論，但本文仍試圖在同情的理解外，從王充所處之階層背景中，藉由以上研究面向的開拓，尋求更多可能的解釋。如王充的命定論，並不是他個人的一

〔註91〕《漢書·循吏傳》謂王成者「治甚有聲」，召信臣者「爲人勤力有方略，好爲民興利，務在富之。……禁止嫁娶送終奢靡，務出於儉約。府縣吏家子弟好游敖，不以田作爲事，輒斥罷之，甚者案其不法，以視好惡。其化大行，郡中莫不耕稼力田，百姓歸之，戶口增倍，盜賊獄訟衰止。吏民親愛信臣，號曰召父。」見《漢書》卷89，〈循吏傳〉，頁3627、3642。及鄧積意：〈循吏：文化、道德、政治三合一的代表〉，收入氏著《經典的批判——西漢文學思想研究》（北京：東方出版社，2000年），頁98～110。

己之命論，而是針對當世普遍爲求福而作出違逆政策的諸多行爲的考量後，提出命定之說，以限制民眾盲目的求福行爲。

本文之寫作，並不在另寫一本王充思想概論，而企圖從不同的視角對既有之論述提出若干修正與鬆動，並提出更多可能的理解面向。而文中若干大段引文，除基於論證依據之考量外，更是對《論衡》閱讀上重新梳理之不得不爲之舉。

第二章　從「吏階層」論王充思想之形成背景

　　所謂「知人論世」，終身處於吏階層的王充，其思想觀點不僅有濃厚的「吏」成分，在認識對象上，更有著「吏」的視野。本章論述雖著重討論吏職部分，然實為《論衡》思想之前導研究。

　　《論衡》〈程材〉以下諸篇，是王充專門討論文吏與儒生之間的衝突與差異。相較於身處漢廷的漢代知識份子及其著作，關於地方官吏之選任與職責問題的注意是較少的。而歷來研究王充思想者，對此亦少有論述。然此七篇不僅傳達王充對人才的看法，更成為窺探漢代吏階層的一個面向。〔註1〕同時，此部分亦是王充對其時命之歎背後的一個具體的理型建構，它代表在德行與位階報酬不平等的狀態，以及人才流動制度之缺陷下，王充自己的一種理想人才階層結構。

　　從光武（25～57）「好吏事」、「法理嚴察」的評語中，〔註2〕除顯示朝廷

〔註1〕　龔鵬程於〈儒學、吏學與文書政治〉文中已經注意到，王充是首位處理儒學與吏學中緊張關係之思想家，然龔文主重文書政治之討論，於王充力意表述之儒生文吏細部衝突問題未有深論。見龔鵬程：《文化符號學》（臺北：臺灣學生書局，2001 年）頁 405。此外，吳瑞銀在〈王充《論衡》所論及之人才問題新探〉一文中，亦曾就此二問題作過梳理，然其文僅以王充《論衡》一書為史料依據，對整個漢代的吏階層文化的認識恐有失片面。再者，王充之論蓋在為儒生評議，重點當在貶抑文吏；因此值得注意的，應該是何以世人輕儒生而重文吏，以及此結果顯示了漢代什麼樣的選材標準。參吳瑞銀：〈王充《論衡》所論及之人才問題新探〉，《東方人文學誌》3 卷 1 期（2004 年 3 月），頁 1～20。

〔註2〕　「好吏事」語見范曄《後漢書》（點校本，北京：中華書局，1997 年）卷 24，

對吏事的要求、重視，並提示了朝廷對吏一職的預期效用。而好吏事一語，更隱含了光武年間「退功臣，進文吏」背後，〔註3〕從武功到文治的歷史意涵。〔註4〕漢代地方官制問題，雖已有勞榦（1907～2003）及嚴耕望（1916～1996）兩位先生透過既存史料的攢輯作出詳細梳理，然對於構成官僚體系基底的吏階層，其中之選任、升遷、執掌、與中央體系間的聯繫等若干細部問題，仍有模糊之處。1993 年江蘇省東海縣溫泉鎮尹灣村六號漢墓中，出土一系列西漢成帝時期（西元前 32～前 7）東海郡之簡牘，其中包括東海郡政府文書檔案、術數曆譜、墓主私人文書及日記、漢賦〈神烏賦〉四類。〔註5〕尤其第一類簡牘中的〈集簿〉、〈東海郡吏員簿〉（以下簡稱〈吏員簿〉）、〈東海郡下轄長吏名籍〉（以下簡稱〈長吏名籍〉）、〈東海郡下轄長吏不在署、未到官者名籍〉、〈東海郡屬吏設置簿〉五份資料，對於直接接觸民眾的「吏階層」提供許多資料，使今人對於漢代官僚體制有更爲全面的了解。〔註6〕而現今可見針

〈馬援列傳〉，頁 831。「法理嚴察」語見牟宗三：《歷史哲學》（臺北：臺灣學生書局，2000 年），頁 305。

〔註3〕 范曄：《後漢書》卷 1 下，〈光武帝紀〉，頁 85。

〔註4〕 陳勇謂，自建武 3 年（西元 27 年）伏湛接任鄧禹大司徒一職後，象徵文吏階層的崛起。而光武帝借文武官分職制而使元功（功臣）、吏職（文吏）分流，在建武 13 年（西元 38 年）以後，成功的「退功臣而進文吏」，將建國時功臣爲核心的武官體制，改造爲以文吏爲核心的文官體制，實現了從武功到文治的歷史轉折。見陳勇：〈論光武帝「退功臣而進文吏」〉，《歷史研究》1995 年 4 期，頁 111～124。

〔註5〕 此處簡牘內容之分類係依謝桂華之分類，謝氏爲首位對尹灣簡牘作全面考察者。見謝桂華：〈「尹灣漢墓簡牘」的主要內容和學術價值〉，收入中國秦漢史研究會編：《秦漢史論叢》（北京：中國社會科學出版社，1998 年），頁 332～351。而現今關於尹灣漢墓簡牘較爲完整的研究專書，爲蔡萬進：《尹灣漢墓簡牘論考》（臺北：臺灣古籍出版有限公司，2002 年），及廖伯源：《簡牘與制度──尹灣漢墓簡牘官文書考證》（增訂板）（桂林：廣西師範大學出版社，2005 年）。前者前言中對簡牘之分類概從謝氏，後者則主要針對官制類簡牘與史書及前人論證作察考，對簡牘未及概論。廖氏之書，以下簡稱《簡牘與制度》。

〔註6〕 謝桂華於論尹灣漢簡中所呈現的學術價值時曾指出，此簡是迄今時代最早和較爲完整的一份郡級行政文書檔案，對於上計制度、地方行政建置、吏員設置、長吏遷除、考勤、巡行視察等堪稱第一手資料，具高度之學術價值。（見謝桂華：〈「尹灣漢墓簡牘」的主要內容和學術價值〉，收入《秦漢史論叢（第七輯）》〔北京：中國社會科學出版社，1998 年〕，頁 351。）而高敏從〈定簿〉中得出對《漢書·地理志》若干地名之修正、補充《漢書·百官公卿表》與《續漢書·百官志》中吏員類別、名稱、秩祿，縣吏員中有官嗇夫一職，以及「亭」非鄉以下地方行政機構名稱。見高敏：〈試論尹灣漢墓出土〈東海郡屬縣鄉吏員定簿〉的史料價值──讀尹灣漢簡札記之一〉，《鄭州大學學報》

對尹灣漢簡第一類簡牘的研究中，大抵有二種方向：第一是從地方行政區域之規劃，如縣、鄉、亭的設置區分來與史料稽對；第二為從吏員簿或集簿中地方吏員的配置及考核制度來探討文吏的出身背景、選任及升遷標準。此對於理解「吏階層」的稽核、仕進問題有重要的突破。

除此之外，墓主師饒郡功曹的身分與王充自言之曾為功曹之職相謀合，而墓中其他三類文件亦成為探究功曹一職之職掌及墓主思想上重要之佐證。在時代上，此墓距王充之時不過半世紀，期間對於吏職選任雖有若干修正，然仍不失作為理解東漢初年地方官制之觀測據點。論述上，將分吏之選任、職責、及仕進制度三方面進行說明。同時，〈量知〉至〈超奇〉諸篇中所探討之漢代官僚體系中文吏與儒生間的衝突，亦期透過此三面向而有更為完整的理解。吏一職由來已久，〔註7〕本文既主要針對《論衡》所見吏職考，自無法觀照到吏職的全部演進過程，這是在進入正式討論前必須說明的。

從王充對文吏、儒生的分判與敘述，不論是對二者才能優劣的評價，或對二者職能本質的討論，都可以看到吏階層對於王充思想的影響，不僅是職能的訓練，還有更深層的思維方式支配。

第一節　地方官吏之選任

光武既好吏事，甚而退功臣進文吏，則吏一職之重要性自東漢初年即已開始。然此亦成為王充在《論衡》中所論文吏與儒生衝突的起因，其謂：

> 科用累能，故文吏在前，儒生在後，是從朝廷謂之也。……朝廷之人，幼為幹吏，以朝廷為田畝，以刀筆為耒耜，以文書為農桑，猶家人子弟，生長宅中，其知曲折，愈於賓客也。……儒生猶賓客，文吏猶子弟也。〔註8〕

朝廷重視文吏，委之於鞏固政權之責，是以「選舉取常故，案吏取無害」，〔註9〕而「儒生無閥閱，所能不能任劇，故陋於選舉，佚於朝廷」，〔註10〕最終使「儒

---

30 卷 2 期（1997 年 3 月），頁 53〜57。
〔註7〕 誠如安作璋所論，官吏法不唯源於秦漢，更可上推到夏商周之時，而《尚書》中亦保有若干史料可供證明。參安作璋：《秦漢官吏法研究》（濟南：齊魯書社，1993 年）頁 2〜5。
〔註8〕 《論衡》卷 12，〈程材〉，頁 539〜540。
〔註9〕 《論衡》卷 12，〈程材〉，頁 536。
〔註10〕 《論衡》卷 12，〈程材〉，頁 536。

者寂於空屋，文吏嘩於朝堂」。〔註11〕然而需釐清的是，除世代為吏或因任子制而為吏者外，何者能為吏？存在何種限制或選取標準？或需具何種技能？以下先就客觀層面的為吏標準述之，次論王充之選任觀點，以明晰二者之別，並突出王充之選任標準。

一、選任標準及養成教育

如同王充所述，「世俗共短儒生，儒生之徒亦自相少。何則？並好仕學宦，用吏為繩表也」。〔註12〕故一般欲為吏者，其習吏之法，唯「以吏為師」。〔註13〕然何能為吏？為吏之前，需習何種技能？王充在其〈自紀〉曾強調，其「八歲出於書館。書館小僮百人以上，皆以過失袒譴，或以書醜得鞭。充書日進，又無過失。」〔註14〕同時代的班固（32～92）指出：「八歲入小學，學六甲五方書記之事」，〔註15〕且：

> 古者八歲入小學，故周官保氏掌養國子，教之六書，謂象形、象事、象聲、轉注、假借，造字之本也。漢興，蕭何草律，亦著其法，曰：「太史試學童，能諷書九千字以上，乃得為史。又以六體試之，課最者以為尚書御史史書令史。吏民上書，字或不正，輒舉劾。」〔註16〕

稍晚於王充的許慎（30～124）則言「尉律：學僮十七已上，使試諷籀書九千字，乃得為史。又以八體試之。郡移大史並課取者以為尚書史，書或不正輒

〔註11〕《論衡》卷12，〈程材〉，頁538。

〔註12〕《論衡》卷12，〈程材〉，頁533。

〔註13〕吳福助指出，自商鞅變法後，秦仕進的主要途徑有保舉、軍功、客、吏道、通法五種，而後二項是實行法治之產物，並與學吏制度密切相關。據《商君書》之「法官法吏」的規定，凡通曉法令者，即有可能入仕，並直接被任為法官、法吏。而從睡虎地秦簡之〈為吏之道〉中，可以推測墓主喜可能同時兼任教習律令之職，於「學室」中培養吏員。見吳福助：〈〈為吏之道〉法儒道家思想交融現象剖析〉，收入氏著《睡虎地秦簡論考》（臺北：文津出版社，1994年）頁177～179。必須說明的是，《論衡》中所言之吏，不包含防戍治安之武吏，而僅為王充所謂「案獄考事」、「移書下記」之文吏。關於文吏、武吏之別，可參吳福助：〈〈為吏之道〉宦學識字教材論考〉，《睡虎地秦簡論考》頁150～151。

〔註14〕《論衡》卷30，〈自紀〉，頁1188。

〔註15〕班固：《漢書》（點校本，北京：中華書局，1997年），卷24上，〈食貨志上〉，頁1122。

〔註16〕班固：《漢書》，卷30，〈藝文志〉，頁1720～1721。

舉劾之。」〔註17〕由此看來，吏與史的差別，即在於是否須習六體、八體等字體，吏者更注意的是字體是否端正齊整。因此習字體、及書寫端正，長期以來是爲吏之基本技能，進一步才是學習律令文書，即王充所謂「文吏之學，學治文書也」。〔註18〕然從許慎感慨「今雖有尉律不課，小學不修，莫達其說久矣。」〔註19〕及漢末王粲指責其時「執法之吏，不闚先王之典，搢紳之儒，不通律令之要。彼刀筆之吏，豈生而察刻哉？」〔註20〕均可證明爲吏者確有一套養成教育，並依此成爲選任標準。然此僅能作爲選任上之一相對客觀之標準，並不代表凡據此者均可爲吏，或爲吏者俱具此能。

　　然而自董仲舒策言施行之後，進入公職的管道有二，其一爲儒生，其二是沿襲秦制的應試爲（刀筆）吏。而此亦演變爲吏階層中儒生與文吏之衝突。董仲舒之本意爲：

> 今之郡守、縣令，民之師帥，所使承流而宣化也；故師帥不賢，則主德不宣，恩澤不流。今吏既亡教訓於下，或不承用主上之法，暴虐百姓，與姦爲市，貧窮孤弱，冤苦失職，甚不稱陛下之憂。是以陰陽錯謬，氛氣充塞，羣生寡遂，黎民未濟，皆長吏不明，使至於此也。夫長吏多出於郎中、中郎，吏二千石子弟遷郎吏，又以富訾，未必賢也。……臣愚以爲使諸列侯、郡守二千石，各擇其吏民之賢者，歲貢各二人，以給宿衛，且以觀大臣之能；所貢賢者有賞，所貢不肖者有罰。夫如是，諸侯吏二千石，皆盡心於求賢，天下之士，可得而官使也。〔註21〕

其見爲吏者無行，郡守長吏又以私心不舉賢，促使武帝之後，「博士弟子考試中第，亦得補郡國吏」，〔註22〕使原先的文吏階層之組成成分出現轉變。然儒生的加入，對吏階層而言，恐怕並不能如董仲舒當初所希冀者，使賢士盡出，反而因二者出身背景之不同產生而衝突。由文吏或儒生系統所出的郡國長

〔註17〕許慎：《說文解字‧序》（段玉裁注本，經韵樓臧版，臺北：藝文印書館，1997
　　　　年），頁 766～767。
〔註18〕《論衡》卷 13，〈謝短〉，頁 554。
〔註19〕許慎：《說文解字‧序》，頁 767。
〔註20〕王粲：〈儒吏論〉，收入嚴可均（1762～1843）校輯：《全上古三代秦漢三國六
　　　　朝文》（北京：中華書局，1999 年），卷 91，頁 964。
〔註21〕班固：《漢書》卷 56，〈董仲舒傳〉，頁 2512～2513。
〔註22〕錢穆（1895～1990）：《國史大綱》（臺北：臺灣商務印書館，2003 年），頁
　　　　146。

吏，在舉賢任職之標準上亦顯然別爲二派。以兒寬初仕爲吏之事爲例：

> 寬爲人溫良，有廉知自將，善屬文，然懦於武，口弗能發明也。時
> 張湯爲廷尉，廷尉府盡用文史法律之吏，而寬以儒生在其間，見謂
> 不習事，不署曹，除爲從史，之北地視畜數年。〔註23〕

以兒寬後來治民「勸農業，緩刑罰，理獄訟。卑體下士，務在於得人心，擇
用仁厚士，推情與下，不求名聲，吏民大信愛之」等評觀之，兒寬長於以儒
之力勸課農桑，而不能長文法律令，若非後來之長吏賞識，可能一輩子即於
北地視畜處之。同時，從司馬遷所言「吏道益雜」中，〔註24〕可以看到西漢
前期爲吏之途管道之駁雜，在選任上並沒有一定之標準；〔註25〕然地方郡吏
之來源，主要還是多爲富人把持。〔註26〕

　　而如王充指出，吏身分是進入中央的普遍與正規管道，故不論是秦以來

〔註23〕 班固：《漢書》卷58，〈公孫弘卜式兒寬傳〉，頁2628。

〔註24〕 如其於〈平準書〉中言「軍功多用越等，大者封侯卿大夫，小者郎吏。吏道
雜而多端，則官職秏廢。」及「使孔僅、東郭咸陽乘傳舉行天下鹽鐵，作官
府，除故鹽鐵家富者爲吏。吏道益雜，不選，而多賈人矣。」見《史記》，卷
30，〈平準書〉，頁1422～1423、1429。而《鹽鐵論》論中賢良亦曰：「……今
吏道雜而不選，富者以財貫官，勇者以死射功。戲車鼎躍，咸出補吏，累功
積日，或致卿相。」見桓寬：《鹽鐵論》（王利器校注本，北京：中華書局，
1996年）卷6，〈除狹第三十二〉，頁410。

〔註25〕 相較於秦對吏要求要明習法令、史書書體、佐事技巧外，從現存史料上看
漢之爲吏者，似乎並沒有嚴格遵守這些要求。關於秦爲吏之要求可參吳福
助：〈〈爲吏之道〉宦學識字教材論考〉，《睡虎地秦簡論考》頁150～154。

〔註26〕 《史記》記載：韓信者，淮陰人也。始爲布衣時，貧無行，不得推擇爲吏。
見《史記》卷92，〈淮陰侯列傳〉，頁2609。同時在「不得推擇爲吏」上，
《集解》引李奇之說，曰：「無善行可推舉選擇」。（見《史記》卷92注2，
頁2609。）而褚先生曰：……任安，滎陽人也。少孤家貧，爲人將車之長
安，留，求事爲小吏，未有因緣也。（見《史記》卷104，〈田叔列傳〉，頁
2779。）錢穆在論西漢政治組織時，將漢制吏途分爲三徑，其中郡縣吏雖
言不限資格，由平民自願給役者爲之，然從韓信「以家貧無行，不得推擇
爲吏」一事來看，大抵在上者擇家貲，在下者推有行，則小吏亦復有貲選
也。（見錢穆：《國史大綱》頁140。）而此現象其實不獨西漢，終漢之末，
除任子、應試爲吏者外，無行、家貧者蓋多難爲吏。如：度尚字博平，山
陽湖隆人也。家貧，不修學行，不爲鄉里所推舉。積困窮，乃爲宦者同郡
侯覽視田，得爲郡上計吏。（《後漢書》卷38，〈張法滕馮杜楊列傳〉，頁1284。）
胡廣字伯始，南郡華容人也。……廣少孤貧，親執家苦。長大，隨輩入郡
爲散吏。（《後漢書》卷44，〈鄧張徐張胡列傳〉，頁1504～1505。）公孫瓚
以母賤，遂爲郡小吏。（《後漢書》卷73，〈劉虞公孫瓚陶謙列傳〉，頁2357。）

之刀筆吏，或武帝之後的儒生，二者俱期望由此進階中央。宋人徐天麟指出：

> 東京入仕之途雖不一，然由儒科而進者，其選亦甚難。故才智之士，多由郡吏而入仕。以胡廣之賢，而不免仕郡爲散吏；袁安世傳易學，而不免爲郡功曹；應奉讀書五行並下，而爲郡決曹吏；王充之始進也，刺史辟爲州從事。……蓋當時仕進之路如此，初不以爲屈也。……以至博士弟子，丙科亦補掌故；一藝之上，但補率吏。則知漢世仕進之路，大抵如此。〔註27〕

從「當時仕進之路如此，初不以爲屈也」言中，可以看出在兩漢時期「無論是郎是吏，皆須憑機緣進身而得在上者之歡好。文學、儒術亦雜途之一」，〔註28〕是以直到東漢，「吏」仍爲大多數爲官者進入中央最初之進路，而此間之衝突至安帝時，終採左雄之議，將文吏、儒生之選任標準分別出來，始告平息。〔註29〕

二、王充論擇吏標準

　　從以上之敘述可以看到，不論在吏職熟稔、便捷的考量，或爲吏的歷史經驗上，吏階層中的文吏的確有著絕對優勢。再加上中央對吏的要求，〔註30〕

〔註27〕徐天麟：《東漢會要》（北京：中華書局，1998年）卷27，〈選舉〉，頁294。

〔註28〕錢穆：《國史大綱》頁140。然牟宗三總結兩漢儒吏政治時，謂西漢儒吏未分，賢能儒雅不嫌以吏進。東漢吏職漸輕，而尊辟舉。西漢文武一道，東漢流品始分。見牟宗三：《歷史哲學》頁279。按：此說有若干需說解處。其一：自公孫弘、董仲舒二者疏、策施行後，吏階層中就開始有了儒生、文吏二身分，唯其中之衝突於史未明。其二：所謂「賢能儒雅不嫌以吏進」，如上徐天麟所指，此情形俱存至東漢。其三：吏階層之仕進制度中，辟舉一直是居主要位置，不唯東漢特尊。王充在〈逢遇〉、〈累害〉諸篇亦反覆提及在鑑別人才上，往往存在許多毀行打壓之事，使人在仕宦歷程中不得晉身。

〔註29〕左雄言：「請自今孝廉年不滿四十，不得察舉，皆先詣公府，諸生試家法，文吏課牋奏。」《後漢書》卷61，〈左周黃列傳〉，頁2020。

〔註30〕除光武好吏事外，其後之明帝、章帝亦多重文吏，而史家多論其時吏事深刻。如：時（光武）內外群臣，多帝自選舉，加以法理嚴察，職事過苦，尚書近臣，至乃捶撲牽曳於前，群臣莫敢正言。（《後漢書》卷29，〈申屠剛鮑永郅惲列傳〉，頁1017。）帝（明帝）性褊察，好以耳目隱發爲明，故公卿大臣數被詆毀，近臣尚書以下至見提挈。（《後漢書》卷41，〈第五鍾離宋寒列傳〉，頁1409。）蕭宗初，……承永平故事，吏政尚嚴切。（《後漢書》，卷46，〈郭陳列傳〉，頁1549。）建武、永平年間，吏事刻深，亟以謠言單辭，轉易守長。（《後漢書》，卷76，〈循吏列傳〉序，頁2457。）（章）彪以世承二帝（光武、孝明）吏化以後，多以苛刻爲能。（《後漢書》卷26，〈伏侯宋蔡馮趙牟章列傳〉

以及「將……事多，己不能理，須文吏以領之也」，〔註31〕使文吏已然建立其在選鑑上優勢之支配傾向，甚而使儒者汲汲學習為吏之道：

> 世俗學問者，不肯竟經明學，深知古今，急欲成一家章句，義理略具，同趨學史書，讀律諷令，治作情奏，習對向，滑習跪拜，家成室就，召署輒能。徇今不顧古，趨仇不存志，競進不案禮，廢經不念學。是以古經廢而不修，舊學暗而不明，儒者寂於空室，文吏嘩於朝堂。〔註32〕

而這些急於為吏的儒生，或「踵文吏之後，未得良善之名」，〔註33〕或「觀將所知，適時所急，轉志易務，晝夜學問，無所羞恥，期於成能名文而已」，〔註34〕或「恥降意損崇」，「意疏不密，臨事不識，對向謬誤；拜起不便，進退失度」，而遭「世俗輕之，文吏薄之，將相賤之」，〔註35〕可見儒生在吏階層之尷尬難以安處。因此相對於這樣的實際情況，王充力主儒生之重要性，即必須另立其正當性基礎。〔註36〕其從吏職之設立本質論曰：

> 儒者之在世，禮義之舊防也，有之無益，無之有損。庠序之設，自古有之。重本尊始，故立官置吏。官不可廢，道不可棄。〔註37〕

吏之設立在成為道之基礎，故為吏者需明吏道，範圍包括：郡縣政策體系、稅收與勞役、民間信仰祭祀、上書格式、文吏服制、宮闕形制等任何關乎人

頁918。）
〔註31〕《論衡》卷12，〈程材〉，頁534。
〔註32〕《論衡》卷12，〈程材〉，頁538。
〔註33〕《論衡》卷12，〈程材〉，頁537。
〔註34〕《論衡》卷12，〈程材〉，頁537。
〔註35〕以上俱見《論衡》卷12，〈程材〉，頁537～538。
〔註36〕韋伯（Max Weber，1864～1920）在其論「正當性的基礎」時，將「支配」定義為一群人會服從某些特定的（或所有的）命令的可能性。而「支配」或「權威」可能會立基於非常不同的動機：由最單純的習慣性服從，到最純粹的利益計算。因此每一種支配形式都包含著最起碼的自願服從的成分。見韋伯著：《支配的類型：韋伯選集3》（修訂版）（康樂等編譯，臺北：遠流出版事業股份有限公司，1997年），頁1～2。又，就一個支配而言，這樣的正當性基礎，絕非僅只是個理論性與哲學性思辨的問題，它實際上構成經驗性之支配結構的、最為實際之差異的基礎。而人的命運並不平等，一但階級狀況劃分判然，而且每個人都可看出它乃是決定自己個人之命運的力量時，此支配的正當性要求便成為最激烈與最有效的攻擊目標。見韋伯：〈支配的結構及其功能型態〉，收入氏著《支配社會學》（康樂、簡惠美譯本，臺北：遠流出版事業股份有限公司，1993年），頁15～17。
〔註37〕《論衡》卷10，〈非韓〉頁433。

民生活事宜者，對王充來說，這些不僅是為吏者之職責，更有民「以吏為師」的教化考量。〔註38〕他對當時之吏「所能不過案獄考事，移書下記，對鄉便給」表示了不滿，〔註39〕重新以「志在修德，務在立化」來思量為吏一職，〔註40〕為吏者當要能「建蹇蹇之節，成三諫之議」〔註41〕、「習善儒路，歸化慕義」。〔註42〕

　　因此，〈程材〉諸篇所云，非獨評析文吏、儒生之別，而在藉此建立一套吏之選任標準，以取代已定型之文吏系統。而文吏、儒生之受重視與否，又取決於執政者的喜好、需求來支配，因此王充藉由不斷的評比二者之優劣、才學及效用，企圖突出以儒生為吏的優勢。〔註43〕

　　在以「道」為標準之下，在考察儒生與文吏之別時，王充即指出，「文吏所學者，事也」、「儒生所學者，道也」、「假使材同，當以道學。」〔註44〕而熟習故事之「巧吏」，其能僅在辨解簿書、考理煩事，其知「無經藝之本，有筆墨之末，大道未足而小伎過多」，〔註45〕而儒生能「窮竟聖意」，是以「文吏以理事為力，而儒生以學問為力」，〔註46〕而儒生之力實為難得。而將相之所以喜文吏而黜儒生，王充認為其應先檢討己身之能：

> 今世之將相，不責己之不能，而賤儒生之不習：不原文吏之所得得
> 用，而尊其材謂之善吏。〔註47〕

王充之所以獨排眾議，以儒生為力，屏斥文吏之能，不僅在針對當時吏多不良之現象，〔註48〕期望藉由吏程度之提升，在教化百姓上獲致更好的績效，〔註49〕

〔註38〕如王充對吏服之問，曰「吏衣黑衣，宮闕赤墀，何慎？著絢於履，何備？佩刀於右，帶劍於左，冠在於首，何象？吏居城郭，出乘馬車，坐治文書，起城郭，何王？」而漢初景帝時曾詔曰：「夫吏者，民之師也，車駕衣服宜稱。吏六百石以上，皆長吏也，亡度者或不吏服，出入閭里，與民亡異。」先是吏多軍功，車服尚輕，故為設禁。見《漢書》卷5，〈景帝紀〉，頁149。

〔註39〕《論衡》卷12，〈謝短〉，頁577。

〔註40〕《論衡》卷12，〈程材〉，頁534。

〔註41〕《論衡》卷12，〈程材〉，頁534。

〔註42〕《論衡》卷12，〈程材〉，頁545。

〔註43〕然而〈程材〉諸篇某些對儒生或輕或重之貶抑（以〈謝短〉為主），以及若干對二者模糊而小心的批評，可能存在維護政權穩定的用意。

〔註44〕三引文俱出《論衡》卷12，〈程材〉，頁543。

〔註45〕《論衡》卷13，〈謝短〉，頁554。

〔註46〕《論衡》卷13，〈效力〉，頁579。

〔註47〕《論衡》卷12，〈程材〉，頁535～536。

〔註48〕案，皇帝曾有詔數下，責吏不良，如：章帝建初五年三月甲寅，詔曰：「……

更表達出當世普遍之欲習虛偽之風、賦斂之習，而產生之對文吏掌政之危機意識。因此其極力區別文吏與儒生之效用，並藉由劃分二者之才能而對治績做出預估：

> 文吏以事勝，以忠負；儒生以節優，以職劣。……取儒生者，必軌
>
> 德立化者也；取文吏者，必優事理亂者也。〔註50〕

而吏職至尊的結果與危機為何？缺少了專業為吏經驗及技能的儒生，其為政的效用又將何在？從王充對儒生才能的陳述上，如「州郡有憂，能治章上奏，解理結煩，使州郡無事」〔註51〕、「儒生不習于職，長於匡救」〔註52〕、「文吏少道德而儒生多仁義也」〔註53〕、「論道議政，賢儒之力也」，〔註54〕可以看到以儒生為吏者，必為欲使政「志在修德，務在立化」〔註55〕、「歸化慕義」者也。〔註56〕相對於具「治書定簿」之力，〔註57〕然「能破堅理煩，不能守身，身亦不能輔將」〔註58〕、「所知，不過辨解簿書」〔註59〕、「大道未足而小伎過多」〔註60〕的文吏，自然不能擔負使風俗純美之責。若獨以文吏為尚，除使吏「勤力玩弄，成為巧吏」外，〔註61〕文吏之知識水準不過「御

今吏多不良，善行喜惡，或案不以罪，迫脅無辜，致令自殺者一歲且多於斷獄，甚非為人父母之意也。有司其議糾舉之。（《後漢書》卷3，〈肅宗孝章帝紀〉，頁140。）（孝和十二年）三月丙申，詔曰：「…數詔有司，務擇良吏。今猶不改，競為苛暴，侵愁小民，以求虛名，委任下吏，假執行邪。是以令下而姦生，禁至而詐起。」（《後漢書》卷4，〈孝和孝殤帝紀〉，頁186。）

〔註49〕 案：此論與第五倫極相似。史載：第五倫雖峭直，然常及俗吏苛刻。及為三公，值帝（孝章）長者，屢有善政，乃上疏襃稱盛美，因以勸成風德，曰：「……詔書每下寬和而政急不解，務存節儉而奢侈不止者，咎在俗敝，群下不稱故也。光武承王莽之餘，頗以嚴猛為政，後代因之，遂成風化。郡國所舉，類多辨職俗吏，殊未有寬博之選以應上求書者也。」《後漢書》卷41，〈第五鍾離宋寒列傳〉，頁1399～1400。

〔註50〕 《論衡》卷12，〈程材〉，頁535。

〔註51〕 《論衡》卷13，〈超奇〉，頁613。

〔註52〕 《論衡》卷12，〈程材〉，頁534。

〔註53〕 《論衡》卷12，〈量知〉，頁547。

〔註54〕 《論衡》卷13，〈效力〉，頁588。

〔註55〕 《論衡》卷12，〈程材〉，頁534。

〔註56〕 《論衡》卷12，〈程材〉，頁545。

〔註57〕 《論衡》卷13，〈效力〉，頁588。

〔註58〕 《論衡》卷12，〈程材〉，頁534。

〔註59〕 《論衡》卷12，〈程材〉，頁544。

〔註60〕 《論衡》卷13，〈謝短〉，頁554。

〔註61〕 《論衡》卷12，〈程材〉，頁540～541。

史之知、有司之惠」，〔註62〕如此「察察小慧，類無大能」，〔註63〕更有可能
使獄政不平、民怨叢生。〔註64〕

第二節　仕進制度

　　從王充自言其仕宦歷程，「在縣位至掾功曹，在都尉府位亦掾功曹，在太
守爲列掾五官功曹行事，入州爲從事」，〔註65〕「元和三年徙家辟難，詣楊州
部丹陽、九江、廬江。後入爲治中」，〔註66〕且〈別佞〉舉例言「甲意不欲留
縣，前聞其語矣，聲望欲入府，在郡則望欲入州」，〔註67〕可知吏之仕進進程，
大抵爲由縣入郡，從郡上州。而若依「漢初詔舉賢良、方正，州郡察孝廉、
秀才」之說，〔註68〕則州郡間之仕進管道，主爲察舉制爲主，而此間除了世
家大族的優勢外，〔註69〕更強調道德操守的清廉。〔註70〕

〔註62〕《論衡》卷13，〈謝短〉，頁554。
〔註63〕《後漢書》卷26，〈伏侯宋蔡馮趙牟韋列傳〉，頁919。
〔註64〕章帝元和二年曾詔三公曰：「……夫俗吏矯飾外貌，似是而非，掾之人事則悅
　　　　耳，論之陰陽則傷化，朕甚饜之，甚苦之。……閒勑二千石各尚寬明，而今
　　　　富姦行賂於下，貪吏枉法於上，使有罪不論而無過被刑，甚大逆也。……吾
　　　　詔書數下，冠蓋接道，而吏不加理，人或失職，其咎安在？」（《後漢書》卷3，
　　　　〈肅宗孝章帝紀〉，頁148。）而觀循吏所能，或平獄、戶增、正俗，更有「以
　　　　禮讓化之，其無孝義者，皆感悟自卑。」（《後漢書》卷76，〈循吏列傳〉（劉
　　　　矩），頁2476。）故而若使王充所謂之「懷古今之學，負荷禮義之重」賢儒爲
　　　　吏，此皆爲反掌之效。
〔註65〕《論衡》卷30，〈自紀〉，頁1189。
〔註66〕《論衡》卷30，〈自紀〉，頁1207。
〔註67〕《後漢書》卷61，〈左周黃列傳〉，頁2042。
〔註68〕《後漢書》卷61，〈左周黃列傳〉范曄論贊，頁2042。
〔註69〕光武中興之成功，除代表劉氏政權的再受命外，更是結合了數個利益團體，
　　　　包括最先的潁川、南陽派，即位後又有馬援派、竇融派。參 Denis Twitchett，
　　　　Michael Loewe 編：《劍橋中國史》（韓復智主譯，臺北：南天書局，1996年）
　　　　第一冊，秦漢篇，頁315～320。
〔註70〕對此王充特立〈別佞〉一篇，並舉例指出佞人打壓賢人的方法。如：「假令甲
　　　　有高行奇知，名聲顯聞，將恐人君召問，扶而勝己，欲故廢不言，常騰譽之。
　　　　薦之者眾，將議欲用，問佞人，人必對曰，甲賢而宜召也。何則？甲意不欲
　　　　留縣，前聞其語矣，聲望欲入府，在郡則望欲入州。志高則操與人異，望遠
　　　　則意不顧近。屈而用之，其心不滿，不則臥病。賤而命之則傷賢，不則損威。
　　　　故人君所以失名損譽者，好臣所常臣也。自耐下之，用之可也。自度不能下
　　　　之，用之不便。夫用之不兩相益，舍之不兩相損。人君畏其志，信佞人之言，
　　　　遂置不用。」以及「上世列傳棄榮養身，違利赴名，竹帛所載，伯成、子高

而從王充言「賢儒、俗吏，並在當世，……將明道行，則俗吏載賢儒，賢儒乘俗吏。將暗道廢，則俗吏乘賢儒，賢儒處下位，猶物遇害，腹在上而背在下也」，〔註71〕以及「文吏、儒生……皆爲掾吏，並典一曹，將知之者，知文吏、儒生筆同，而儒生胸中之藏，尚多奇餘。不知之者，以爲皆吏。」〔註72〕可知儒生、文吏之衝突不僅表現在職責、才能上，在仕進上亦存在緊張關係。而此種關係如前述對文吏與儒生所作的區別，可知王充將之釋爲「道」之行與否。然而一直到王充於「章和二年，罷州家居」之前，〔註73〕皇帝仍有詔數下責選吏不良，直到安帝時左雄出，人才選鑑才有短暫的公平時間。〔註74〕而此固由於長吏力劣不能舉賢，客觀上實際之選鑑制度對儒生而言亦存在阻礙。同時，前引徐天麟之說以吏爲多數入仕者之初職來看，胡廣、袁安、應奉等皆從吏而入中央，而王充最高卻只至州從事，其因須從仕進管道及仕進阻礙兩方面考量。而前者與察舉制度關係密切，〔註75〕後者與考課制度尤具相關。而此二者，除既存之史料考證外，又可從尹灣漢簡之〈長吏名籍〉中，獲致進一步的細節補充。

一、仕進管道與察舉制度

王充曾於〈效力〉自云：「文章滂沛，不遭有力之將援引薦舉，亦將棄遺於衡門之下，固安得升陛聖主之廷，論說政事之務乎？火之光也，不舉不明」〔註76〕，可知薦舉在仕進管道上誠爲重要關鍵。而漢代最重要的察舉制即爲孝廉，以下將「孝廉」部分獨出專論，其他拔擢管道則於後綜論之。

委國而耕，於陵子辭位灌園，近世蘭陵王仲子、東郡昔盧君陽，寢位久病，不應上徵，可謂養名矣。」見卷11，〈別佞〉，頁525～526、528～529。然此著重德行的例子，不獨是爲了舉孝廉，更多的是東漢重氣節而來。

〔註71〕《論衡》卷14，〈狀留〉，頁621。
〔註72〕《論衡》卷12，〈量知〉，頁546。
〔註73〕《論衡》卷30，〈自紀〉，頁1208。
〔註74〕范曄論曰：「自左雄任事，雖頗有不密，固亦因識時宜。而黃瓊、胡廣、張衡、崔瑗之徒，泥滯舊方，互相詭駁，循名者屈其短，篹弄者挺其效。故左雄在尚書，天下不敢妄選，十餘年間，稱爲得人。」《後漢書》，卷61，〈左周黃列傳〉范曄論語，頁2042。
〔註75〕錢穆指出：吏得郡國長官察舉爲郎，從此再走入中央仕途。並言地方察舉以及公府徵辟制對博士弟子而言，尤爲晉身之要。參錢穆：《國史大綱》頁146、171。
〔註76〕《論衡》卷13，〈效力〉，頁584。

（一）孝　廉

　　由地方郡國所推舉之孝廉是漢代最重要的選材管道，「漢世諸科，雖以賢良方正爲至重，而得人之盛，則莫如孝廉，斯亦後世之所不能及也。」〔註77〕這套選鑑制度雖有著明確的選拔標準，即須具孝悌、廉正之行，然因舉薦者必須擔負「有非其人，……有司奏罪名，並正舉者」的責任，〔註78〕且孝與廉二科逐漸合一的趨勢，及「歲盡，遣吏上計，並舉孝廉，郡二十萬舉一人」的每歲定額舉薦壓力下，〔註79〕對於人才的標準判定便出現疏陋，逐漸爲世家大族把持。這樣的現象尤以東漢光武至和帝間爲最嚴重。〔註80〕明帝即位之時甚至詔曰：「今選舉不實，邪佞未去，權門請託，殘吏放手，有司明奏罪名，并正舉者。」〔註81〕然而或有貧賤而爲孝廉者，其多又能是諸生或曾入太學者；再者便是由擔任地方吏職開始。〔註82〕

　　因此對比王充〈自紀〉言己「細族孤門」，「在縣位至掾功曹，在都尉府

〔註77〕徐天麟：《東漢會要》卷26，〈選舉〉，頁284～285。

〔註78〕徐天麟：《東漢會要》卷27，〈選舉〉，頁291。

〔註79〕《續漢書》，志28，〈百官志〉，頁3621。

〔註80〕此論勞榦、邢義田俱有所發。勞榦謂：在這樣競爭的當中，對於被選者的標準，在個人要因事知名，而在所屬的家族要爲世家大族。見勞榦：〈漢代察舉制度考〉，收入氏著《勞榦學術論文集甲篇》（臺北：藝文印書館，1976年）頁664。而邢義田歸納史書可知的孝廉人選中，貧寒子弟在東漢成爲孝廉的人數極少。他認爲東漢光武至和帝間，世族權門把持地方察舉的情形相當嚴重，甚至成爲一種社會勢力的展現。見邢義田：〈東漢孝廉的身分背景〉，收入氏著《秦漢史論稿》（臺北：東大圖書公司，1987年）頁145、147、149、154、157、158。黃留珠亦指出，東漢以後，豪族地主勢力急遽發展，而原先按郡大小一律歲舉孝廉二人的規定便不敷需求，致使和帝實施按人口比例的新察舉制。見黃留珠：〈孝廉的意義及其察舉法的演變〉，收入氏著《秦漢仕進制度》（西安：西北大學出版社，1998年）頁102～103。

〔註81〕《後漢書》卷2，〈顯宗明帝紀〉，頁98。

〔註82〕韓復智指出，漢代孝廉的選舉，除重視德行外，有兩種限制，一是必須是太學出身，第二是必須爲服務地方有經驗與成績的僚吏。見韓復智：〈東漢的選舉〉，收入氏著《漢史論集》（臺北：文史哲出版社，1980年）頁135。邢義田亦謂：這些地方屬吏出身的孝廉有不少亦曾爲諸生、太學生或以經書教授的。……故先遊學或入學校修習經書、再出仕地方，應該是漢代人相當普遍的一條入仕途徑。見〈東漢孝廉的身分背景〉，《秦漢史論稿》頁168。同時黃留珠也從史料資歷完整之人，統計出被察舉者身份爲儒者的佔32.1%，吏者24.8%，儒吏（兼有儒生及州郡吏）者13.2%，故官（曾爲官者）4.3%，處士（儒生之外不曾任公職者）25.6%，可以看出儒者爲多數。且儒生和處士加總之比近60%，反映兩漢孝廉多數是從未仕者之中察舉的。見黃留珠：〈今可考見的兩漢孝廉〉，《秦漢仕進制度》頁141～142。

位亦掾功曹，在太守爲列掾五官功曹行事，入州爲從事」可知，〔註83〕王充
仕宦經歷確由擔任地方吏職始。其所以強調細族孤門者，或足以顯示當時在
選鑑人才及官吏仕進制度上之標準。

同時，對王充本傳上所言「到京師，受業太學，師事伏風班彪」等事質
疑者，吾人可先明《後漢書·儒林傳》言：

自光武中年以後，干戈稍戢，專事經學，自是其風世篤焉。其服儒
衣，稱先王，遊庠序，聚橫塾者，蓋布之於邦域矣。……其者名高
義，開門受徒者，編牒不下百萬人，皆專相傳祖，莫或訛雜。〔註84〕

按王充生於建武三年，其求學時間正當光武中年，此風正熾之時，加上光武
七年時，策試博士「唯取見在洛陽城者」，〔註85〕京城畢竟存有較多機會，且
其舉匡衡等人爲例言：「儒者明說一經，習之京師，明如匡穉圭，深如趙子都，
初階甲乙科，遷轉至郎博士。」〔註86〕可看出他心中對從儒生、習之京師一
事確實存有深切體會，然而是否曾受業太學，顯然欠缺足夠之證據加以支撐。
我們可以從二方向說明推測。其一，是師事班彪一事爲眞。依上所論，王充
於「手書既成」後辭師至京師，「受《論語》、《尚書》，日諷千字」，〔註87〕師
從「耆名高義」之班彪，掛牒於下。此推測之問題在於，王充〈自紀〉未陳
明、紀錄此事。若此論爲眞，或可從范曄所論「譊譊之學，各習其師也。觀
成名高第，終能遠至者，蓋亦寡焉」中，〔註88〕王充因其仕途上未能高就，
故僅以「經明德就，謝師而專門」輕輕帶過。〔註89〕而其中之「師」，或可釋
爲是著錄於班彪之下，但非必班氏親授，如皮錫瑞所云，「一師能教數千萬人，
必由高足子弟傳授，……是則著錄之人不必皆親自授業之人矣。」〔註90〕其
二，王充乃自學而成者，本傳所云有誤。如果我們相信班固所言：「是以四海
之內，學校如林，庠序盈門，獻酬交錯，俎豆莘莘」的狀況不只是漢賦的侈

〔註83〕 而此四職亦同於論者所考，郡國屬吏升遷例由主簿而督郵，而五官掾，而功
曹，守令長或州從事。見嚴耕望：《中國地方行政制度史甲部——秦漢地方行
政制度》（臺北：中央研究院歷史語言研究所，1997 年），頁 117。

〔註84〕 《後漢書》卷 69 下，〈儒林列傳下〉，頁 2588。

〔註85〕 《後漢書》卷 33，〈朱馮虞鄭周列傳〉，頁 1144。

〔註86〕 《論衡》卷 1，〈命祿〉，頁 23。

〔註87〕 《論衡》卷 30，〈自紀〉，頁 1188。

〔註88〕 《後漢書》卷 69 下，〈儒林列傳下〉論，頁 2589。

〔註89〕 《論衡》卷 30，〈自紀〉，頁 1188。

〔註90〕 皮錫瑞：《經學歷史》頁 131～132。

麗形容，〔註91〕則王充不一定非得師從班彪，其於任何一學校經明德就後，謝師而專門，回鄉自學，則亦無不可能。此說之問題在於，史家何以作出王充本傳上之陳述。對比前述吏之選任標準，一般官吏身分不爲世族即爲儒生，王充於人才選鑑上之意見又傾向於儒生，故而時人（魏晉六朝）爲推崇王充而生之推測、溢美之詞。本文以爲，王充既未自言師事班彪，則後者較能符合王充的情況。

（二）其他拔擢管道

從王充自敘其仕進途徑，可知其仕宦經歷不出州郡內部，及其自言「爲上所知，拔擢越次，不慕高官；不爲上所知，貶黜抑屈，不恚下位。比爲縣吏，無所擇避」中，〔註92〕可再推求其中之拔擢之因。除孝廉外，吏之升遷管道尚有茂才、尤異、治劇、辟除四科。然茂才者須先經舉孝廉才有可能；〔註93〕尤異、治劇拔擢後多爲郡守、縣令或刺史職；〔註94〕辟除者若屬地方州郡，郡守有權辟除掾屬及更換諸曹人員，甚至還含有縣之召署。〔註95〕同時，從功曹一職看，亦有論者言此職爲郡太守親自辟除，故權力較重。〔註96〕

（三）內部升遷管道

然再從考課制度上考察，可發現還有一種功遷制。以往對於此類底層吏

〔註91〕班固：〈東都賦〉，收入蕭統編：《文選》（李善等六臣註本，臺北：漢京文化事業有限公司，1983 年）卷 1，頁 38～39。
〔註92〕《論衡》卷 30，〈自紀〉，頁 1191。
〔註93〕據黃留珠考證，茂才是比孝廉高一級的察舉，從史料歸納分析，全是先舉孝廉而後察舉茂才。而舉茂才的光祿官，歲從三署郎中拔舉「高功久次，才德尤異」者，三署郎多由孝廉擔任，茂才因此成爲孝廉之後才能升遷之管道。加上茂才舉鑑人數不及孝廉之十分之一，要想從中獲選無疑更難。見黃留珠：〈茂才與其他歲舉科目〉，《秦漢仕進制度》頁 169。
〔註94〕可參見黃留珠之考證。見黃留珠：〈察舉諸特科〉，《秦漢仕進制度》頁 191～192。
〔註95〕參見黃留珠：〈察舉以外的各種仕途〉，《秦漢仕進制度》頁 200。
〔註96〕史傳曾載：樂恢……爲功曹，選舉不阿，請託無所容。（《後漢書》卷 43，〈朱樂何列傳〉，頁 1477。）又《漢官儀》曰：「督郵、功曹，郡之極位。」（見《後漢書》卷 45，〈袁張韓周列傳〉，頁 1530 注 4。）可知功曹一職之重。今人楊鴻年亦考，此職位高權重，除管控人事外，又肩具教化風俗之效。（參楊鴻年：〈郡功曹〉，收入氏著《漢魏制度雜考》〔武漢：武漢大學出版社，2005 年〕，頁 366～374。）而謝桂華謂：功曹史職司選舉，兼參諸曹事務。官秩雖卑微，僅爲百石屬吏，但因其爲郡太守親自辟除，故權力較重。（見謝桂華：〈「尹灣漢墓簡牘」的主要內容和學術價值〉，《秦漢史論叢（第七輯）》，頁 334。）

員的仕進、考課制度，既存之史料保存的並不清楚，只知「郡國……秋冬遣
無害吏案訊諸囚，平其罪法，論課典最。歲盡，遣吏上計」，〔註97〕今從尹灣
漢簡〈長吏名籍〉之紀錄中，已有明確的證據指出，郡守長官每歲功遷之制
是除了郡國察舉等仕進管道之外，一般吏員最主要的升遷方式。此處之「功」
指的是事功而非軍功，是歲末州郡首長上計考課各級行政官吏一年的日常工
作表現，或即所謂「閥閱」之功，〔註98〕而此有一更爲明確的名稱標準，即
「文無害」。《史記・酷吏列傳》中有二紀錄：

> （張）湯給事內史，爲寧成掾，以湯爲無害，言大府，調其茂陵尉，
> 治方中。〔註99〕

> 減宣者，以佐史無害給事河東守府。〔註100〕

而王充亦言「選舉取常故，案吏取無害」，〔註101〕可知在吏階層之內部升遷
上，亦可由工作表現作爲事功。因此可以推測，王充之遷轉或爲郡守賞識辟
除而來，亦有可能由功遷轉至。此功之重要性，在於它保證了「大量無特殊
才能，與察舉無緣，而又終日埋首於行政事務的官吏，有一條內部流動的途
徑」。〔註102〕

〔註97〕《續漢書》，志第28，〈百官志五〉，頁3621。

〔註98〕李解民在對功遷制考察時，認爲此處之功，即「積日日閥，累日積勞」的「以
日月爲功」，並從〈長吏名籍〉中長吏之來源有高達61.7%的比例來自功遷制，
說明西漢後期此種「以日月爲功」仍然是政府用人任官的主要方式，同時亦
是官吏升遷的根本途徑。見李解民：〈《東海郡下轄長吏名籍》研究〉，收入連
雲港市博物館、中國文物研究所編：《尹灣漢墓簡牘綜論》（北京：科學出版
社，1999年），頁59。

〔註99〕司馬遷：《史記》卷122，〈酷吏列傳〉，頁3138。

〔註100〕司馬遷：《史記》卷122，〈酷吏列傳〉，頁3152。

〔註101〕《論衡》卷12，〈程材〉，頁536。其後又有言「然而郡不召佐史，州不取脩
行者，巧習無害，文少德高也」。劉盼遂案言：「無害」爲兩漢考吏等級之名。
（見《論衡》卷12，〈程材〉，頁540。）而楊善群言此非官稱，而爲考語，
與劉氏之說同。楊氏之說見清・孫楷著：《秦會要》（楊善群校補，上海：上
海古籍出版社，2004年）卷14，〈職官上〉，頁271。

〔註102〕卜憲群：〈西漢東海郡的個案研究〉，收入氏著《秦漢官僚制度》（北京：社會
科學文獻出版社，2002年）頁336。廖伯源亦言，從〈東海郡下轄長吏名籍〉
中之長吏，有43.56%是從郡縣吏及軍吏以功升遷者，故吏經由功遷至朝廷命
官之縣長吏當爲常制而非特例。見廖伯源：〈漢代仕進制度新考〉，《簡牘與制
度》頁35。前注李氏認爲功遷比例爲61.7%，是以可供討論人數爲120人計，
功遷類型之人數爲74，故得61.7%。而廖氏以101人爲有效人數，功遷者
爲44人，故得功遷比例43.56%。

二、仕進障礙與考課制度

類似如揚雄言「嚮使上世之士處乎今世，策非甲科，行非孝廉，舉非方正，獨可抗疏時，道是非，高得待詔，下觸聞罷，又安得青紫？」〔註103〕之士不遇歎辭，除傳達出這套人才選鑑制度之不夠彈性外，更足以說明士人普遍面對著仕進障礙。此間除客觀上考課制度之限外，還有人為的長吏之擾。以下分述之。

（一）考課制度之限

誠如王充指出的「選舉取常故，案吏取無害。儒生無閥閱，所能不能任劇，故陋於選舉，佚於朝廷」，又有故事以為選任標準：

> 一縣佐史之材，任郡掾史。一郡修行之能，堪州從事。然而郡不召佐史，州不取修行者，巧習無害，文少德高也。五曹自有條品，簿書自有故事，勤力玩弄，成為巧吏，安足多矣。〔註104〕

所謂「常故」、「無害」〔註105〕、「閥閱」，〔註106〕已成為考課之常備要件。而從論者對孝廉等察舉者身分的察考，亦證明文吏在這些考課（包括歲末的郡國上計時考課各吏員這樣的關鍵〔註107〕）上，的確佔有優勢。然此是從職業實作技巧上考量。王充認為：

〔註103〕揚雄：〈解嘲〉，《文選》卷45，頁842。

〔註104〕《論衡》卷12，〈程材〉，頁540～541。

〔註105〕《史記集解》引《漢書音義》曰：「文無害，有文無枉害也。律有無害督吏，如今言公平吏。一曰：無害者如言『無比』，陳留間語也。」《索隱》按：裴注已列數家，今更引二說。應劭云「雖為文吏，而不刻害也。」韋昭云：「為有文理，無傷害也。」見《史記》卷53，〈蕭相國世家〉，頁2013，注2。

〔註106〕《後漢書》釋《史記》所謂：「明其等曰閥，積其功曰閱。」言前代舉人務取賢才，不拘門地。見《後漢書》卷3，〈肅宗孝章帝紀〉，頁133注3。

〔註107〕從出土文獻中看，上計制可能源於秦或更早。睡虎地秦簡中〈效〉、〈效律〉即是目前完整的考課紀錄。高敏指出，都官、各級縣吏，包括縣令、縣丞、縣尉、縣司馬等官，都為考核對象。考核的內容除個人所負之職責，如公器之損壞報備、牲口狀況、奴隸人數、田地有無荒無等外，並依據考核結果對官員作出獎懲。而此套考課流程，可以看出其目的在防止各種弊端的出現，並提高行政系統的效率。參高敏：〈從《睡虎地秦簡》看秦的若干制度〉，收入氏著《睡虎地秦簡初探》（臺北：萬卷樓圖書有限公司，2000年）頁168～171。關於上計及上計吏問題，高敏從睡虎地秦簡〈效律〉中，指出凡主管經濟，都有專門從事經濟核算的事宜，稱作「計」，同時也是考核官員懶惰的一種手段。至漢代，中央有專門主管各郡國的「計相」，而各郡國亦有專責之「上計吏」、「上計佐」、「上計掾」等官吏。見高敏：〈從《睡虎地秦簡》看秦的若干制度〉，《睡虎地秦簡初探》頁156～157。

　　　　文吏以事勝，以忠負；儒生以節優，以職劣。……取儒生者，必軌

　　　　德立化者也；取文吏者，必優事理亂者也。〔註108〕

　　　　儒生所學者，道也；文吏所學者，事也。假使材同，當以道學。……

　　　　儒生治本，文吏理末，道本與事末比，定尊卑之高下，可得程矣。

　　　　〔註109〕

　　　　文吏以理事爲力，而儒生以學問爲力。〔註110〕

　　　　治書定簿，佐史之力也；論道議政，賢儒之力也。〔註111〕

相較於制式的考課規定，王充所強調的「力」，正說明了他對以儒生爲吏之期
望認知與中央之不同。朝廷以吏爲政令傳達、管制人民之一個機械環節，王
充卻勾勒出一個風俗純美、上下知書論道的理想帝國。而過分強調職業熟習，
及以閥閱爲擇人之法，亦易形成吏職過重，吏事深刻。〔註112〕

　　由上所考，可知吏可經由功而遷任，而考課項目即爲當年之工作表現。
此項目看來客觀公平，然對於熟習經書，強調學問道理的儒生，比起巧習無
害，多能理煩的文吏，在事功的考課上，較處劣勢地位，除前已指出的「科
用累能，故文吏在前，儒生在後。是從朝廷謂之也」，又有言：

　　　　選舉取常故，案吏取無害。儒生無閥閱，所能不能任劇，故陋於選

　　　　舉，佚於朝廷。〔註113〕

是以在「論善謀材，施用累能，期於有益」的現實考量下，〔註114〕有事則表
現出「栗栗，不能當劇，將有煩疑，不能效力，力無益于時」的儒生明顯弱
於「身役於職，職判功立，將尊其能」的文吏。〔註115〕而從這樣的敘述也透

〔註108〕《論衡》卷12，〈程材〉，頁535。
〔註109〕《論衡》卷12，〈程材〉，頁543。
〔註110〕《論衡》卷13，〈效力〉，頁579。
〔註111〕《論衡》卷13，〈效力〉，頁588。
〔註112〕韋彪即多次上書，陳明選吏之關鍵，如其曾上議曰：「……士宜以才行爲先，
　　　　不可純以閥閱。然要其歸，在於選二千石。二千石賢，則貢舉皆得其人矣。」
　　　　又，彪以世承二帝（光武、孝明）吏化以後，多以苛刻爲能，又置官選職，
　　　　不必以才，因盛夏多寒，上疏諫曰：「……天下樞要，在於尚書，尚書之選，
　　　　豈可不重？而閒者多從郎官超升此位，雖曉習文法，長於應對，然察察小
　　　　慧，類無大能。」《後漢書》卷26，〈伏侯宋蔡馮趙牟韋列傳〉，頁917～919。
〔註113〕《論衡》卷12，〈程材〉，頁536。
〔註114〕《論衡》卷12，〈程材〉，頁534。
〔註115〕二引文俱出《論衡》卷12，〈程材〉，頁534。

露出，實際的拔擢上，郡守首長傾向欣賞能理事之文吏。王充有言：

> 一縣佐史之材，任郡掾史。一郡修行之能，堪州從事。然而郡不召
> 佐史，州不取修行者，巧習無害，文少德高也。〔註116〕

然而諸生才高學廣，卻反而成為其稽留之因，如王充所謂：

> 賢儒懷古今之學，負荷禮義之重，內累於胸中之知，外劬於禮義之
> 操，不敢妄進苟取，故有稽留之難。〔註117〕

> 賢儒遲留，皆有狀故。狀故云何？學多、道重為身累也。〔註118〕

此現象之主因還是在於察舉制度。如前所述，舉者擔負擇人之任，若所舉不
材須受處分，使舉者「寧可選擇無能而謹慎的人，不敢選擇有才氣而不夠得
上穩妥的人」。〔註119〕因此，在朝廷一昧注重儒生的同時，吏階層之儒生卻遭
遇著其學無用於時，及民眾普遍認為「吏高於儒」的輕視困境。〔註120〕如是
的困境在經、傳、諸子著作並出及高張重儒大旗的漢代中，一直都被歸結為
感性而籠統的「士不遇」情懷，而難明除人為好惡之外，具體主因還在於這
一套硬性定型的考課、舉鑑制度。〔註121〕在這樣的考課制度規範下，儒生欲
達升遷標準，亦有其相應之道，王充歸納出三種型態。其一為隨時變化者，
其守古循志，案禮修義，將相不任，文吏毗戲，最後是「臨職不勸，察事不
精，遂為不能，斥落不習」。〔註122〕其二為有俗材而無雅度者，其觀將所知只
期於成名文而已，〔註123〕最終逐漸陸沉。其三高志妙操之人：

> 時或精暗不及，意疏不密，臨事不識，對向謬誤；拜起不便，進退
> 失度，奏記言事，蒙士解過；援引古義，割切將欲，直言一指，觸
> 諱犯忌；封蒙約縛，簡繩檢署，事不如法，文辭卓詭，辟刺離實，

〔註116〕《論衡》卷12，〈程材〉，頁540。
〔註117〕《論衡》卷14，〈狀留〉，頁620。
〔註118〕《論衡》卷14，〈狀留〉，頁624。
〔註119〕見勞榦：〈漢代察舉制度考〉，《漢代政治論文集甲編》（臺北：藝文印書館，
　　　　　1976年）頁629。勞氏此言本針對首次察舉，然對照王充所言，可知此現象
　　　　　不獨存於察舉之初，且也成為後世察舉常態。
〔註120〕如王充於〈程材〉謂：世俗共短儒生，見文吏利便，而儒生陸落，則詆訾儒
　　　　　生以為淺短，稱譽文吏謂之深長。見《論衡》卷12，〈程材〉，頁533。
〔註121〕勞榦亦從左雄「諸生試家法，文吏課牋奏」言，吏階層者得按平生所學分為諸
　　　　　生、文吏二種，然後進行察舉。（見勞榦：〈漢代察舉制度考〉，《漢代政治論文
　　　　　集甲編》頁663。）然考課標準不變，諸生不見得有比文吏更高的拔擢機會。
〔註122〕《論衡》卷12，〈程材〉，頁537。
〔註123〕《論衡》卷12，〈程材〉，頁537。

曲不應義。故世俗輕之，文吏薄之，將相賤之。〔註124〕

顯然，王充就是最後這種爲因應定型制度而在文吏儒生二身分中尷尬者。透過王充之自身體驗，才了解當時處於吏階層之儒生，實有著進退兩難的困窘。

（二）郡守長吏之擾

從王充羅列之：

> 遇闇長吏，轉移俗吏，超在賢儒之上。〔註125〕

> 其進不若俗吏速者，長吏力劣，不能用也。〔註126〕

> 賢儒之不進，將相長吏不開通也。〔註127〕

這些對長吏極其嚴厲的苛責，陳述了長吏在仕進制度上，的確有著審核權力，對此王充甚至別書〈狀留〉，專論長吏之擾。〔註128〕而長吏欺凌小吏之情事不獨王充所發，宣帝時已有「爲吏既多不良矣，又侵漁百姓。長吏屬諸小吏，小吏屬諸百姓」之論。〔註129〕然除此之外，王充更強調在仕進上長吏的阻撓。長吏，顏師古謂爲「縣之令長」，〔註130〕勞榦從漢簡中考證長吏當爲「令長及以次的官職」，〔註131〕此處依勞榦所考，以長吏爲郡縣首長。而若爲治縣之令長，其「可自作法令」及「擅自增損吏員」。〔註132〕從尹灣漢簡中考證，長吏一職有籍貫之限。即凡遷轉至長吏者當移一郡，不得在同郡久任。〔註133〕然不論長吏是否爲同郡人，人爲主觀之好惡一直都是無法避免的困境。故而王充喟：

〔註124〕《論衡》卷12，〈程材〉，頁537〜538。

〔註125〕《論衡》卷14，〈狀留〉，頁622。

〔註126〕《論衡》卷14，〈狀留〉，頁623。

〔註127〕《論衡》卷14，〈狀留〉，頁625。

〔註128〕《漢書・百官公卿表》載，「縣令、長，皆秦官，掌治其縣，……皆有丞、尉，秩四百石至二百石，是爲長吏；百石以下，爲斗食佐史之秩，是爲少吏」，由此可知，長吏爲縣之二級官吏。見《漢書》卷19上，〈百官公卿表〉上，頁742。又景帝六年五月詔中指出，「吏六百石以上，皆長吏也」。見《漢書》卷5，〈景帝紀〉，頁149。

〔註129〕《鹽鐵論》卷6，〈疾貪第三十三〉，頁414。

〔註130〕《漢書》卷1，〈高帝紀〉嚴師古注20，頁56。

〔註131〕見勞榦：〈漢朝的縣制〉，《漢代政治論文集甲編》頁785〜786。

〔註132〕見嚴耕望：〈中國地方行政制度史甲部——秦漢地方行政制度〉（臺北：中央研究院歷史語言研究所，1990年），頁217。

〔註133〕見楊際平：〈漢代內郡的吏員構成與鄉、亭、里關係——東海尹灣漢簡研究〉，《廈門大學學報》，1998年4期，頁35。

賢儒之不進，將相長吏不開通也。……長吏妒賢，不能容善，不被
鉗赭之刑，幸矣！焉敢望官位升舉，道理之早成也？〔註134〕

對曾爲考課環節之一的功曹王充來說，他深感考課上對儒生之不公，加上長
吏對巧習無害之文吏的倚重，使文吏往往能於拔擢上出線。

而自光武以來，帝亦多次詔下，令長吏選實，〔註135〕可見儘管郡守長吏
須擔負選材不當之罰，〔註136〕然爲鞏固自己之地位與日後之仕途，往往黨同
伐異，攏絡世家大族，凡此規定悉同具文。相對於尹灣中過半數者均由吏功
遷爲長吏，〔註137〕至東漢已有明顯的爲世家把持。因此儘管上有政策，然上
下相賊，選舉爲政之良才在人爲的操控下畢竟只能成爲理想。而當時郡國長
吏舉孝廉者多取「年少能報恩者」也，以此「樹恩以移子孫」，〔註138〕至順帝
時才對孝廉之舉有年齡及試別之制。此外，依循光武以來「以廉隅自屬、以
節義爲高、勵忠孝之節」的風尚，還有所謂累害——「鄉里有三累，朝廷有

〔註134〕《論衡》卷 14，〈狀留〉，頁 625。
〔註135〕章帝建初元年三月甲寅，……詔曰：「選舉乖實，俗吏傷人，官職秏亂，刑
　　　　罰不中，可不憂與！……夫鄉舉里選，必累功勞。今刺史、守相不明眞僞，
　　　　茂才、孝廉歲以百數，既非能選，而當援之政事，甚無謂也。每尋前世舉
　　　　人貢士，或起畎畝，不繫閥閱。敷奏以言，則文章可採；明試以功，則政
　　　　有異迹。文質彬彬，朕甚嘉之。其令太傅、三公、中二千石、二千石、郡
　　　　國守相舉賢良方正，能直言極諫之士各一人。」（《後漢書》卷 3，〈肅宗孝
　　　　章帝紀〉，頁 133。）和帝五年三月戊子，詔曰：「選舉良才，爲政之本。科
　　　　別行能，必由鄉曲。而郡國舉吏，不加簡擇，故先帝明勑在所，令試以職，
　　　　乃得充選。又德行尤異，不須經職者，別署狀上。而宣布以來，出入九年，
　　　　二千石曾不承奉，恣心從好，司隸、刺史迄無糾舉。今新蒙赦令，且復申
　　　　勑，後有犯者，顯明其罰。在位不以選舉爲憂，督察不以發覺爲負，非獨
　　　　州郡也。是以庶官多非其人。下民被姦邪之傷，由法不行故也。」（《後漢
　　　　書》卷 4，〈孝和孝殤帝紀〉，頁 176。）以及和帝十二年三月丙申，又詔曰：
　　　　「……數詔有司，務擇良吏。今猶不改，競爲苛暴，侵愁小民，以求虛名，
　　　　委任下吏，假執行邪。是以令下而姦生，禁至而詐起。」（《後漢書・孝和
　　　　孝殤帝紀》卷 4，頁 186。）
〔註136〕如胡廣典機事十年，出爲濟陰太守，以舉吏不實免。《後漢書》卷 44，〈鄧張
　　　　徐張胡列傳〉，頁 1509。
〔註137〕據楊際平自〈長吏名籍〉中統計，長吏之前資爲少吏者有 76 人，占當時東
　　　　海郡長吏 108 人之 70.3%，且其升遷之理由，多數是以功遷，少數以廉遷。
　　　　見楊際平：〈漢代內郡的吏員構成與鄉、亭、里關係——東海尹灣漢簡研
　　　　究〉，頁 32。
〔註138〕見嚴耕望：〈秦漢郎吏制度考〉，收入氏著《嚴耕望史學論文選集》（臺北：聯
　　　　經出版事業公司，1991 年 5 月）頁 361。

三害。累生於鄉里,害發於朝廷」。〔註139〕然其所謂「累害」者,俱針對品行操守而發。如其敘三累,均在於「毀傷其行」,而三害則俱是亂志、言行等,並舉其時之例曰:

> 陳留焦君貺,名稱兗州,行完迹潔,無纖芥之毀;及其當爲從事,刺史焦康絀而不用。夫未進也被三累,已用也蒙三害。〔註140〕

行爲端正,操守良好卻未能得到應有的拔擢,由此可明長吏之害。同時,由文吏或儒生系統而出的郡國長吏,在舉賢標準上亦顯然別爲二派,而董仲舒之期以長吏選賢進用之用心,〔註141〕只能成爲理想。

第三節　吏之職務與王充思想之形成背景

關於吏的職責,以往有論者從與吏相連的稱謂中,推論吏與「卒、徒、士、奴等服役者有著某種共性或相近之處」,〔註142〕並且主要以「刑罰、監獄、軍隊和法律」來直接統治人民。〔註143〕然此並不能完全解釋與民眾直接相關的吏,如何能只利用法令來管束人民,並達到穩定社會的功效;〔註144〕以及有大量的儒生,透過通經的管道進入「吏」階層後,對原先就具有統治管理人民的文吏有何衝擊。從睡虎地秦簡〈爲吏之道〉中言「凡戾人,表以身,民將望表以戾眞」,及尹灣漢墓中對墓主師饒出行原由探討之「政令宣導」一項中,〔註145〕不難看出「吏」一職,除教化管束外,還肩負著爲民表率、穩

〔註139〕《論衡》卷1,〈累害〉,頁10。

〔註140〕《論衡》卷1,〈累害〉,頁18。

〔註141〕錢穆在論董仲舒言郡國長官察舉屬吏制度時言:郡國長吏同時不但負有奉宣政令之責,並有爲國求賢之責,此亦重大意義也。見錢穆:《國史大綱》頁146。

〔註142〕高敏:〈試論漢代「吏」的階級地位和歷史演變〉,收入氏著《秦漢史論稿》（臺北:五南圖書出版股份有限公司,2002年）,頁229。

〔註143〕同上注,頁263。

〔註144〕關於「吏」的職能,余英時指出,漢代一直存在兩個關於「吏道」的不同觀點,其一上承秦代,朝廷認定的奉行律令,其二則是淵源儒教,強調「化民成俗」的重要。而前者可稱是「吏」的取向,後者則是「師」的取向。見余英時:〈漢代循吏與文化傳播〉,《中國思想傳統的現代詮釋》頁223。同時卜憲群也指出,文吏對穩定社會秩序有其獨特的功能。惜其並未作更深入的解說。見卜憲群:〈漢代的文吏與儒生〉,《秦漢史論叢》（第七輯）,頁241。

〔註145〕蔡萬進於考察尹灣墓主出行原由時,引《漢書·循吏傳》黃霸爲潁川太守時,

定底層、傳達並完成政令等任務。〔註146〕

　　從尹灣漢簡第三類簡牘中之〈六甲陰陽書〉、〈行道吉凶〉、〈刑德以時〉以及曆譜，可以推測是官吏在職場上所必備的。〔註147〕而《論衡・謝短》末王充羅列多項官吏要務，即其所謂「吏道」之各項關於稅賦、祈禳、祭祀等問題，更可知其用意不在於文吏要記明並確實執行這些任務，而在於明瞭任務背後的含意，如此才能明確的掌握管理原則。值得注意的是，若承認執法之吏員與通日書者身分往往集於一身的論點，〔註148〕則這些王充念茲在茲的「虛妄」術數，似乎就反映了王充非「吏」，而為「儒」自居的心態。

　　《論衡》所論，既多揚儒生而貶文吏，其因如前所述，在於期望風俗之純，故王充於吏職並未作具體之陳述，唯強調教化之功。而吏除教化之效外，更兼具有管制教訓的作用。故在吏之職務上，可分從吏治與吏職二方論述。而根據布迪厄論社會化的意涵中，已經指出各個階級的慣習與個人階級屬性間，有著緊密的關係。〔註149〕而王充之為吏，影響的不僅在其思考模式，對其思考範圍有著更大的影響。而吏階層中特有的階層慣習，更是王充思想形成上重要的背景。相較於上述二節對吏階層上偏於官制的察考，本節期望透過吏職的分析，對王充之思想背景，及其著書動機有另一種視角的展現，進而對「疾虛妄」之意涵提供更多的理解可能。

　　　　「選擇良吏，分部宣布詔令，令民咸知上意」，推測〈元延二年日記〉中有多
　　　　處出行目的不明，而其行不過一日，不出本郡屬縣者，當為太守「有所司察」、
　　　　「擇吏遣行」。見蔡萬進：〈〈元延二年日記〉所反映的事實與制度論考〉，《尹
　　　　灣漢墓簡牘論考》頁 57。

〔註146〕上引睡虎地秦簡〈為吏之道〉之文，整理小組釋前「庀」為「帥」，庀人即「為
　　　　民表率」，「表以身」為「以身作則」意，後「民將望表以庀真」之「庀」為
　　　　「至」之意。簡文與釋文見睡虎地秦墓竹簡整理小組編：《睡虎地秦墓竹簡》
　　　　（北京：文物出版社，2001 年），頁 173～174。

〔註147〕見紀安諾：〈尹灣新出土行政文書的性質與漢代地方行政〉，《大陸雜誌》95
　　　　卷 3 期（1997 年 9 月），頁 119。

〔註148〕從可見的出土文物中，可以發現《日書》的擁有者，似乎一致的指向是作為
　　　　帝國底層的郡國吏員，因此林劍鳴指出，通《日書》者與執法的官吏在秦漢
　　　　時代往往兩者集於一身。見林劍鳴：〈日書與秦漢時代的吏治〉，《新史學》2
　　　　卷 2 期（1991 年 6 月）頁 34。

〔註149〕布迪厄指出，社會化的特色在於慣習的形成。社會化不但穩固了階級慣習的
　　　　內化，形成個人的階級屬性，同時還再生產了分享同一慣習的階級。見朋尼
　　　　維茲（Patrice Bonnewitz）：《布赫迪厄社會學的第一課》（孫智綺譯，臺北：
　　　　麥田出版社，2005 年），頁 98～99。

一、吏之職務

（一）吏　治

　　對於吏階層之作用，王充非常強調教化的功效，而教化的重點在於禮義。王充觀察欲使民風歸化慕義，須明禮習義之儒，其謂：

> 性非皆惡，所習爲者違聖教也。故習善儒路，歸化慕義，志操則勵
> 變從高，明將見之，顯用儒生。〔註150〕

而「化民須禮義，禮義須文章」，〔註151〕自然須「學問日多，簡練其性」能雕琢其材之儒生，才能達到「反情治性，盡材成德」的效果，〔註152〕此非「不入師門，無經傳之教，以郁樸之實，不曉禮義，立之朝廷，植笴樹表之類也」，〔註153〕及「能破堅理煩，不能守身」的文吏有能力承擔。〔註154〕而如是重視教化問題之思維，亦說明王充「儒」之傾向。

　　王充以儒生爲本，並力言俗吏之誤，主因還在於吏之不識大體，不明大道。如其屢言「文吏所劣，不徒以不通大道也。」〔註155〕「文吏自謂曉簿書。問之曰：『曉知其事，當能究達其義，通見其意否？』文吏必將罔然。」〔註156〕「文吏不曉吏道，所能不過案獄考事，移書下記」等，〔註157〕凡此，漢初賈誼已有觀察，其謂：

> 夫移風易俗，使天下回心而鄉道，類非俗吏之所能也。俗吏之所務，
> 在刀筆筐篋，而不知大體。〔註158〕

> 加刀筆之吏，務在筐箱，而不知大體。〔註159〕

因此，不明大體之文吏，自不得「令全民立化，奉稱國恩。」〔註160〕

（二）吏　職

〔註150〕《論衡》卷12，〈程材〉，頁545。
〔註151〕《論衡》卷13，〈效力〉，頁580。
〔註152〕《論衡》卷12，〈量知〉，頁546。
〔註153〕《論衡》卷12，〈量知〉，頁552。
〔註154〕《論衡》卷12，〈程材〉，頁534。
〔註155〕《論衡》卷12，〈謝短〉，頁554。
〔註156〕《論衡》卷12，〈謝短〉，頁567。
〔註157〕《論衡》卷12，〈謝短〉，頁577。
〔註158〕《漢書》卷48，〈賈誼傳〉，頁2245。
〔註159〕閻振益、鍾夏：《新書校注》，卷3，〈俗激〉，頁91。
〔註160〕《論衡》卷29，〈對作〉，頁1183。

作爲帝國的基礎，州郡屬吏不僅代表國家政策及權威，對民生更有領導統馭之責。然而在王充的紀錄之下，這些部吏卻有侵漁表現。然而值得注意的是，王充論述重點非在責吏，反而將這些「謠言」視之爲變復之家言。其謂：

　　　變復之家，謂蟲食穀者，部吏所致也。貪狼侵漁，故蟲食穀。〔註161〕

對於民生自然災害之形成，民眾直接而生動的聯想到部吏之侵漁，然王充卻歸之爲變復家的言論。所謂變復家，指的是援用天人感應思想，將異常的自然界現象視爲災異之屬的儒生。〔註162〕因此，若前所論是表現了王充儒生之性格，則此處之論則呈現了王充另一種正統的吏身分。除卻疾棄天人感應之意圖，此論明顯在維護官吏之威信，以及管制系統的穩定。吏之侵民不獨王充時出，《鹽鐵論》中已載：

　　　（賢良曰）吏不奉法以存撫，倍公任私，各以其權充其嗜欲，人愁苦
　　　而怨思，上不恤理，則惡政行而邪氣作？邪氣作，則蟲螟生而水旱起。
　　　若此，雖禱祀雩祝，用事百神無時，豈能調陰陽而息盜賊矣？〔註163〕

〔註161〕《論衡》卷16，〈適蟲〉，頁713。
〔註162〕黃暉從〈順鼓〉中云變復之家爲「月令之家」。（見《論衡》卷16，〈適蟲〉，頁713。）而北京大學歷史系《論衡》注釋小組著之《論衡注釋》則謂：「指根據天人感應謬論，把自然災害或不正常現象說成是天降災異，進行譴告，鼓吹君主要奉行先王之道，或進行祭祀祈禱，使災異消除而恢復原狀的儒生。」（見北京大學歷史系《論衡》注釋小組：《論衡注釋》〔北京：中華書局，1979年〕，頁938注1。）楊寶忠《論衡校箋》（石家莊：河北教育出版社，1999年）與鄭文《論衡析詁》（成都：巴蜀書社，1999年）俱未見釋。今考史載若干「變復」之例如下：《漢書》武帝春三月甲子，立皇后衛氏。詔曰：「朕聞天地不變，不成施化；陰陽不變，物不暢茂。《易》曰『通其變，使民不倦』。《詩》云『九變復貫，知言之選』。……」應劭釋《詩》「九變復貫，知言之選」曰：「逸詩也。陽數九，人君當陽；言變政復禮，合於先王舊貫。知言之選，選，善也。」（見《漢書》卷6，〈武帝紀〉，頁169注2。）又《漢書‧五行志下》，對《左傳‧昭公七年》之「四月甲辰朔，日有食之」事，士文伯謂晉侯曰，日蝕乃「不善政之謂也。國無政，不用善，則自取適于日月之災。故政不可不慎也，務三而已：一曰擇人，二曰因民，三曰從時。」班固稱此說「推日食之占循變復之要也。」（見《漢書》卷27下之下，〈五行志下之下〉，頁1494。）又《後漢書》郎顗謂黃瓊「明達變復」，李賢等注曰「明於變異消復之術」。（見《後漢書》卷30下，〈郎顗襄楷列傳〉，頁1070注2。）《後漢書》樊英「既善術，朝廷每有災異，詔輒下問變復之效，所言多驗。」注曰「變災異復於常」。（見《後漢書》卷82上，〈方術列傳〉，頁2724。）據《論衡》上下文，可知王充所稱變復家，應近郎顗、樊英中之敘述，即與災異、陰陽消息之術。故此處之「變復」，從《論衡注釋》所言。
〔註163〕《鹽鐵論》卷7，〈執務第三十九〉，頁456。

大夫曰：「……爲吏既多不良矣，又侵漁百姓。長吏屬諸小吏，小吏
屬諸百姓。」〔註164〕

稍後的許慎亦記：

螟：蟲食穀心者。吏冥冥犯法即生螟。〔註165〕

蟘：吏乞貸則生蟘。〔註166〕

王充甚至有更爲詳盡的「身黑頭赤，則謂武官；頭黑身赤，則謂文官」記載。
〔註167〕然而不論是從民出發，或是儒生之論，面對妨民之害蟲滋生，均直捷
歸咎於部吏之不良，其中可能隱喻了一個管制系統的瓦解。即：吏自身的操
行道德，具有風調雨順之職責，並成爲支配郡國祥瑞、災異之表現。因此，
儘管王充可以從天道自然如是理性的角度申論天災生成的因素，但同時也承
認了貪吏的存在。其謂：

天道自然，吉凶偶會，非常之蟲生，貪吏遭署，人察貪吏之操，又
見災蟲之生，則謂部吏之所爲致也。〔註168〕

並又申言：

必有以蟲責主者吏，是其粢鄉部吏常伏罪也。〔註169〕

是故后稷、神農之術用，擇期鄉吏可免爲姦。何則？蟲無從生，上
無以察也。〔註170〕

若以蟲生，罪鄉部吏，是則鄉部吏貪於春夏，廉於秋冬。〔註171〕

面對天災與貪吏之實際存在並發生，王充的反駁皆自寬之詞也。

同時，民間以爲，功曹因掌管考核之功，故侵漁部吏：

變復之家謂虎食人者，功曹爲姦所致也。其意以爲功曹眾吏之率，
虎亦諸禽之雄也。功曹爲姦，采漁於吏，故虎食人以象其意。〔註172〕

王充否認這項說法，並再次歸之於變復家言。若依王充對掌管升遷之長吏的

〔註164〕《鹽鐵論》卷6，〈疾貪第三十三〉，頁414。
〔註165〕許慎：《說文解字》卷13上，〈虫部〉，頁671。
〔註166〕許慎：《說文解字》卷13上，〈虫部〉，頁671。
〔註167〕《論衡》卷16，〈適蟲〉，頁714。
〔註168〕《論衡》卷16，〈適蟲〉，頁720。
〔註169〕《論衡》卷16，〈適蟲〉，頁716。
〔註170〕《論衡》卷16，〈適蟲〉，頁717。
〔註171〕《論衡》卷16，〈適蟲〉，頁719。
〔註172〕《論衡》卷16，〈遭虎〉，頁707。

厭惡，功曹的確有可能成為仕進阻礙，或者有苛扣之嫌，然此處卻多所保留，甚至駁曰：

> 必以虎食人應功曹之奸，是則平陸、廣都之縣功曹常為賢，山林、
> 草澤之邑功曹常伏誅也。〔註173〕

這樣的駁語自然有些意氣用事了，然由此亦可以看到對於曾為郡功曹的王充來說，維護此職的超然地位；延伸而言，在維持政府官吏的威望以建立、並鞏固管制系統上，王充具有標準的「吏」性格。

二、王充思想之形成背景

　　由以上的考證，不難發現本文雖著重對於客觀官制的考察，然從中亦已能使讀者發現，在表面的對文史之貶抑，與對儒生之稱揚之下，王充的出發點是為儒家之「道」提出一正當性的立基基礎。然而吏自身肩負的正俗、教化責任，又清楚的展現於王充力圖破除虛妄之功上。因此要對王充作出文吏或儒生的定位，實際是有困難的。〔註174〕尤其當議題觸擊到社會秩序的穩定與否時，王充強烈的循吏性格往往會壓過他儒生一面的對「道」的追求。因此歷來對王充思想感到矛盾不解的疑問，甚至因此而疑其部分篇章為後人偽作的種種猜測，原因均在王充自身吏與儒雙重身分的衝突。

　　由此再來重新思考一些已經是王充思想中的「常識」，會發現某些被常識所可能掩蓋的特殊性，有了突出的機會；如王充反讖緯的意涵。讖緯的出現對漢代所造成的衝擊，是已成為帝王決事的依據。而隨之而來的造假風潮，以及凡有「神」者具能引人注意、相信的風波，遂成為當時時尚。王充反讖

〔註173〕《論衡》卷16，〈遭虎〉，頁710。

〔註174〕如果純就客觀層面論，王充歷任之職：郡功曹、州從事、治中，在地方行政制度上，都是相當重要的職位。而從其自敘的遷除歷程，與被累禍者相比，亦可看出其在事功上的表現狀況可能要比儒生為佳。而從為吏的選任方式上看，因為沒有直接的史料足以說明王充的儒生身分，而其於〈自紀〉又特別強調己手書之端正及學習之優良，王充以刀筆吏出身的機會似乎是比較大的；即從為吏之論上，王充屬於文吏。然而王充極力主張以「道」論吏之設置本意，又屢論儒生為吏的教化之效，亦可以看出王充自己主觀心態上儒生的部分。然而王充極力主張以「道」論吏之設置本意，又屢論儒生為吏的教化之效，亦可以看出王充自己主觀心態上儒生的部分。然而王充的出身與其企圖扭轉朝廷對文史重視的主張並不衝突，衝突處是表現在吏者職責上追求社會秩序的穩定，而知識份子卻必須保持針砭時政的監督角色這樣的雙重認同上。

緯的意涵，不僅僅只在反對，更重要的是找出更可靠的知識來源，以及藉由貴今賤古的主張，使當世脫離託古以神事的虛妄風氣，並重新找回社會進步的活潑風尚。

　　作爲敘述王充思想的形成背景，此處雖然並無法全面觀照王充思想，然而某種程度上，無疑已提供一個思考的開端，以下數章將分從民間、知識份子、政權三方面，對王充思想作出新的開展。

第三章　除魅與正俗

　　《左傳・昭公》十八年子產言「天道遠，人道邇，非所及也，何以知之？」
〔註1〕點出了天道與人道間必須分別觀之的理性觀點，也顯示了古者民神不
雜，各司其職的意涵，更暗示了天、人之間可能存在的牟合或衝突。尤其在
漢代人思維理解下的天道，其顯示的是經由人的認知顯現之天昭示於人的一
種規律。因此儘管言「天道自然」，仍不免參雜入人為色彩。

　　相較於司馬遷究天人之際的史官身分，為史的王充著重人事的變化，其
力言天的無意識，人的自然屬性，都是在於努力消解天與人之間的聯繫，把
「性」、「命」回歸到人自身上。而此處所說的天道與治道之衝突，可分解為
二層涵義。其一從百姓的角度出發，指的是為因應生活上的阻難而產發的行
事方式。所謂生活上的阻難，即是針對生存、死亡的恐懼而與陰陽五行思想
合流而出之一套祥災休咎之生活、行為模式，而此種模式往往與國家政策發
生扞隔。其二是從君主角度論，為了因應天所「明發」之諸種祥瑞災異端倪
而轉變政策內容，是否亦使天、人關係產生失衡。這種失衡，主要表現在讖
緯上。因此可以清楚知道，以上二種衝突，對社會秩序的穩定，都存在不可
估量的威脅。為期論述焦點之集中，後者將別立第五章詳論，本章主要討論
前一種，即民間時宜之忌與政策間的衝突關係。

　　以下分由三節論述天道與治道間之關係。首論風俗與政策間的關係，及
其間是否存在衝擊與對既有秩序的破壞。其次論王充對其所做的正俗努力，
即企圖重建一社會秩序，而此所集中討論的，便是對天、人的重新安置，將
天回歸自然無為狀態，並找回人之所以存在之價值。最後則論王充在除魅與

〔註1〕　楊伯峻注：《春秋左傳注》（北京：中華書局，1997 年），頁 1395。

正俗上依據之判斷標準。「除魅」一詞雖採自韋伯之說，〔註2〕然更應該注意的是，「魅」所涵蓋的迷信、忌諱等諸多民間信仰，以及其與「正俗」間的關係。同時，論者所注意到的，吏（尤其是循吏）在大傳統、小傳統間的連接、媒合角色，〔註3〕是一個相當值得注意的問題，然本章主要關注王充除魅之說，及其在正俗方面的努力與箇中意涵，於此暫且不表。

第一節　政權的危機：天道與治道的衝突

在天道與治道的衝突上，本節主要討論的是民間以求神卜筮爲生活規範的民間信仰，與政府政策間是否存在違逆處。而此又可約歸稱之爲風俗與治道間的衝突。以下先就風俗與治道之關係，論述風俗於治道上之意涵，以及政策設立之目的，次論風俗對治道所產生之衝擊，以及王充對律法、秩序之維護。此節亦將成爲以下論述關於王充對社會秩序的建立議題，以及其判斷標準的準據上之前提。

一、風俗與治道

班固於《漢書‧地理志》言：

> 凡民函五常之性，而其剛柔緩急，音聲不同，繫水土之風氣，故謂之風；好惡取舍，動靜亡常，隨君上之情欲，故謂之俗。孔子曰：「移風易俗，莫善於樂。」言聖王在上，統理人倫，必移其本，而易其末，此混同天下一之虖中和，然後王教成也。〔註4〕

這段話可分若干層級解釋。其一，是對風俗之定義。風俗之意義，在爲人相應於生活（即外在環境之影響）而生發出的一套約定俗成的行爲或規範，並實際包含了人民的性情及行爲準則二方面。其次是風俗於治道上的意義。從

〔註2〕 韋伯認爲，自從知識主義抑止巫術信仰後，世界的各種現象被「除魅」（entzaubern）了，喪失其巫術性的意義，而成爲簡單的「存在」與「發生」，其間再無任何其他「意義」可言。參韋伯：《宗教社會學》（康樂、簡惠美譯，臺北：遠流出版事業股份有限公司，2003年），頁164。
〔註3〕 余英時、蒲慕州對此俱有論述。（余氏之說可參其〈漢代循吏與文化傳播〉一文，收入氏著《中國思想傳統的現代詮釋》頁167～258。）蒲說則根據余說，然更直接指出，循吏即是大小傳統間的連結。參蒲慕州：《追尋一己之福——中國古代的信仰世界》（台北：麥田出版社，2004年），頁235。
〔註4〕 班固：《漢書》卷28下，〈地理志下〉，頁1640。

上引文中可以看出，作爲爲政之「本」的風俗，是中和之道之基礎。而此論早於〈毛詩序〉即謂：「一國之事，系一人之本，謂之風」。〔註5〕並從對三世三音的論述中，揭示風俗於治道上，能成爲檢驗執政方向及成果力量的一個重要面向。而漢末應劭敍其著《風俗通義》，亦在於「爲政之要，辯風正俗，最其上也」。〔註6〕正因爲風俗的重要，漢官制中設有采風謠者的官吏，以使上位者知民疾苦。如《漢官儀》中之舉謠言者，謂「三公聽採長吏臧否，人所疾苦，條奏之。」〔註7〕或歲採風俗上奏之。而在帝王方面，《後漢書·循吏列傳》記載了光武因其長於民間，頗達情僞，即位初年，曾「廣求民瘼，觀納風謠。故能內外匪懈，百姓寬息」。〔註8〕和帝時亦「分遣使者，皆微服單行，各至州縣，觀採風謠」。〔註9〕凡此皆表示了民間文化在治道上，的確有其重要性。而作爲直接接觸底層民眾的吏階層，王充對此無疑有更深的體會，故其謂「知政失者在草野」，〔註10〕正表示其不僅掌握了「謠言謂聽百姓風謠善惡而黜陟之也」的眞意，〔註11〕更揭示了這套人們賴以維生的生存法則，與國家整體政策，可能並不像我們所想的和諧共處。

　　不同於史家對風俗的興趣，從考察當地居民來源及生活習慣上，得知此地之風土民情，〔註12〕對王充來說，風俗不僅顯示了一種民間秩序，〔註13〕亦挾有一種與政策相抗衡的姿態。劉向已經指出：

　　　　君子先相其土地而裁其器，觀其俗而和其風，總眾議而定其教。

　　〔註14〕

〔註5〕　卜商：〈毛詩序〉，《增補六臣註文選》卷45，頁851。

〔註6〕　應劭：《風俗通義》（王利器校注，台北：明文書局，1988年），〈序〉，頁8。

〔註7〕　引自《後漢書》卷60下，〈蔡邕列傳〉，頁1996注1。又見於應劭：《漢官儀》卷上，頁4a。收入《漢官六種》（四部備要，臺北：臺灣中華書局，1981年）。

〔註8〕　《後漢書》卷76，〈循吏列傳〉，頁2457。

〔註9〕　《後漢書》卷82上，〈方術列傳〉，頁2717。

〔註10〕　《論衡》卷28，〈書解〉，頁1160。

〔註11〕　《後漢書》卷57，〈杜欒劉李劉謝列傳〉，頁1851注1。

〔註12〕　如班固指出巴蜀之地，「民食稻魚，亡凶年憂，俗不愁苦，而輕易淫泆，柔弱褊阨。」見《漢書·地理志》卷28下，頁1645。

〔註13〕　劉增貴在討論民間信仰時，曾指出，「這些民間信仰本身就是一個獨立的傳統，在漫長社會歷史進程中綿延不絕」。見劉增貴主編：《中央研究院第三屆漢學會議論文集歷史組　法制與禮俗》（臺北：中央研究院歷史語言研究所，2002年），〈編者序〉，頁8。

〔註14〕　劉向：《說苑校證》（向宗魯校證，北京：中華書局，2000年3月），〈雜言〉頁418。

因此風俗於治道上的意義，在於作爲教化方向之風向球，並且擔負起對政策的施用考察。從〈循吏列傳〉中，我們不難看到，循吏的稱號，往往伴隨著使境內風俗淳美，遠來鄰郡而使戶增等等的功績。是以風俗淳美，民德歸厚的衡量標準，即在視其是否與執政者所設置的政策相一致。換句話說，「化俗」之「化」，用意不僅在「正俗」而已，更在於符合政權之總體期望。而若從王充著書動機來看，其謂「《論衡》諸篇，實俗間之凡人所能見」，關於喪葬祭俗、鬼神之論，蓋爲「世俗所久惑，人所不能覺」之議，〔註15〕並期望藉由他對這些做出虛實判斷後，「純誠之化日以孳矣」。〔註16〕可以看到，風俗與治道間的關係存在一定程度的衝突。以與王充同時同地之第五倫事爲例：

> 建武二十五年，（第五倫）舉孝廉，補淮陽國醫工長，隨王之國。光武召之，甚異之。二十九年，從王朝京師，……倫出，有詔以爲扶夷長，未到官，追拜會稽太守。……會稽俗多淫祀，好卜筮。民常以牛祭神，百姓財産以之困匱，其自食牛肉而不以薦祠者，發病且死先爲牛鳴，前後郡將莫敢禁。倫到官，移書屬縣，曉告百姓。其巫祝有依託鬼神詐怖愚民，皆案論之。有妄屠牛者，吏輒行罰。民初頗恐懼，或祝詛妄言，倫案之愈急，後遂斷絶，百姓以安。〔註17〕

從社會的角度看，此事足以說明當時民間信仰之不稽與盛行，使前後郡將均莫敢禁；而第五倫也展現了一個標準的循吏作爲。然值得注意的是，此段史事同樣也被紀錄在《風俗通義》中。〔註18〕應劭之《風俗通義》，前人多譏其不純，儕之俗儒。〔註19〕而此是純就其中所載之事平面觀之，尚須注意應劭之著書動機及目的。應劭自謂其著《風俗通義》，目的在使「言通於流俗之過謬，而事該之於義理」。〔註20〕因此應劭納第五倫此事於書，其意當不僅在於「紀錄」此事之發生，其未說的是風俗與政策間的失衡關係。也就是說，這樣不合祭祀禮制之事，何以「前後郡將莫敢禁」？是亦懾於「自食牛肉而不以薦祠者，發病且死先爲牛鳴」的鬼神力量？或理性之政策不足以相抗衡制服之？

〔註15〕以上二引文俱《論衡》卷29，〈對作〉，頁1180。
〔註16〕《論衡》卷29，〈對作〉，頁1180。
〔註17〕《後漢書》卷41，〈第五鍾離宋寒列傳〉，頁1396～1397。
〔註18〕見《風俗通義》卷9，〈怪神〉頁401～402。其紀錄上唯文字上稍有出入，然事蹟大體相同。
〔註19〕見王利器：《風俗通義校注》，〈敘例〉頁1。
〔註20〕應劭：《風俗通義·序》，頁4。

　　《風俗通義》〈怪神〉篇前序言引禮制之祭祀行事、「淫祠無福」之語，以及孔子「子不語怪、力、亂、神」等說明其所輯「怪神」情事之歸趣，並於序言中巧意安置了對於非其鬼而祀之的態度。其引春秋時隱公欲祭鍾巫而遇賊蔿氏；秦二世欲解淫神，而閻樂遭劫弒等事為例，指出：

> 淫躁而畏者，災自取之；厥咎嚮應，反誠據義，內省不疚者，物莫
> 能動，禍轉為福也。〔註21〕

說明了過份的媚神淫祠，而不追求自身內在的修行，終將自取災異，而不會使禍轉為福。由一己推至社會，王充已經看見，當這些風俗之力足以影響正規而統一的朝政運作，並使社會秩序之掌控操之於虛妄之事。〔註22〕因此相對於當代學者以大傳統、小傳統區分知識份子、民間俗世二階層者，在王充的敘述上，此二者間只存在模糊的界限。其謂：

> 俗人險心，好信禁忌，知者亦疑，莫能實定。是以儒雅服從，工伎
> 得勝。吉凶之書，伐經典之義；工伎之說，凌儒雅之論。〔註23〕

王充指出這些民間禁忌已經混淆了雅、俗文化，使經典之義、雅正之言不明，連「智者」都難以「實定」之，可知此大傳統、小傳統間或許並不存在必然的分判關係，而成為可以互通（甚或是取代）的一種「知識」來源。〔註24〕

〔註21〕《風俗通義》卷9，〈怪神〉，頁386。

〔註22〕關於虛妄之事操控社會、國家秩序最佳的例子，即是武帝時的「巫蠱之禍」。不論從「巫」的角度，或政治意涵上看，都是漢代影響層面最大、牽扯人數最多的一次。而此禍最終雖成為一場政治整肅運動，然其起因還源於巫祠祝詛的過分盛行。而類似的后妃「媚道」行事亦造成朝政上如太子之更替及其後的黨羽間的傾軋問題。而誠如勞榦所指出，巫蠱之禍演變成一種政治整肅運動，其目的都是為了「鞏固政權」。參蒲慕州：〈巫蠱之禍的政治意義〉，《中央研究院史語所集刊》57本3分（1986年），頁511～537。勞榦：〈對於「巫蠱之禍的政治意義」的看法〉，《中央研究院史語所集刊》57本3分（1986年），頁539～551。李建民：〈「婦人媚道考」——傳統家庭的衝突與化解方術〉，《新史學》7卷4期，（1996年12月）頁1～30。林富士：《漢代的巫者》（臺北：稻鄉出版社，2004年）頁74～81。由此吾人當然不能直接推測，王充是否擔心這些民間信仰對朝廷直接衝擊的可能性，然其企圖除此些「魅」以正俗、維持社會秩序、政策施用穩定之用心應當被重視。

〔註23〕《論衡》卷24，〈難歲〉，頁1016。

〔註24〕蒲慕州亦指出，由於史料的關係，現今所流傳下來的宗教材料，基本上都是上層社會所留下的，因此所謂官方或民間的差別，也許只是崇拜者的儀節和崇拜目的的不同，而不在根本的宇宙觀和道德觀，兩者的崇拜者是可以重疊的。尤其漢代官方宗教中崇拜對象和民間信仰有重疊，崇拜者也可以是民間信仰者，官方宗教與民間信仰的界線並不很清楚。參：蒲慕州：《追尋一己之福：中國

二、天道與治道之衝突

在以巫爲政權中心的時代，欲通天之道，往往需透過巫或日者等特殊靈異者才能得知。上古事物的解釋權操於巫者之手，而君王有時也即是巫者之長。他擁有預言休咎、溝通神人關係、及決定政令的權力。〔註25〕《國語·楚語下》云：

> 古者民神不雜。民之經爽不貳者，而又能齊肅衷正，其智能上下比
> 義，其聖能光遠宣朗，其明能光照之，其聰能聽徹之，如是則明神
> 降之，在男曰覡，在女曰巫。〔註26〕

巫之下又有分工，一曰主持儀式形式的「祝」，〔註27〕二曰掌管祭祀行爲之「宗」。當人們只著重天的休咎，人世的法治制度便出現了偏移。法治必須遷就人民對天的敬畏，而不能僅從儒、道或法之治術訂立。再加上董仲舒藉由天的力量，將皇帝的地位降爲「天子」的位置，以制衡無限擴張的皇權，對於法治的天道化亦有推波助瀾之效。由此考量論者所言漢代巫者地位大幅滑落之因，應在於巫者析分民神之界、代表神權、天道角色與治道之間的衝突。〔註28〕

不論治道的統治力量是否逐漸擴張，這套從巫時代即掌控人民生活作息的作用力依然流傳在民間，甚至歸屬於底層官吏所管轄。如前所述，術數在秦漢時代，對官吏來說是有助政作用的。而從雲夢睡虎地秦墓、尹灣漢墓、張家山等墓中，凡墓主爲官吏者，陪葬品除律令簡外又有日書，是以論者已經推論，日書同律令一樣，都是官吏爲政的必備工具。〔註29〕然從王充對民間禁忌之論述語脈中，可以發現這套時宜禁忌與對鬼神之敬畏，顯然與治道有著相當程度

古代的信仰世界》（臺北：麥田出版社，2004 年），〈第一版序〉頁 13～14。

〔註25〕張光直謂，掌握對神鬼的智慧便有政治的權力，故商代巫政是密切結合的。見張光直：〈商代的巫與巫術〉，收入氏著《中國青銅時代第二集》（台北：聯經出版事業公司，2001 年 1 月），頁 64。

〔註26〕韋昭注：《國語》（台北：漢京文化事業有限公司，1983 年），〈楚語〉下，頁 559～560。

〔註27〕關於「祝」的解釋，韋昭注解爲「掌祈福祥」，張光直謂爲「主持儀式形式者」，而觀〈楚語〉，其謂「使制神之處位次主，而爲之牲器時服，而後使先聖之後之有光烈，而能知山川之貌、高祖之主、宗廟之事、昭穆之世、齊敬之勤、禮節之宜、威儀之則、容貌之崇、忠信之質、禋絜之服，而敬恭明神者，以爲之祝」，張說較確。蓋「掌祈福祥」者爲巫普遍之能事，不獨於祝。見韋昭注：《國語·楚語》頁 561 注 19。

〔註28〕關於先秦兩漢巫者之論述可參見林富士：《漢代的巫者》，〈引言〉，頁 1～13。

〔註29〕見林劍鳴：〈日書與秦漢時代的吏治〉，《新史學》2 卷 2 期（1991 年 6 月）頁 48。

的衝突，且已然成爲社會價值觀、判斷力混亂的根源。〔註30〕如王充謂：

> 世謂受福佑者既以爲行善所致，又謂被禍害者爲惡所得。以爲有沈
> 惡伏過，天地罰之，鬼神報之。〔註31〕

鬼神爲天人間的媒介，此吉凶規範人之日常行爲，成爲必須奉行之天道。故
而王充論世俗以爲雷、龍爲天使者，作〈龍虛〉、〈雷虛〉以難之。至此，風
俗不僅有著警世效用，其所肩具之「警示」作用，已經大過於政策對民眾的
管控，並成爲民間的自主秩序，而此秩序並不必然等同於統治者所要求的。
如上所引第五倫事，都可以看出以鬼神爲首的天道力量，與治權之間，的確
存在衝突。二者同樣爲訓民之教，然在民間，顯然此天道的力量要大於治道。
而這些連智者都難以判斷的禁忌，之所以取得一個相對的正統地位，不僅在
於其神秘的禍福影響力，更在於這些「神力」具有「實證」的效用。〔註32〕
由此便極易使風俗與政策之間產生價值意義上的差異與衝突。而當天人間的
關係被簡化爲吉凶禍福的對應，及利益關係的目的後，此「天道」的力量無
疑會對「治道」產生壓迫甚至矛盾。因此儘管吾人可以在相關史料上，客觀
的看出風俗與政策彼此間的獨立性，然從《論衡》的諸多陳述上，都可以發
現其間的衝突與失衡現象。況且，由風俗延伸出的「神道」，較之於刻意成
就的天人感應思想，更具長期發展的份量，而更能與治道相抗。如王充指出
的：

> 或有所犯，抵觸縣官，羅麗刑法，不曰過所致，而曰家有負。居處
> 不愼，飲食過節，不曰失調和，而曰徙觸時。……有事歸之有犯，
> 無爲歸之所居。……疾病不請醫，更患不修行，動歸於禍，名曰犯
> 觸，用知淺略，原事不實，俗人之材也。〔註33〕

其指出民眾對過錯咎之於天時日禁，而不從根本之行爲著手，而此亦足以成

〔註30〕關於二者之間的衝突，亦有論者引《淮南子・氾論訓》言，禁忌對一般人民
　　　　的規範力量與法令相當，故《禮記・王制》明舉四誅危害社會規範的行爲，
　　　　其目的即在於維持社會整合。見張寅成：《中國古代禁忌》（臺北：稻鄉出版
　　　　社，2000 年），頁 187。

〔註31〕《論衡》卷 6，〈禍虛〉，頁 272。

〔註32〕如同韋伯所指出，用來影響神的手法如果被確認爲永遠無效，那麼，要不就是
　　　　這個神祇是無能爲力的，要不就是影響他的正確手段還不清楚，這個神也不得
　　　　不被放棄。在中國，只要一些顯著的成功就足以使一個神祇享有威望與權勢，
　　　　從而獲得大批的信徒（不論臣民或皇帝）。參韋伯：《宗教社會學》頁 41。

〔註33〕《論衡》卷 24，〈辨祟〉，頁 1011～1012。

爲治道上的一大隱憂：即使法令（政令）成爲具文，其因俱在於治道不能大過天所顯示的鬼神力量。王充又謂：

> 工伎射事者欲遂其術，見禍忌而不言，聞福匿而不達，積禍以驚不愼，列福以勉畏時。故世人無愚智賢不肖、人君布衣，皆畏俱信向，不敢抵犯；歸之久遠，莫能分明，以爲天地之書，賢聖之術也。〔註34〕

瀰漫於上下各階層之方術黃白之事，不僅混亂了事理之判別準則，久之更將形成「以爲天地之書，賢聖之術也」，顚倒五經之作，「伐經典之義、淩儒雅之論」，〔註35〕使賢聖之言泯沒不見。凡此識見不明的現象，俱由於「世人舉事，不考於心而合於日，不參於義而致于時」，〔註36〕即遇事只在意於時日禁忌問題，忽視根本上本心之作用，與維持國家運作的義理。將原因一味的外求於不可見的天道操控力，對於維持人事上治道的平衡無疑背道而馳。

然此種種失衡的現象不獨產生於王充之時，劉向《說苑》中已舉例言之：

> 楚昭王有疾，卜之曰：「河爲祟。」大夫請用三牲焉，王曰：「止，古者先王割地制土，祭不過望。江、漢、雎、漳，楚之望也，禍福之至，不是過也；不穀雖不德，河非所獲罪矣。」雖不禁焉。仲尼聞之曰：「昭王可謂知天道矣，其不失國，宜哉！」〔註37〕

劉向對禍福所持之理性認知態度，儘可能的降低其間所可能隱含的神異色彩。又有謂：

> 聖王之舉事，必先諦之於謀慮，而後考之於蓍龜。〔註38〕

以及：

> 凡古之卜日者，將以輔道稽疑，示有所先，而不敢自專也。非欲以顚倒之惡，而幸安之全。〔註39〕

這二段話與王充所言：

> 世因武王卜無非而得凶，故謂卜筮不可純用，略以助政，示有鬼神，明己不得專。〔註40〕

〔註34〕《論衡》卷24，〈辨祟〉，頁1008。
〔註35〕《論衡》卷24，〈難歲〉，頁1016。
〔註36〕《論衡》卷24，〈譏日〉，頁989。
〔註37〕劉向：《說苑校證》，〈君道〉頁23。
〔註38〕劉向：《說苑校證》，〈權謀〉頁311。
〔註39〕劉向：《說苑校證》，〈反質〉頁512。
〔註40〕《論衡》卷24，〈卜筮〉，頁1005。

> 聖人舉事，先定於義。義已定立，決以卜筮，示不專己，明與鬼神
> 同意共指，欲令眾下信用不疑。〔註41〕

二者同樣強調義以先行的決事態度，卜筮退居第二線「輔道稽疑」、「示不專己」之作用。由此亦可看出，此類「神術」對既有秩序的破壞與衝擊，而民間信仰又尤其凌越於政策之上，甚或影響到政策之設立及安排。王充獨言「人」之價值，除期望避免天道之防涉人事，更在喚醒人之價值，與提升面對現實中挫折之能力。

　　而更早的《鹽鐵論》中「文學」對於巫祝之事亦已有討論紀錄，其言曰：

> ……古者，德行求福，故祭祀而寬。仁義求吉，故卜筮而希。
> 今世俗寬於行而求於鬼，怠於禮而篤於祭，嫚親而貴勢，至妄而信
> 日，聽訑而信得，出實物而享虛福。
>
> 　古者，君子夙夜孳孳思其德，小人晨昏孜孜思其力。故君子不
> 素湌，小人不空食。今世俗飾偽巧詐，為民巫祝，以取釐謝，堅頟
> 建舌，或以成業致富，故憚事之人，釋本相學。是以街巷有巫，閭
> 里有祝。〔註42〕

此處文學之士同樣指出，今人重鬼輕人，重祭祀而怠求禮，使巧偽之風瀰漫世俗。文學雖並未提出解決之法，或更深入的探討此現象與政策間的關係，然文學當時所看到的「世俗飾偽巧詐」之情，半個世紀之後，俱存於王充的時空中，而且有了更為精準的判斷方式，以及更為有力的批判。

第二節　社會秩序的建立

　　王充之為「吏」，其用心雖是在於穩定政權，以維持人事面、社會價值判準的平衡、穩定性，但在窮究「天人之際」的問題上，比之一般儒生有著更為急迫的需要。他援用當時對自然界、宇宙論的氣化思維，企圖對當時民神相雜的原始思維加以切割，故在論及「天」的議題時，儘可能的去釐清、拉遠以緩解天人間此種過度緊密的連結，王充力言天無意識，人為物之尊，企圖將天拉回一種純粹的自然時序之列，而人能自人格天的束縛下解放出來。

〔註41〕《論衡》卷24，〈辨祟〉，頁1009。
〔註42〕《鹽鐵論校注》（王利器校注，北京：中華書局，1996年），卷6，〈散不足第二十九〉，頁352。

由此他瓦解天的意識性，期望從中能鬆動天人關係。尤其是論述天人感應的災異諸多篇章中，王充都表達出天道自然的思想，如〈寒溫〉「天地之性，自然之道也」、〈譴告〉「天道，自然也，無爲」等。王充企圖從天之角度論天之無意識性自然論，〔註 43〕及人事對應於天之適偶性二方面來建立社會秩序。然值得省思的是，當一切都由天來主宰的時候，人事之教化治道該著力於何處？如何可行？或者，教化于治道還有可行之處？

對知識份子而言，關於「命」的議題，主要表現在精神不朽上。而對一般民眾，則是對生存、死亡的焦慮，並由此衍伸出吉凶、鬼神、祭祀等問題。相對於意識「人」之存在，或曰是一種對自己身爲「人」的自覺，人之所以關注不可見之天所下之祥災休咎，顯示對生命的一種不確定性，生活中有諸多不可見、無法預測的威脅，以及對死後世界的恐懼，對自身生命的不能掌握，企圖尋找與之相應的一套趨吉避凶生活規則，在遵循的同時平穩度日。而其中所隱含的氣化宇宙論，是對自然界脫離神話式的認識後逐漸走向科學解釋的階段，並進而使當世重新思考人、鬼、神及其衍伸之喪葬祭祀等的定位問題。以下從天道自然，及人存在之價值問題二線進行論述。

一、天道自然論

王充的天道自然論，以往論者習由形上意涵入手論述，或與道家之自然天對比之，今置於「社會秩序的建立」下，則其天道自然之意義即在於對天、人之關係重新定義與分配。尤其在「天」上，王充更賦予了與人事無涉的「自然」態度。因此以下論述王充的天道自然主張，可從二方面來思考：其一是王充對「天」的解釋，包括形成原因與形成要素；其二，是對天與人的關係重新界定。

〔註43〕其不斷反覆稱「天地，含氣之自然也」（《論衡》卷 11，〈談天〉，頁 31），「人秉元氣於天」（《論衡》卷 2，〈無形〉頁 59），人「從生至死，未嘗變更者，天性然也。」（《論衡》卷 2，〈無形〉頁 63）等如是自然的天道觀，又與魏晉之自然觀相暗合，王充之書成爲談資，被當時名流蔡邕、王朗等人祕藏等傳聞便紛然而至。然《論衡》爲蔡邕私藏之語，原出自高似孫《子略》，其謂「袁崧《後漢書》云：『充作《論衡》，中土未有傳者，蔡邕入吳始見之，以爲談助。』談助之言可以了此書矣。」然余嘉錫考證，以爲袁崧當爲「袁山松」。見余嘉錫：《四庫提要辨證・子部六》（昆明：雲南人民出版社，2004 年）頁 765。然若不論蔡邕等之說，唐君毅已明言「王充之自然主義之哲學，亦遙與魏晉人之自然主義，以及南朝時主神滅論者如范縝之思想相接。」見唐君毅《中國哲學原論、原道篇二》（香港：新亞書院研究所，1973 年）頁 753。

　　論者指出，漢代天、人間之聯繫厥在於「氣」。〔註44〕而王充亦承認「天地，含氣之自然也」，〔註45〕且「人秉氣於天」，〔註46〕則天人間關係爲何？爲了不再使自然的天道觀，被轉換成人事、感應過度詮釋的天意涵，甚至破壞天人間的巧妙平衡，王充從實際的觀察天體現象出發，日出日落情形之由來等，企圖使天回歸自然意義上的定義。首先討論日照時間長短以及日出日落情形。其謂：

> 如實論之，日之長短，不以陰陽。〔註47〕

> 實者，天不在地中，日亦不隨天隱，天平正與地無異。然而日出上
> 日入下者，隨天轉運，視天若覆盆之狀，故視日上下然，似若出入
> 地中矣。〔註48〕

冬、夏白日的時間長短差別，不是因爲陰、陽二氣的消長，而是自然界的正常運作。而日出日落更不是因爲天在地的中央，天隱於地而日落於地。天地同樣平正，日隨天轉，故有日出日落之現象。又以張騫出使大夏的實地考察來批駁《史記》中具傳說性質的敘述。其謂：

> 今自張騫使大夏之後，窮河源，惡睹〈本紀〉所謂崑崙乎？故言九
> 州山川，《尚書》近之矣。至〈禹本紀〉、《山經》所有怪物，余不敢
> 言也。……案太史公之言，《山經》、〈禹紀〉，虛妄之言。凡事難知，
> 是非難測。〔註49〕

王充對《史記》中出現的傳說記載，如崑崙山、怪物等，表示了無實證的虛妄評語。他致力於摧毀世人如是的想像虛妄，進一步提出「天地，含氣之自然也」的天道自然之說，〔註50〕並指出天的生成內涵非氣，而是具有實際之形體，其謂：

> 如實論之，天體非氣也。人生於天，何嫌天無氣？猶有體在上，與

〔註44〕杜正勝曾言，道家認爲個體之「人」與大自然之「天」有極密切的關聯，
　　　　其聯繫的關鍵在於「氣」，而由氣所建立人身以至心性的體系認知，形成極
　　　　具特色的「人」的認知，歷兩千多年不衰。見杜正勝：〈形體、精氣與魂魄
　　　　——中國傳統對「人」認識的形成〉，《新史學》2卷3期（1991年9月），
　　　　頁2。
〔註45〕《論衡》卷11，〈談天〉，頁473。
〔註46〕《論衡》卷2，〈無形〉，頁59～60。
〔註47〕《論衡》卷11，〈說日〉，頁485。
〔註48〕《論衡》卷11，〈說日〉，頁490。
〔註49〕《論衡》卷11，〈談天〉，頁476。
〔註50〕《論衡》卷11，〈談天〉，頁473。

人相遠。〔註51〕

天有形體，所據不虛。由此考之，則無恍惚，明矣。〔註52〕

他認爲天與人本體是相同的，都是具有形體之物，只是天的距離遠於人。天之諸種作爲既無與氣相關，加諸於天上的天人感應之說，自然亦無根著處。對於一般以爲的天含陰陽二氣的認知，王充謂：

陰陽之氣，以人爲主，不說於天也。夫人不能以行感天，天亦不隨
行而應人。〔註53〕

王充指出所謂的陰陽之氣，並不存在天中，而主要是針對「人」來說的，因此所謂的感應、譴告等說法，都是不可能發生的。其舉例言：

夫天之不故生五穀絲麻以衣食人，由其有災變不欲以譴告人也。物
自生而人衣食之，氣自變而人畏懼之。……如天瑞爲故，自然焉在？
無爲何居？〔註54〕

天道稱自然無爲，今人問天地，天地報應，是自然之有爲以應人也。
〔註55〕

天並不刻意造生萬物，而物自生，故對人亦當如萬物，而不會有故意的降災顯瑞之事。而若這些祥瑞、災異成立的話，天就不是自然無爲的。因此一般所認知的種種感應之說，均是根源於「人畏怪奇，故空褒增」的心理因素而生。〔註56〕

由此可以看到，王充在維持人事面、社會價值判準的穩定性上，從重建天的定義，到主張天道與人事無涉的觀點，確實作了相當大的努力。

二、人的現實存在問題：對生、死焦慮、恐惑心態的論述

在天人關係密切連結的漢代，人之行爲普遍被對應於天，天亦回應於人，從而反映人行爲之價值。如是機械化的對應，在人之價值上，不僅顯得過分粗糙與簡單，更將人性置於天之下，而失去人獨立之意涵與價值性。因此王

〔註51〕《論衡》卷11，〈談天〉，頁482。
〔註52〕《論衡》卷11，〈談天〉，頁484。
〔註53〕《論衡》卷15，〈明雩〉，頁665。
〔註54〕《論衡》卷18，〈自然〉，頁775。
〔註55〕《論衡》卷24，〈卜筮〉，頁1001。
〔註56〕《論衡》卷17，〈是應〉，頁763。

充除了從氣化觀念討論人之為人外，更急切於希望將外在於人、物身上的「神性」去除掉，回到事物之本性。故此部分所言人存在之價值問題，即在於提示當世過多的神異情事加強了人們對於趨吉避凶的需求，進而混淆人之行事標準。而民間對各種「神性」的尊崇、畏懼，已經遠遠超過人、物之「本性」，因此，在進入正式討論之前，須先釐清這些外加於人、物上之「神性」，及其與人、物「本性」間的衝突及區別。

所謂「神性」，王充謂：

> 天地之間，恍惚無形，寒暑風雨之氣乃為神。〔註57〕

> 神者，恍惚無形，出入無門，上下無垠，故謂之神。今雷公有形，雷聲有器，安得為神？如無形，不得為之圖像；如有形，不得謂之神。〔註58〕

從此二引文可以看到，一，王充將神性限制在自然界中，並限定了唯自然變化之節氣始能稱神；二，所謂「神」者，其特徵為「恍惚無形」，因此任何稱神之實體之物，如龍、雷等，〔註59〕俱假借為之，不能為「神」。這樣的定義，就已將「神性」的範圍作了大幅度縮減，即唯有天自身施行運轉的天象才能稱之為神，才是神性之表徵，其餘經由人或物所「發生」的神性，都是假借而來，不僅有違神性標準，更有違人、物本性。因此王充又進一步拉遠人與天之間的距離，其認為：

> 世謂龍升天者，必謂神龍。不神，不升天；升天，神之效也。天地之性人為貴，則龍賤矣。貴者不神，賤者反神乎？……人為裸蟲之長，龍為鱗蟲之長。俱為物長，謂龍升天，人復升天乎？〔註60〕

> 然則龍之所以為神者，以能屈伸其體，存亡其形。……物性亦有自然，狌狌知往，乾鵲知來，鸚鵡能言，三怪比龍，性變化也。如以巧為神，豫讓、子貢神也。〔註61〕

〔註57〕《論衡》卷6，〈龍虛〉，頁285。
〔註58〕《論衡》卷6，〈雷虛〉，頁304。
〔註59〕 王充於〈龍虛〉謂：「魚隨雲雨不謂之神，龍乘雷電獨謂之神。世俗之言，失其實也。物在世間，各有所乘。水蛇乘霧，龍乘雲，鳥乘風。見龍乘雲，獨謂之神，失龍之實，誣龍之能也。」（《論衡》卷6，〈龍虛〉，頁291。）即在指出若龍為神，則相類之物，魚、水蛇之屬，亦當為神。
〔註60〕《論衡》卷6，〈龍虛〉，頁284。
〔註61〕《論衡》卷6，〈龍虛〉，頁292～293。

王充指出，「物各有性」，物所為之各由於其本性使然，其間並不存在、或暗示有任何神異之表徵與行事。而物類間某些神性表現，其實亦非神性，而為「同類相感」，其謂：

> 實者雷龍同類，感氣相致，故《易》曰：「雲從龍，風從虎。」又言：「虎嘯谷風至，龍興景雲起。」……龍聞雷聲則起，起而雲至，雲至而龍乘之。雲雨感龍，龍亦起雲而升天。……人見其乘雲則謂「升天」，見天為雷電則為「天取龍」。世儒讀《易》文，見傳言，皆知龍者雲之類。拘俗人之議，不能通其說；又見短書為證，故遂謂「天取龍」。〔註62〕

世以雷為天取龍，又見《易》曰：「雲從龍，風從虎。」遂深信之。實則龍者雲之類，雷龍同類，其間之聯繫蓋由於「感氣相致」而來。

王充又舉例言：

> 故夫屈軼之草，或時無有而空言生，或時實有而虛言能指。假令能指，或時草性見人而動，古者質朴，見草之動，則言能指，能指，則言指佞人。司南之杓，投之於地，其柢指南。魚肉之蟲，集地北行，夫蟲之性然也。今草能指，亦天性也。〔註63〕

眾人所以為屈軼之草具有指出佞人的神性，實際只是古者在質樸狀態下，見草受風吹後的一種想像，並不具什麼不可思議的深層指稱意涵。

除了神性化之物外，更有神化之人性，即學道成仙。王充以淮南王事為例言：

> 儒書言：淮南王學道，招會天下有道之人，傾一國之尊，下道術之士。是以道術之士，並會淮南，奇方異術，莫不爭出。……好道學仙之人，皆謂之然。此虛言也。夫人，物也，雖貴為王侯，性不異於物。物無不死，人安能仙？〔註64〕

儒書以為淮南王得道升仙，實則人性不異於物，萬物皆有死，人亦無能為仙，得道之說，在王充看來，是不明萬物本性的自然之道。

由此可以看出，王充之所以強調萬物之行為皆由其性，而人性尤為天地之性中最貴者，如前所引「天地之性人為貴，……人為倮蟲之長」之說，人

〔註62〕《論衡》卷6，〈龍虛〉，頁290～291。
〔註63〕《論衡》卷17，〈是應〉，頁759。
〔註64〕《論衡》卷7，〈道虛〉，頁317～318。

存在之價值就是其身為人，而非其他；且此本性不得因任何外在因素變更：

> 使物性可變，金木水火可革更也。蝦蟆化為鶉，雀入水為蜃蛤，稟
> 自然之性，非學道所能為也。〔註65〕

是以人之行為並不能影響到天所施受之禍福吉凶，反之天亦不能從人之行事上作出禍福之類的獎懲，因此所謂之仙人，實際只是長壽之人：「世無得道之效，而有有壽之人，世見長壽之人，學道為仙，逾百不死，共謂之仙矣。」〔註66〕對王充來說，凡世所以為有能捍動人生存價值者，均屬混亂人性、顛倒世界運作規則的虛妄之論。除此之外，對神性的企慕，更容易造成與之相關的方士的惑亂人心，甚至產生動搖朝綱的危險。〔註67〕

　　然以上之論述還是在一外圍的範圍內討論人之價值，以及對萬物本性問題的梳理，事實上，從民間信仰來說，混亂「人」之價值者，還有二因素必須考慮，即生時對生命所產生之焦慮，以及對死亡的恐惑。

　　從王充對時宜之忌的討論中可以看到，這些時宜之忌的出現，不僅是代表民眾在面對生存中的若干困難時所發的憂慮，當人們普遍致力於追求一種求福利己、避禍保身之道之時，同時亦是表示對死亡的恐懼。因此在對生的憂慮的背後，還必須注意到民眾對死亡一事的思考，尤其「鬼神」的議題在人們關切其自身的現實生存問題上，實際佔有中介甚至連結的關鍵角色。而王充在降低了「天」的形上地位之後，天不再具有感應能力，而只是自生萬物的自然天，那麼祭祀、鬼神等問題該如何安處，生者如何面對這些死後世界，以及其如何從對鬼神的認知、祭祀的儀式上獲得心靈安頓，都是王充極力且花費近半篇幅討論的問題。

　　以下分從巫的角色與地位、日書之形成及其在民眾生活上之影響、鬼神

〔註65〕《論衡》卷7，〈道虛〉，頁318。

〔註66〕《論衡》卷7，〈道虛〉，頁329。

〔註67〕類似對如是「仙人」的尊崇更實際而顯明的例子，是河南偃師縣南蔡莊鄉出土的肥致墓，從出土石碑上可見，許幼對「常舍止棗樹上，三年不下，與道消遙」之肥致的尊敬，甚至於墓中社別室予之便坐以祭。碑文見：〈偃師縣南蔡莊鄉漢肥致墓發掘簡報〉，《文物》1992年9期，頁39。然而關於墓主肥致或許建仍有不同爭議，主張為肥致者可參：李訓詳：〈讀「肥致碑」札記〉，《大陸雜誌》95卷6期，頁46～48。主張為許建者可參：劉昭瑞：〈論肥致碑的立碑者及碑的性質〉，《中原文物》2002年3期，頁48～51。此外，肥致墓的相關研究中，大都承認肥致之身份即為方士。相關討論可參虞萬里：〈東漢《肥致碑》考釋〉，《中原文物》1997年4期，頁95～101。趙超：〈東漢肥致碑與方士的騙術〉，《中國典籍與文化》1999年1期，頁102～106。

妖論、祭祀葬習四部份討論之。此四者雖各有其著重處，然必須說明的是，其共通點在於均面對著一般百姓對生存、生命的若干省思以及因應之道，故此分立僅在論述上提供最大的清晰度以及一些明確的思考方向。以下分述之。

（一）巫的角色與地位

關於漢代巫者的地位及其所扮演的角色，林富士已有詳細而考證嚴謹的討論，〔註 68〕故此部份再對巫者進行討論，重點當置於其在民眾生活上的影響與作用上。〔註 69〕從掌有祭祀、溝通神人的重要地位，到漢代僅爲民眾零星作些趨鬼祈福，甚至巧立鬼神名目訛詐祭祀金錢、祭品的巫者，這樣的轉變，除了政治原因外，對一般民眾而言，日書的通行與使用上之便利與普及，可能都與巫者原先之職能相重疊而使其式微有關。〔註 70〕日書與巫者，二者同樣對民眾生活產生影響，且同樣具有禍福的意涵，不同之處，在於巫者獨具交通鬼神之能，使其具鬼神的力量以及威脅性，而日書的影響範圍，則傾向於靜態、被動的規範與防禦。然而從《論衡》之記述中，可知鬼神與民眾之間，非必以巫爲中介，方得與民眾直接接觸，如王充所指出的「世謂人死爲鬼，有知，能害人。」〔註 71〕

巫與百姓的關係，在於趨吉避凶，講求禍福的心態。誠如上節徵引《鹽鐵論》中文學言當世寬於行而求於鬼，怠於禮而篤於祭，使世風巧詐，街巷有巫，閭里有祝之說。可以看到文學認爲，巫之盛行，在於德行渙散之時，而興起之因，乃在人們期望獲致更多的福氣與生活上的順遂。一般來說，漢代巫者主要之職事，在於交通鬼神以替人祈福解禍，或禍害他人。〔註 72〕對此，王充以神物爲例，指出巫的運作方式，其云：

〔註 68〕 參林富士：《漢代的巫者》（臺北：稻鄉出版社，2004 年）。

〔註 69〕 此處強調民眾生活，在於林富士已經指出，漢代巫者的活動範圍及其影響層面，不僅僅是民間，包括祭祀活動、疫疾驅除，皇室貴戚、官吏、庶民奴隸等階層，均可見巫之蹤跡。而巫蠱之禍、漢末之赤眉、五斗米道等叛亂，與巫者都有或鬆或緊的關係。參林富士：《漢代的巫者》頁 133～180。

〔註 70〕 對此，林富士已指出漢代巫者的社會地位是低下的。然其從巫者在無法仕宦爲吏的中論其地位「自然淪爲卑賤之列」。此說還應該考慮，漢代巫者之職事性質，從溝通神人之使，到一功利性質之實用價值上之轉變，亦使人們對巫者的心態有所改變。參林富士：《漢代的巫者》頁 27～48。

〔註 71〕 《論衡》卷 20，〈論死〉，頁 871。

〔註 72〕 林富士又詳細指出，巫者利用鬼神的力量所能影響、控制的禍福之事，包括疾病、水旱、戰爭、生育和喪葬。見林富士：《漢代的巫者》頁 85。

夫物性各自有所知，如以鮭鮫能觸謂之爲神，則狌狌之徒，皆爲神

也。巫知吉凶，占人禍福，無不然者。如以鮭鮫謂之巫類，則巫何

奇而以爲善？斯皆欲神事立化也。〔註73〕

此說可看出巫者以其交通鬼神之能，藉由掌握世俗最爲關切的預知吉凶禍福
議題，操控民眾對神力的判斷力。是以王充指出，巫在占卜、預測的方法上，
所採之方式乃「神事立化」，即藉由神物、神人的表現，作爲預測準確的有效
樣本，其實際並無神力，而這些神物、神人亦只是普通之人以及自然萬物。
因此，對巫者能預言吉凶之能事，王充作出說明，言巫者與鬼同類，故其具
審查吉凶之能：

巫黨于鬼，故巫者爲鬼巫。鬼巫比於童謠，故巫之審者能處吉凶。

〔註74〕

然亦因巫與鬼同類，其所言若童謠，俱有預言性質，然其所說之言實際上是
毫無根據的話語，其謂：

人含氣爲妖，巫之類是也。是以實巫之辭，無所因據，其吉凶自從

口出，若童之謠矣。〔註75〕

是以王充特別指出，人與巫這種禍福對應關係，就像醫生與病人的關係一樣：

病作而醫用，禍起而巫使。如自能案方和藥，入室求祟，則醫不售

而巫不進矣。〔註76〕

當災禍來臨時，巫即有了作用。而相對的，巫亦能矯稱禍之來以愚民，並擴
張其勢力，如前引第五倫任會稽太守時事，巫以禍祟爲由，向村民強求祭牛
犧牲與金錢獻祭，使百姓家產盡匱於祭。

　　除此之外，王充對巫的屬性，亦作出定義，其謂：

巫爲陽黨，故魯僖遭旱，議欲焚巫。巫含陽氣，以故陽地之民多爲

巫。〔註77〕

以巫爲陽之屬，意在於解釋巫之所以具除禍治病之能，所謂「巫咸能以祝延
人之疾、愈人之禍者，生於江南，含烈氣也」。〔註78〕先不論如是說解之正確

〔註73〕《論衡》卷17，〈是應〉，頁762。
〔註74〕《論衡》卷22，〈訂鬼〉，頁944。
〔註75〕《論衡》卷22，〈訂鬼〉，頁940。
〔註76〕《論衡》卷12，〈程材〉，頁535。
〔註77〕《論衡》卷22，〈訂鬼〉，頁944。
〔註78〕《論衡》卷23，〈言毒〉，頁950。

性與否，而應著重注意王充對解決民眾所以爲不可解而爲神異之處解之，這樣的努力應該獲得重視。

（二）日書與《論衡》中所見時宜之忌

長期被劃歸爲小傳統中迷信類的民間時日禁忌，隨著秦簡日書的出土有了另一種看法。而《論衡》「疾虛妄」第一個重點，即在對通行於民間與普遍被遵從、仰賴的「時宜之忌」作出梳理並破除。此處不以「日書」統稱，在於其涵蓋之範圍或有车合重疊處，然在定義上，仍以時宜之忌之稱較爲清楚。〔註79〕以下先述《論衡》中所見之時宜之忌，次以「日書」爲進路論其中之意涵。必須說明的是，爲求集中論述焦點，關於《論衡》中所述時宜之忌之箇中宗教、信仰內涵，可參蒲慕州之論述，〔註80〕此處著重討論此時宜之忌的社會意涵。

除〈薄葬〉外，《論衡》〈言毒〉至〈解除〉九篇，俱在對當時普遍之時宜忌諱作出「理性」說明，而毒、諱、時日、卜筮、祟、歲、詰、解除術等八種時宜之忌，仍保有王充所謂「虛妄」之要旨，即「神」性的力量。而此神性是透過對生者的生活威脅，如被禍挂罪、疾病、死亡等影響人的生活意義，故王充首論毒，毒即危害，即各式能危害人身之毒害總論，因此疾病、讒佞等均在論述之列。〔註81〕其以毒爲陽之屬，〔註82〕故中毒有灼熱之感來論毒在危害人身上時所產生的病況徵兆。〔註83〕而其他的時日禁忌，其影響

〔註79〕〈日書〉研讀班謂之爲「日者用來決兇擇吉的工具書」。（見〈日書〉研讀班：〈日書：秦國社會的一面鏡子〉，《文博》1986 年 5 期，頁 10。）饒宗頤在對「日書」定義時，亦謂其爲「日者所用以占候時日宜忌之書」（見饒宗頤、曾憲通著：《雲夢秦簡日書研究》（香港：中文大學出版社，1982 年），頁 1。然而此類之時宜忌諱，不獨日者所有，《史記》中褚先生補有五行家、勘輿家、建除家、叢辰家、曆家、天人家、太一家等。見《史記》（點校本，北京：中華書局，1997 年）卷 127，〈日者列傳〉頁 3222。而《論衡》中更多見「移徙家」、「工技家」之說，故此處仍以時宜之忌統括此類之說。

〔註80〕見蒲慕州：《追尋一己之福——中國古代的信仰世界》頁 141～192。

〔註81〕劉盼遂於《論衡校釋》釋〈言毒〉之題時曾有案語，言以此篇終於「讒」毒，爲王充「傷於譖而作」。見《論衡》卷 23，〈言毒〉，劉盼遂案語，《論衡》頁 949。然若從王充對「毒」的定義以及屬性的劃分來看，「毒」應意味「危害」之意。

〔註82〕如其言：「夫毒，太陽之熱氣也，中人人毒。」、「夫毒，陽氣也，故其中人，若火灼人。」、「天下萬物，含太陽氣而生者，皆有毒螫。」見《論衡》卷 23，〈言毒〉，頁 949、951、954。

〔註83〕如其謂：「人行無所觸犯，體無故痛，痛處若杖之迹。人脈，脈謂鬼毆之。鬼者，太陽之妖也。」、「小人皆懷毒氣，陽地小人毒尤酷烈，故南越之人，祝

可略分對生者之禍福吉凶、死亡、疾病三方面來敘述。然而必須說明的是，分類僅爲了說明上的方便與清楚，並不意味這些時宜之忌僅具有其所屬之層面影響，尤其是在對生者之禍福吉凶影響上，某些忌諱亦同時蘊含了生者對死亡的恐懼心理。以下類別討論之。

1. 生者之禍福吉凶

王充首論毒，謂毒者：「夫毒，太陽之熱氣也，中人人毒」，〔註 84〕「夫毒，陽氣也，故其中人，若火灼人」，〔註 85〕「天下萬物，含太陽氣而生者，皆有毒螫」，〔註 86〕而其末言：

> 妖氣生美好，故美好之人多邪惡。……生妖怪者常由好色，爲禍難者常發勇力，爲毒害者皆在好色。……故美味腐腹，好色惑心，勇夫招禍，辯口致殃。四者，世之毒也。〔註 87〕

是以王充雖以毒爲陽之屬，然其所謂毒者，實即危害也，凡危害人身者俱能爲毒。

論忌諱。其謂：

> 俗有大諱四。一曰諱西益宅。西益宅謂之不祥，不祥必有死亡，相懼以此，故世莫敢西益宅，防禁所從來者遠矣。……二曰諱被刑爲徒，不上丘墓。……三曰諱婦人乳子，以爲不吉。……乳子之家，亦忌惡之。丘墓廬道畔，逾月乃入，惡之甚也。……四曰諱舉正月、五月子。以爲正月、五月子殺父與母，不得已舉之，父母禍死，則信而謂之眞矣。〔註 88〕

王充指出當時普遍被遵從的四種忌諱，一爲往西廣宅，二爲被刑者不上丘墓，三忌乳子之婦，四忌舉正月、五月子。

論歲、時日。其謂：

> 世俗既信歲時，而又信日。舉事若病死災患，大則謂之犯觸歲月，小則謂之不避日禁。歲月之傳既用，日禁之書亦行。〔註 89〕

誓輒效。」見《論衡》卷 23，〈言毒〉，頁 951、956。
〔註 84〕《論衡》卷 23，〈言毒〉，頁 949。
〔註 85〕《論衡》卷 23，〈言毒〉，頁 951。
〔註 86〕《論衡》卷 23，〈言毒〉，頁 954。
〔註 87〕《論衡》卷 23，〈言毒〉，頁 958～959。
〔註 88〕《論衡》卷 23，〈四諱〉，頁 968、970、975、977。
〔註 89〕《論衡》卷 24，〈譏日〉，頁 989。

> 夫葬，藏棺也；斂，藏屍也。初死藏屍於棺，少久藏棺於墓。墓與
> 棺何別？斂與葬何異？斂於棺不避凶，葬於墓獨求吉。……日之不
> 害，又求日之剛柔；剛柔既合，又索月之奇耦。夫日之剛柔，月之
> 奇耦，合於《葬曆》，驗之于吉，無不相得。〔註90〕

> 《沐書》曰：「子日沐，令人愛之。卯日沐，令人白頭。」夫人之所
> 愛憎，在容貌之好醜；頭髮白黑，在年歲之稚老。〔註91〕

> 裁衣有書，書有吉凶，凶日制衣則有禍，吉日則有福。〔註92〕

若以趨吉避凶為民眾最終的生活目標，則將時日劃定吉凶無疑是最簡便的方式。如上所列，不同的數術家各以其角度，透過時日，提出不同程度的規範，使民眾在行事上有一套簡易而準確依循規則。若不遵從者，將遭致「祟」的危害，王充謂「祟」曰：

> 世俗信禍祟，以為人之疾病死亡，及更患被罪、戮辱歡笑，皆有所
> 犯。起功、移徙、祭祀、喪葬、行作、入官、嫁娶，不擇吉日，不
> 避歲月，觸鬼逢神，忌時相害。故發病生禍，扯法入罪。至於死亡，
> 殫家滅門，皆不重慎，犯觸忌諱之所致也。〔註93〕

可以看出，「祟」不僅是民眾生活上會直接碰觸的，其影響層面更遠大於其他忌諱，而這些時日選擇術的出現及盛行，根本上是為了因應「祟」對民眾的危害。

又有論卜筮及解除。其謂：

> 俗信卜筮，謂卜者問天，筮者問地，著神龜靈，兆數報應，故舍人
> 議而就卜筮，違可否而信吉凶。〔註94〕

> （世）然解除，謂解除必去凶。〔註95〕

此二者可作為此部分最精簡的結論。而與前述的敘述綜合來看，可以發現在對生者之禍福吉凶影響上，這些選擇術或忌諱的提出，施用原則均在於要能檢視「凶禍」的有無，或具化解之效。

〔註90〕《論衡》卷24，〈譏日〉，頁990。
〔註91〕《論衡》卷24，〈譏日〉，頁993。
〔註92〕《論衡》卷24，〈譏日〉，頁994。
〔註93〕《論衡》卷24，〈辨祟〉，頁1008。
〔註94〕《論衡》卷24，〈卜筮〉，頁998。
〔註95〕《論衡》卷25，〈解除〉，頁1041。

2. 死　亡

關於死亡的時宜之忌，首先是諱：

> 俗有大諱四。一曰諱西益宅。西益宅謂之不祥，不祥必有死亡，相懼以此，故世莫敢西益宅，防禁所從來者遠矣。〔註96〕

> 諸工技之家，說吉凶之占，皆有事狀。宅家言治宅犯凶神，移徙言忌歲月，祭祀言觸血忌，喪葬言犯剛柔，皆有鬼神兇惡之禁，人不忌避，有病死之禍。〔註97〕

其次爲時日：

> 世俗起土興功，歲月有所食，所食之地必有死者。……設祭祀以除其凶，或空亡徙以辟其殃。〔註98〕

> 世俗既信歲時，而又信日。舉事若病死災患，大則謂之犯觸歲月，小則謂之不避日禁。歲月之傳既用，日禁之書亦行。……是以世人舉事，不考於心而合於日，不參於義而致于時。〔註99〕

又有歲：

> 工伎之人，見今人之死，則歸禍於往時之徙。俗心險危，死者不絕，故太歲之言，傳世不滅。〔註100〕

還有詰術：

> 圖宅術曰：宅有八術，以六甲之名數而第之，第定名立，官商殊別。宅有五音，姓有五聲，宅不宜其姓，姓與宅相賊，則疾病死亡，犯罪遇禍。〔註101〕

此六敘述均傳達出，在使生者被禍之外，更進一步使生者有死亡的威脅，反過來說，亦有以死者死亡爲事實，以此威迫生者信服其術者。

3. 疾　病

如前引世信禍祟之說，以及上引圖宅術所論「宅不宜其姓，姓與宅相賊，則疾病死亡，犯罪遇禍」，都可視作是能影響民眾生病與否的類型。

〔註96〕《論衡》卷23，〈四諱〉，頁968。
〔註97〕《論衡》卷23，〈四諱〉，頁969。
〔註98〕《論衡》卷23，〈𥇒時〉，頁981。
〔註99〕《論衡》卷24，〈譏日〉，頁989。
〔註100〕《論衡》卷24，〈難歲〉，頁1026。
〔註101〕《論衡》卷25，〈詰術〉，頁1027～1028。

儘管日常禁忌法則之出現並不必然是相應於人們對疾病、死亡的恐懼而生，然不可否認，人們透過這樣定型化的社會規範來過生活，存在趨吉避凶的期望。而這樣的一種憂患意識，某種程度上，其實是因循著一種功利態度而生活，不僅貶低「人」之爲人的獨特性，更消減了生命的強度。而這些規範「生者」日常行爲的紀錄，今天我們可以透過「日書」來作進一步的理解。

日書的形成，有論者將其內容與卜筮祝禱祭辭進行對比後指出，日書以「建除」始，反映出「日書的成書中建除家起了重要的作用」，並進一步規定了日書的基本概念爲「以建除爲中心構成的占書」。〔註102〕而若從日書的內容來看，其中內容主要爲時日選擇、驅鬼方法等。〔註103〕當然此內容在不同時期之墓中，有若干差異，〔註104〕然其內容主要仍是圍繞人們之「生活」來作的規範或依循法則，此處所言之「生活」，除了對吉凶休咎的直接陳述，如上王充所述，具體之內容包括了疾病、嫁娶、喪葬等事宜，而其中對生命具有直接且最有威脅性的，即是疾病。而從論者對傳統醫學的研究統計，亦可看到當時疾病的產生多半被歸諸於鬼神的力量。〔註105〕同時，疾病的原因，又往往被歸咎爲「祟」的作用，因其以「氣」爲運行渠道，〔註106〕與當時醫學

〔註102〕 見工藤元男：〈從卜筮祭禱簡看「日書」的形成〉，收入武漢大學中國文化研究院編：《郭店楚簡國際學術研討會論文集》（武漢：湖北人民出版社，2000年），頁593。

〔註103〕 以睡虎地秦簡日書爲例，徐富昌在對其內容之討論上，指出日書內容主爲時日選擇，甲種顯示了總綱，乙種則爲行事吉凶。參徐富昌：《睡虎地秦簡研究》（臺北：文史哲出版社，1993年）頁133、136。而劉樂賢則明言，日書本身就是一套完整的擇日術，其性質爲「選擇通書」，而涵蓋的範圍很廣，如：動土、安置門戶、出門歸行、失火占盜、製衣、農商、祭祀、生子、嫁娶、疾病死亡、入官見官、去室人寄、忌殺等。見劉樂賢：《睡虎地秦簡日書研究》（臺北：文津出版社，1994年），頁418、424～425。

〔註104〕 工藤元男認爲，卜筮祭禱與日書間，具有傳承關係，又從九店東周墓之日書與睡虎地秦簡日書之相較上，發現前者（作爲早期日書之代表）中未見五行說思想，而後者則有，依此認爲五行說深入浸透到日書的世界，是在楚的中心地被秦占領統治以後的事。見工藤元男：〈從卜筮祭禱簡看「日書」的形成〉，《郭店楚簡國際學術研討會論文集》頁589、593。

〔註105〕 李建民：〈祟病與「場所」：傳統醫學對祟病的一種解釋〉，《漢學研究》第12卷第1期（1994年6月），頁115

〔註106〕 李建民謂：傳統醫學對祟病中之「運氣」說認爲，此「氣」昭示了鬼神出沒於人體的「天時」。包括異常的自然氣候、人體正氣的強弱、人精神的失守三個原因，都是鬼神入侵的最佳時機。見李建民：〈祟病與「場所」：傳統醫學對祟病的一種解釋〉，《漢學研究》頁139。

上對疾病的認知謀合。

4. 吏於民間信仰上的位置

巫興起之時既於人民道德崩毀之際，對於具有教化功能的吏而言，自然存在衝突處。〔註107〕尤其巫與律法、政權之間，更早即有衝突之例。〔註108〕此處以王充作爲觀測吏於民間信仰上的位置，除意味王充於此議題上展現的「吏」性格外，更期望能從中對王充所謂「疾虛妄」者，作出更精微的義理發揮。而若承前日書的角度，日書與吏治間的關係，早已被論者所注意，〔註109〕然另一個日書使用者以及保存者的身分分際問題，亦接續被提出。尤其是後一個問題，不僅進一步梳理了日書內容及其功能，更提示了另一種日書使用意義的思考方向，即除了信仰層面的探討之外，關於日書的使用層級、使用範圍、功能等社會意涵何在。而從蒲慕州對日書簡中人際關係、食衣住行、農業經濟、宗教等問題的討論中，指出日書的使用者的社會地位是屬於中下階層。〔註110〕此說若爲眞，則當我們看到尹灣漢簡第三類簡牘中的神龜占等術數類文物時（很明顯

〔註107〕蒲慕州曾提出這樣的疑問：若日書爲戰國末年及秦漢時代社會中，主要爲小吏之類的人所持有，以爲一般不識字百姓之顧問，則作爲擁有驅鬼之法的手冊的人，與民間的巫者間有什麼樣的競爭或合作關係，是尚待解決的問題。見蒲慕州：〈中國古代鬼論述的形成〉，收入蒲慕州編：《鬼魅神魔──中國通俗文化側寫》（臺北：麥田出版社，2005 年），頁 38。

〔註108〕周策縱指出，齊人素來重巫，然《管子》〈權修第三〉中言「上恃龜筮，好用巫醫，則鬼神驟祟。故功之不立，名之不彰。」又《呂氏春秋》〈盡數〉謂「巫醫毒藥，逐除治之。」等，可知「法家爲了獨尊君權，偏要壓制巫醫。」見周策縱：《古巫醫與六詩考》（臺北：聯經出版事業公司，1989 年），頁 86。

〔註109〕林劍鳴在論秦漢政治生活中，特別著重了日書與吏治間的關係。林氏認爲，從凡出土日書的墓中，多伴有律令之類的簡牘出現。以及從史料上證明日者與官吏身份合一、數術常與儒學一樣成爲必備的基礎知識等等說法，可以說明數術在秦漢時代，對官吏來說是有「助政」作用的。而凡墓主身份爲官吏的，陪葬品均有律令簡和日書，絕非偶然，反而說明日書與律令一樣，都是官吏爲政的必備工具書。見林劍鳴：〈秦漢政治生活中的神秘主義〉，《歷史研究》1991 年 4 期，頁 107～110。

〔註110〕蒲慕州指出，「日書的使用者爲一般民眾，然我們並不能假定當時的中下階層普遍具有識字能力。而保存者如睡虎地墓主喜、關沮秦墓墓主，可能有著了解所轄地區之民俗，或替轄區人民或自己解決一些擇日問題。」見蒲慕州：《追尋一己之福──中國古代的信仰世界》頁 109。及蒲慕州：〈睡虎地秦簡《日書》的世界〉，《中央研究院歷史語言研究所集刊》62 本 4 分，（1993 年 4 月）頁 636～637。然而此說似乎有過於區分雅、俗的分界，彷彿民間信仰一定是具有某種面貌，而官方（以吏爲代表）即使使用也不會援用在職務上，而顯示這套信仰與政令宣導、感化教育的功能是相悖的。

的，這些確是吏者職務上之必備物品），是否可以用來說明官方與民間接受相同的文化？〔註111〕進一步追問，二者在使用上的心態是相同的嗎？使用者的身分（或者更嚴格定義的社會階層）是否會影響我們對日書的認知？

不論如何，對於世俗以吉凶禍福來支配其日常行爲以及對事物評判上衡量之標準，王充對此無疑是持駁斥態度，然而他不僅僅是否定，更對時宜之忌作出評判即重新定義，即有所謂義理之禁、吉凶之忌二者。其謂：

> 實說其義，「不祥」者義理之禁，非吉凶之忌也。……於義不善，故謂不祥。不祥者，不宜也，於義不宜，未有凶也。〔註112〕

王充企圖從這樣的分判中，對時宜之忌找出一更符合其教化意涵的解釋，以及規範的意義。〔註113〕再者，如同論者對禁忌的定義：「爲了避免招致懲罰和災難，在觀念和行爲上對人們的禁拘和限制」，〔註114〕王充所指出的四大忌諱，除了具備這樣的定義外，更符合王充疾虛妄的本意，即其實際都與政策相抗衡，他期望透過「義理之禁」的提出，降低「吉凶」之忌的力量。最明顯的例證，便是其在針對民間信仰的不合理性上。如前引〈辨祟〉之「世俗信禍祟，以爲人之疾病死亡，及更患被罪、戮辱歡笑，皆有所犯。起功、移徙、祭祀、喪葬、行作、入官、嫁娶，不擇吉日，不避歲月，觸鬼逢神，忌時相害。故發病生禍，挂法入罪。至於死亡，殫家滅門，皆不重慎，犯觸忌諱之所致也。」〔註115〕以及：

〔註111〕此處官方、民間的分判並不意謂著二相截然的概念，如同蒲慕州在討論漢代的信仰生活時即指出，漢代宗教最大的特點，在於官方宗教系統與民間信仰相互糾結，而此情況當是承繼先秦時代以來的發展，即上下階層的宗教基本上分享相同的宇宙觀，並沒有根本的衝突，而只有應用上的差別。同時他亦從《漢書》、《後漢書》的〈五行志〉記載中，看出有關的例子，是以民間爲媒介，透過民間的保存、流傳，而被選爲與人事相應的異象。見蒲慕州：《追尋一己之福——中國古代的信仰世界》頁 139、186～187。

〔註112〕《論衡》卷23，〈四諱〉，頁 970。

〔註113〕如同韋伯在討論經驗科學時所主張的，不要單從行爲的手段價值（instrumental value）上來判斷行爲，同時還要從行爲內在本質上的價值（intrinsic value）來判斷。因若僅根據「手段價值」，即使以邏輯上來進行批判，也是毫無意義的。參韋伯：《社會科學方法論》（黃振華，張與健譯，臺北：時報出版事業，1991 年），頁 35。因此張寅成謂王充對漢代禁忌的紀錄，以吉凶之忌爲主，而內容上主要爲時日禁忌等說，可能必需注意，王充於此中巧妙安置的、若干有其意識的社會意涵。張說見《中國古代禁忌》頁 12。

〔註114〕張寅成：《中國古代禁忌》，頁 11。

〔註115〕《論衡》卷24，〈辨祟〉，頁 1008。

> 忌諱非一，必托之神怪，若設以死亡，然後世人信用。……禮義之
> 禁，未必吉凶之言也。〔註116〕

> 夫卜曰逢，筮曰遇，實遭遇所得，非善惡所致也。善則逢吉，惡則
> 遇凶，天道自然，非為人也。〔註117〕

而將吉凶之意涵消弭至無形的目的，在於降低這些時宜之忌的「神性」。由前之分類敘述中，可以看出，正因為民眾存有對疾病、死亡、被罪等的恐惑，使這些術數家得以利用，或巧立名目惑眾，或趁機斂財求貨；而王充所敘述的八種時宜忌諱，又有「虛妄」的共通點，亦即具有「神」性的力量，是以他指出「忌諱非一，必托之神怪。」〔註118〕而從其對時日歲月的指責中，可以看出王充對「神」的看法以及判斷，其謂：

> 審歲、月，歲、月，天之從神，飲食與天同，天食不食人，故郊祭
> 不以為牲。如非天神，亦不食人。天地之間，百神所食，聖人謂當
> 與人等。推生事死，推人事鬼，故百神之祀皆用眾物，無用人者。
> 物食人者，虎與狼也。歲月之神，豈虎狼之精哉？〔註119〕

> 歲月有神，日亦有神，歲食月食，日何不食？積日為月，積月為
> 時，積時為歲，……增積相倍之數，分餘終竟之名耳，安得鬼神
> 之怪、禍福之驗乎？如歲月終竟者宜有神，則四時有神，統元有
> 神。〔註120〕

> 說歲、月食之家，必銓功之小大，立遠近之步數。……案長城之造，
> 秦民不多死。周公作雒，興功至大，當時歲月宜多食。聖人知其審
> 食，宜徙所食地置於吉祥之位。如不知避，人民多凶。經傳之文，
> 賢聖宜有刺譏。今聞築雒之民四方和會，功成事畢，不聞多死。說
> 歲月之家，殆虛非實也。〔註121〕

王充認為，「神」不應該危害百姓，或對百姓是另一種生存上的威脅，「神」的存在（或出現），應立意於幫助百姓渡過難關，即：

〔註116〕《論衡》卷23，〈四諱〉，頁979。
〔註117〕《論衡》卷24，〈卜筮〉，頁1003。
〔註118〕《論衡》卷23，〈四諱〉，頁979。
〔註119〕《論衡》卷23，〈譋時〉，頁983。
〔註120〕《論衡》卷23，〈譋時〉，頁983～984。
〔註121〕《論衡》卷23，〈譋時〉，頁987。

> 神莫過於天地，天地不害人。人謂百神，百神不害人。太歲之氣，
> 天地之氣也，何憎於人，觸而爲害？〔註122〕

然而，王充又以卜筮爲例，承認「神」的存在，但其存在的範圍，只在帝王上。即「神」最低限度的存在，僅在於表明君王行事上的不專斷，以及天對君王決策正確性的暗示。其謂：

> 夫著筮龜卜，猶聖王治世；卜筮兆數，猶王治瑞應。瑞應無常，兆
> 數詭異。詭異則占者惑，無常則議者疑。……卜筮不可純用，略以
> 助政，示有鬼神，明己不得專。〔註123〕

> 聖人舉事，先定於義。義已定立，決以卜筮，示不專己，明與鬼神
> 同意共指，欲令眾下信用不疑。〔註124〕

王充於此對卜筮使用者身份的規範或限制，除顯示王充如鹽鐵論中之文學，以孔子之言論卜筮、著龜，〔註125〕更意謂了相較於以其他選擇術決事上，卜筮具有「聖人舉事，先定於義。義已定立，決以卜筮」的至尊性，而不得爲一般百姓隨意用之。

而欲破除對這些時宜之忌的信仰，首要之務即在對其設立之本意作出說明，以破除其神異性。如其論解除：

> 解除之法，緣古逐疫之禮也。昔顓頊氏有子三人，生而皆亡，一居
> 江水爲虐鬼，一居若水爲魍魎，一居歐隅之間主疫病人。故歲終事
> 畢，驅逐疫鬼，因以送陳、迎新、內吉也。〔註126〕

此論雖是從傳說時代之說來敘述，然王充仍竭力使此事復歸爲一合「禮法」的行事，以及一個更符合社會秩序的理由——所謂「送舊、迎新、納福」者。

論卜筮兆數之屬者，曰：

> 夫人用神思慮，思慮不決，故問著龜，著龜兆數，與意相應，則是神
> 可謂明告之矣。……夫思慮者己之神也，爲兆數者亦己之神也。一身

〔註122〕《論衡》卷24，〈難歲〉，頁1025。

〔註123〕《論衡》卷24，〈卜筮〉，頁1005。

〔註124〕《論衡》卷24，〈辨祟〉，頁1009。

〔註125〕是以其以子曰來論卜筮：「孔子曰：『……著之爲言耆也，龜之爲言舊也，明狐疑之事當問耆舊也。』由此言之，著不神，龜不靈，蓋取其名，未必有實也。無其實則知其無神靈，無神靈則知不問天地也。」以及「〈洪範〉稽疑，卜筮之變，必問天子卿士，或時審是。」《論衡》卷24，〈卜筮〉，頁999、1006。

〔註126〕《論衡》卷25，〈解除〉，頁1043。

之神，在胸中爲思慮，在胸外爲兆數，猶人入戶而坐，出門而行也。行坐不異意，出入不易情。如神明爲兆數，不宜與思慮異。〔註127〕

枯龜之骨，死著之莖，問生之天地，世人謂之天地報應，誤矣。〔註128〕

夫卜筮非不可用，卜筮之人占之誤也。〈洪範〉稽疑，卜筮之變，必問天子卿士，或時審是。夫不能審占，兆數不驗，則謂卜筮不可信用。〔註129〕

象無不然，兆無不審。人之知暗，論之失實也。〔註130〕

再以其對四諱所作出的判斷爲例。首先是往西益宅。其謂：

夫西方，長老之地，尊者之位也。……於義不善，故謂不祥。不祥者，不宜也，於義不宜，未有凶也。〔註131〕

其次是諱被刑者上丘墓。

實說其意，徒不上丘墓有二義，義理之諱，非兇惡之忌也。徒用心以爲先祖全而生之，子孫亦當全而歸之。……愧負刑辱，深自刻責，故不升墓祀於先。……故不升墓。慚負先人，一義也。……今已被刑，刑殘之人，不宜與祭，供侍先人，卑謙謹敬，退主自賤之意也。緣先祖之意，見子孫被刑，惻怛慘傷，恐其臨祀，不忍歆享，故不上墓，二義也。〔註132〕

其三是諱產子者。

實說諱忌產子、乳犬者，欲使人常自潔清，不欲使人被污辱也。夫自潔清則意精，意精則行清，行清而貞廉之節立矣。〔註133〕

其四，是針對五月子不祥一事。

實說，世俗諱之亦有緣也。夫正月歲始，五月盛陽，子以生，精熾熱烈，厭勝父母，父母不堪，將受其患，傳相放效，莫謂不然。有

〔註127〕《論衡》卷24，〈卜筮〉，頁1000。
〔註128〕《論衡》卷24，〈卜筮〉，頁1000。
〔註129〕《論衡》卷24，〈卜筮〉，頁1006。
〔註130〕《論衡》卷24，〈卜筮〉，頁1007。
〔註131〕《論衡》卷23，〈四諱〉，頁970。
〔註132〕《論衡》卷23，〈四諱〉，頁971。
〔註133〕《論衡》卷23，〈四諱〉，頁977。

空譚之言，無實凶之效，世俗惑之，誤非之甚也。〔註134〕

可以看出，這些從本質義上被探討的時宜之忌，均涉及民眾生活上最關切的問題：（意外的）人禍、疾病，以及死亡等，而此都是「生活中異常的現象」；而因爲生命存在這些「偶然性的產物」的威脅，〔註135〕使「人」成爲鬼神（或者嚴格來說應該是這些「裝神弄鬼」的術數家）的附庸，是以人或生子不舉〔註136〕、或不依循政令，〔註137〕不僅造成社會價值的混亂，更成爲政權最大的隱憂。如其指出：

或有所犯，抵觸縣官，羅麗刑法，不曰過所致，而曰家有負。居處
不愼，飲食過節，不曰失調和，而曰徙觸時。死者累屬，葬棺至十，
不曰氣相汙，而曰葬日凶。有事歸之有犯，無爲歸之所居。……疾
病不請醫，更患不修行，動歸於禍，名曰犯觸，用知淺略，原事不
實，俗人之材也。〔註138〕

這些連儒雅都無能實定的時宜之忌，亦已成爲民間信仰與官方政策之衝突。而王充之所以要以大半篇幅敘述時宜之忌，以及其所以強調疾虛妄者，原因俱在此。民眾習於其信仰而無視政策之立，遇事輒歸咎於時日忌諱，而不論己行，顛倒是非，混淆事情本末，惑亂人心。

因此，總結所有時宜之忌設置的初衷本意，應當在勸人爲善。王充曰：

若夫曲俗微小之諱，眾多非一，咸勸人爲善，使人重愼，無鬼神之
害，凶醜之禍。〔註139〕

〔註134〕《論衡》卷23，〈四諱〉，頁979。

〔註135〕二引文俱出韋伯語。其謂：生活中異常的現象（有時甚至連正常的生命過程）
例如生病、生產、性成熟或月經，都被認爲是有某一特殊精靈附著於此人身上。
這個精靈可能會被視爲「神聖的」或是「不淨的」，其區分有多種可能，而且往
往是偶然性的產物，不過實際的作用卻是一樣。見韋伯：《宗教社會學》，頁48。

〔註136〕即四諱中五月子不舉之事。而關於漢代生子不舉之情況，張寅成亦曾論述，
見《中國古代禁忌》頁 23～26。然最爲詳細的說明，請參李貞德：〈漢隋之
間的「生子不舉」問題〉，《中央研究院歷史語言研究所集刊》66 本 3 分，1995
年 9 月，頁 747～802。

〔註137〕如王充謂：「或有所犯，抵觸縣官，羅麗刑法，不曰過所致，而曰家有負。居
處不愼，飲食過節，不曰失調和，而曰徙觸時。死者累屬，葬棺至十，不曰
氣相汙，而曰葬日凶。有事歸之有犯，無爲歸之所居。……疾病不請醫，更
患不修行，動歸於禍，名曰犯觸，用知淺略，原事不實，俗人之材也。」卷
24，〈辨祟〉，頁 1011～1012。

〔註138〕《論衡》卷24，〈辨祟〉，頁 1011～1012。

〔註139〕《論衡》卷23，〈四諱〉，頁 979。

王充的「重慎」之說不僅對時宜之忌提出了明確的定義，以限定其間之施用範圍及預期效用，更企圖扭轉世人對時宜之忌的功利期盼，使民風對時宜之忌有更正確且符合教化觀念的理解。〔註140〕

（三）鬼、神、妖論

對於原始思維中，人們對死亡的恐惑及其衍伸的鬼神魂魄諸種論點，卡西爾曾有過精闢的見解，他指出：「在原始思維中，死亡絕沒有被看成是服從一般法則的一種自然現象。它的發生並不是必然的而是偶然的，是取決於個別的和偶然的原因，是巫術、魔法或其他人的不利影響所導致的。」〔註141〕由此可知，種種鬼神妖論及祭祀葬習，或可以看成是人在面對生、死問題時，對生存、死亡所產生之惶惑不安與焦慮感。而透過墓葬形制等的考察，蒲慕州指出，漢人對於死亡抱持一種排斥、懼怕之心，甚至隨葬品、壁畫、鎮墓文、碑銘，乃至風水堪輿之術，都是漢人這種悲觀的死後世界觀在不同方面的顯現。〔註142〕而由此適足以說明，在面對士不遇問題上，王充不若上層士人憂心時之不予，而轉向對骨相命格的愿懟，表現出深受庶民文化的影響。

王充之鬼、神、妖論，基準在於這些鬼、神、妖者對「生者」的影響，即所謂其能「為形而害人」。〔註143〕而要理解王充的想法，還須從時人對死後世界看法上著手；而此亦為既有論述著力最深的部分。然而在這些論述中，或援墓葬型制、陪葬文物，或以畫像石、畫像磚為佐證，集中論述「死後」觀念的轉變及其中的宗教、禮儀意涵，而得出的包括：有一個類似生時世界的死後世界，魂、魄等靈魂系統的向上、向下的走向，以及由此延伸出的諸多神話、神仙世界等。〔註144〕如是的結論，亦構成人（生者）對鬼、神、妖

〔註140〕李偉泰曾就《論衡》中的漢代禁忌記載指出，王充從禁忌的起源對禁忌作出本質上的區分，而將之分為義理之「禁」和吉凶之「忌」，肯定了某些禁忌的價值，也啓示了在破除禁忌時，必須顧慮到某些教化作用隨禁忌的消除而喪失之後，應如何加以填補的問題。參李偉泰：《漢初學術與王充論衡述論稿》（臺北：長安出版社，1985 年），頁 215。

〔註141〕〔德〕恩斯特・卡西爾：《人論》（甘陽譯，臺北：桂冠出版社，1994 年），頁 131。

〔註142〕見蒲慕州：《墓葬與生死：中國古代宗教之省思》（臺北：聯經出版事業公司，1993 年）頁 223～225。

〔註143〕《論衡》卷 20，〈論死〉，頁 873。

〔註144〕參余英時：〈中國古代死後世界觀的演變〉，《中國思想傳統的現代詮釋》頁 123

的認知，故王充之論述重點雖在這些「靈魂系統」與生者「互動」的部分，然亦不能忽略，其亦面對相同的死後世界。

誠如蒲慕州所言，漢人對死者及其靈魂系統、死後世界，基本上是持負面、悲觀的態度，甚至主張生死殊途，以期避免死者的危害；儘管此死者生時爲極親的親人。〔註145〕由此可知，對時人來說，不論死後之靈魂系統如何發展，有何歸向，其所延伸出的鬼、妖，都成爲生者生活上的危害之一。〔註146〕而漢代之厚葬風氣，亦暗示時人對鬼神的畏懼、崇敬心理，而此亦成爲王充在論述鬼、神、妖三者時最爲關切並選定的切入點，即「世謂人死爲鬼，有知，能害人」之說。〔註147〕

而王充之所以否定「鬼」的存在，自然在於對死後世界的駁斥。然其說是從「人」的角度出發，其認爲：

> 人生萬物之中，物死不能爲鬼，人死何故獨能爲鬼？如以人貴能爲鬼，則死者皆當爲鬼。杜伯、莊子義何獨爲鬼也？如以被非辜者能爲鬼，世間臣子被非辜者多矣，比干、子胥之輩不爲鬼。〔註148〕

> 秦始皇用李斯之議，燔燒《詩》《書》，後又坑儒。博士之怨，不下申生；坑儒之惡，痛於改葬。然則秦之死儒，不請於帝，見形爲鬼。〔註149〕

> 凡人之死，皆有所恨，志士則恨義事未立，學士則恨問多不及……天下各有所欲乎，然而各有所恨。必以目不瞑者爲有所恨，夫天下之人，死皆不瞑也。……案世人論死，謂其精神有若能更以精魂立

〔註〕~143：蒲慕州：《追尋一己之福──中國古代的信仰世界》第七章，頁 193～225。

〔註145〕在考察鎮墓文的敘述後，蒲慕州指出，漢人對於死亡和死亡世界抱持一種排斥、懼怕之心。而若干墓文及咒文，有「生死異路，不得相妨」等語，可見對死者和死亡心態的排斥心理。因此隨葬品及壁畫之所以表現出一種樂觀平和的死後世界觀面貌，可能正由於人們對死後世界中的生活根本上持著一種悲觀而懷疑的態度。參蒲慕州：《追尋一己之福──中國古代的信仰世界》頁221～223。

〔註146〕如蒲慕州從日書使用者角度論其對鬼的態度，認爲他們主要是要知道如何對付這些惡魔，至於他們的來源爲何，並不是最重要的問題。參蒲慕州：〈中國古代鬼論述的形成〉，收入蒲慕州編：《鬼魅神魔──中國通俗文化側寫》，頁 29。

〔註147〕《論衡》卷 20，〈論死〉，頁 871。

〔註148〕《論衡》卷 21，〈死僞〉，頁 887。

〔註149〕《論衡》卷 21，〈死僞〉，頁 889。

形見面，使屍若生人者，誤矣。〔註150〕

由於世人對死後世界的負面態度，使其普遍認爲人死後爲鬼，並且能害人。而藉由以上三段敘述，似乎暗示了當時對人死爲鬼之說的看法中，可能隱含有某些特定的鬼，如杜伯、枉死者、含恨而死者等。而如同破除時宜之忌之論，對於「鬼」的問題，王充同樣從其本質來論。其謂：

> 凡天地之間有鬼，非人死精神爲之也，皆人思念存想之所致也。致之何由？由於疾病。人病則憂懼，憂懼見鬼出。凡人不病則不畏懼。
>
> 故得病寢衽，畏懼鬼至；畏懼則存想，存想則目虛見。〔註151〕

王充指出，鬼的出現基於人的「憂懼」，「憂懼」的原因，即疾病的另一層不能明說的含意——死亡，亦即王充指出的「初疾畏驚，見鬼之來；疾困恐死，見鬼之怒；身自疾痛，見鬼之擊：皆存想虛致，未必有其實也」。〔註152〕而將「憂懼」作爲鬼的成因，某種程度上已經化解鬼危害人的「神性」。又繼續瓦解「鬼」之形體、有知部分。王充謂：

> 人之精神藏於形體之內，猶粟米在囊橐之中也。死而形體朽，精氣散，猶囊橐穿敗，粟米棄出也。粟米棄出，囊橐無復有形，精氣散亡，何能復有體而人得見之乎？禽獸之死也，其肉盡索，皮毛尚在……今人死，皮毛朽敗，雖精氣尚在，神安能復假此形而以行見乎？夫死人不能假生人之形以見，猶生人不能假死人之魂以亡矣。〔註153〕
>
> 夫死人不能爲鬼，則亦無所知矣。何以驗之？以未生之時無所知也。人未生，在元氣之中；既死，復歸元氣。元氣荒忽，人氣在其中。人未生，無所知，其死，歸無知之本，何能有知乎？人之所以聰明智惠者，以含五常之氣也；五常之氣所以在人者，以五藏在形中也。五藏不傷，則人智惠；五藏有病，則人荒忽。荒忽則愚癡矣。人死，五藏腐朽，腐朽則五常無所托矣，所用藏智者已敗矣，所用爲智者已去矣。〔註154〕
>
> 形須氣而成，氣須形而知。天下無獨燃之火，世間安得有無體獨知

〔註150〕《論衡》卷21，〈死僞〉，頁893。
〔註151〕《論衡》卷22，〈訂鬼〉，頁931。
〔註152〕《論衡》卷22，〈訂鬼〉，頁932。
〔註153〕《論衡》卷20，〈論死〉，頁873。
〔註154〕《論衡》卷20，〈論死〉，頁875。

之精？〔註155〕

> 夫物未死，精神依倚形體，故能變化，與人交通；已死，形體壞爛，
> 精神散亡，無所復依，不能變化。夫人之精神猶物之精神也。〔註156〕

在提出鬼之無知無形上，王充透過精氣成人之說，指出「人之所以生者，精氣也，死而精氣滅，能為精氣者，血脈也，人死血脈竭，竭而精氣滅，滅而形體朽，朽而成灰土，何用為鬼？」〔註157〕故人死後再無有成形能知的可能，是以鬼的存在說無效。又以自然現象之水、火喻之，如：

> 人用神氣生，其死復歸神氣。陰陽稱鬼神，人死亦稱鬼神。氣之生
> 人，猶水之為冰也。水凝為冰，氣凝為人；冰釋為水，人死復神。
> 其名為神也，猶冰釋更名水也。人見名異，則謂有知，能為形而害
> 人，無據以論人也。〔註158〕

> 血者，生時之精氣也。人夜行見燐，不象人形，渾沌積聚，若火光
> 之狀。燐，死人之血也，其形不類生人之形。今形不類生人之形。
> 精氣去人，何故象人之體？〔註159〕

> 人之死，猶火之滅也。火滅而燿不照，人死而知不惠，二者宜同一
> 實。〔註160〕

> 人生於天地之間，其猶冰也。陰陽之氣，凝而為人，年終壽盡，死
> 還為氣。夫春水不能復為冰，死魂安能復為形？〔註161〕

凡此說都在表明，人死後精氣散，再無有復合回形的可能，即「使死人精神去形體，若蟬之去復育乎！」〔註162〕

而鬼既然無法成形，更不具知的能力，則鬼實際上又是什麼？王充謂：

> 朽則消亡，荒忽不見，故謂之鬼神。人見鬼神之形，故非死人之精
> 也。何則？鬼神，荒忽不見之名也。人死精神升天，骸骨歸土，故

〔註155〕《論衡》卷20，〈論死〉，頁875。
〔註156〕《論衡》卷20，〈論死〉，頁882。
〔註157〕《論衡》卷20，〈論死〉，頁871。
〔註158〕《論衡》卷20，〈論死〉，頁873。
〔註159〕《論衡》卷20，〈論死〉，頁874。
〔註160〕《論衡》卷20，〈論死〉，頁877。
〔註161〕《論衡》卷20，〈論死〉，頁877。
〔註162〕《論衡》卷20，〈論死〉，頁881。

謂之鬼。鬼者，歸也；神者，荒忽無形者也。〔註163〕

以及：

> 凡天地之間氣皆統于天，天文垂象於上，其氣降而生物。氣和者養
> 生，不和者傷害。本有象於天，則其降下，有形於地矣。故鬼之見
> 也，象氣爲之也。〔註164〕

鬼既無知無形，則無能與生者產生互動，故以正證使死者闔眼者謂人死有知，在王充看來，係偶然也，非實然。其謂：

> 目之視瞑，與諡之爲「靈」，偶應也。時人見其應「成」乃瞑，則謂
> 成王之魂有所知。〔註165〕

類似以「成事」之說誤解成因的，還有子產於魯昭公七年對魂魄的說法，王充駁斥之曰：

> 子產之說，因成事者也。見伯有彊死，則謂彊死之人能爲鬼。……
> 伯有能爲鬼，子皙不能。彊死之說通于伯有，塞於子皙。〔註166〕

由此可知，人死既無能有知，則謂鬼能善惡於人，俱虛妄也。

王充認爲，靈魂的存在如若僅爲了控制生人生命的存在價值，則爲誤。這些妨礙人之「物」，最大程度，僅能言是「妖」，因其具「陽氣」，具有「半人」（人者陰陽合也）的身分。此說的用意，在於消除世人以鬼能「神」的恐懼印象。其謂：

> 鬼之見也，人之妖也。天地之間，禍福之至，皆有兆象，有漸不卒
> 然，有象不猥來。天地之道，入將亡，凶亦出；國將亡，妖亦見。
> 猶人且吉，吉祥至；國且昌，昌瑞至矣。故夫瑞應妖祥，其實一也。
> 而世獨謂鬼者不在妖祥之中，謂鬼猶神而能害人，不通妖祥之道，
> 不睹物氣之變也。〔註167〕

> 實聖人能神乎？不能神也。如神，宜知三王之心，不宜徒審其爲鬼
> 也。〔註168〕

王充指出世間所有之對禍福的信念，其實都是虛象，眞正的禍福觀念，

〔註163〕《論衡》卷20，〈論死〉，頁871～872。
〔註164〕《論衡》卷22，〈訂鬼〉，頁934。
〔註165〕《論衡》卷21，〈死僞〉，頁894。
〔註166〕《論衡》卷21，〈死僞〉，頁898。
〔註167〕《論衡》卷22，〈訂鬼〉，頁941。
〔註168〕《論衡》卷21，〈死僞〉，頁891。

其實都有跡可循，不會憑空而來，而對妖鬼的畏懼，更只是對物氣變化的不明瞭。故其以爲人死後能善惡生者之事，乃虛妄也。如其謂：

> 怨恚吳王、發怒越江，違失道理，無神之驗也。且夫水難驅而人易從也。生任筋力，死用精魂。子胥之生，不能從生人營衛其身，自令身死，筋力消絕，精魂飛散，安能爲濤？使子胥之類數百千人，乘船渡江，不能越水。一子胥之身，煮湯鑊之中，骨肉糜爛，成爲羹菹，何能有害也？〔註169〕

而「鬼」更是所有祭祀、忌諱等議題之源，如上所引：「夫論解除，解除無益；論祭祀，祭祀無補；論巫祝，巫祝無力。竟在人不在鬼，在德不在祀，明矣哉！」而解除、祭祀、巫祝之用，俱由於人們關切鬼神所帶來的危害，而生發出的解決之道。而這些方式，實際上是與德行之提升相違背。也就是說，人們寧願相信這些方式的可行，卻不以自身修行爲重。此說法與上引《鹽鐵論》論巫祝之盛時文學之言相同，可以看見，這套尋求鬼神以協助解決生活中的困境、難題的方式，長期以來是與政策處於抗衡地位的。因此，對於王充來說，他的「無神論」不應當被視作一種機械式的反對，而是在鬼、妖的「神性」上提出異議。如其論世以爲祭祀之意義在於鬼神能歆享之：

> 宗廟，己之先也。生存之時，謹敬供養，死不敢不信，故修祭祀，緣先事死，示不忘先。……未必有鬼神審能歆享之也。夫不能歆享，則不能神；不能神，則不能爲福，亦不能爲禍。禍福之起，由於喜怒，喜怒之發，由於腹腸。〔註170〕

王充指出的，是無「神性」，則無能爲禍福之事，則祭祀純爲「不忘先」之爲，回到事務初發的理智狀態。而由此重新思考王充對儒家對鬼神論「不言」的規避態度，以及墨家不具任何實證效力憑空出現的鬼怪杜伯主張，之所以強烈不滿的原因。

相較於王充對「鬼」議題上清楚表現的否定態度，其對「妖」存在之虛實，以及是否同具危害人之神性等問題，就是比較模糊甚至存在相悖反的論述。然而其間的差距，不應被視作王充論點反覆、矛盾的另一佐證，而應該注意，王充所論之「妖」之位置。若將王充所論之妖出現的位置作一初步清理，可以發現，其或發於直夢，或祥瑞之符兆，或是人將死之前之幻象。這

〔註169〕《論衡》卷4，〈書虛〉，頁184。
〔註170〕《論衡》卷25，〈祀義〉，頁1050～1051。

似乎意謂，王充所論之妖，並不與鬼同處於死後世界之層次上。因此妖之存在、甚至是否具有神性的問題，可以有一個比較寬鬆的討論空間。如其謂張良與黃石公事，曰：

> 是高祖將起，張良爲輔之祥也。……蓋吉凶之象，神矣；天地之化，巧矣。使老父象黃石，黃石象老父，何其神邪！……石不能爲老父，老父不能爲黃石。妖祥之氣，見吉驗也。〔註171〕

然而妖雖可存在，但其本質與鬼相同，即都不能具實形（不論所顯現出之形或鬼或人），二者皆非實物。如其謂：

> 凡妖之發，或象人爲鬼，或爲人象鬼而使，其實一也。……以鬼象人而見，非實人也。人見鬼象生存之人，定問生存之人，不與己相見。妖氣象類人也。妖氣象人之形，則其所齎持之物，非眞物矣。〔註172〕

而其本質，只能是「氣」。其謂：

> 世間所謂妖祥、所謂鬼神者，皆太陽之氣爲之也。太陽之氣，天氣也。天能生人之體，故能象人之容。夫人所以生者，陰陽氣也。陰氣主爲骨肉，陽氣主爲精神。人之生也，陰陽氣具，故骨肉堅、精氣盛。精氣爲知，骨肉爲強，故精神言談，形體固守。骨肉精神，合錯相持，故能常見而不滅亡也。太陽之氣，盛而無陰，故徒能爲象不能爲形，無骨肉有精氣，故一見恍惚，輒復滅亡也。〔註173〕

　　然而，若承認人們對鬼存在的態度，是可以作爲「現世社會的保護者和合法性根源」，〔註174〕則否定了死後世界的王充，要如何移除人們對死亡的疑慮畏懼？以及消解人對於死後不知去向的不安？對此王充在〈論死〉至〈訂鬼〉四篇中，似乎並沒有一個明確的說法。此固然由於王充討論重點不在論「鬼」或對死後世界的討論，而旨在打擊妖、鬼危害生者的立場，期俗歸薄葬之風，及對「人」價值的重新定位，然其說畢竟無法全面觀照時人關切之議題核心，使王充在盡力維持生者與死者間的獨立性時，不可避免的仍會出

〔註171〕《論衡》卷22，〈紀妖〉，頁928。
〔註172〕《論衡》卷22，〈紀妖〉，頁923～924。
〔註173〕《論衡》卷22，〈訂鬼〉，頁946。
〔註174〕蒲慕州在《鬼魅神魔》的序言中談到，相信人死後有另一種存在狀態也是必須的，死者成爲鬼，從社會生態的角度來看，基本上一方面是社會必須將其成員安排在一個恰當的死後世界之中，作爲現世社會的保護者和合法性根源。見蒲慕州編：《鬼魅神魔——中國通俗文化特寫》頁8。

現這樣的缺口。如在對實際產生於生者身上的善惡事情時，又歸於其「命」之使然，即其所謂「命貴時吉，當遇福喜之應驗也。」〔註175〕

（四）祭祀葬習

　　主張人死後有知且爲鬼神的，大抵均堅持其具有「神」的功效。而此神者，表現出一種控制力，足以對生人生命或生存價值產生威脅。王充既否認鬼神「神性」之存在，則祭祀儀式之意義即在於遵禮崇祖，不能牽涉到任何禍福「利益」交換之事宜。從〈祀義〉、〈祭意〉中，我們可以看到，針對鬼神是否能歆饗祭品一事，王充作了相當多的批駁。〔註176〕此間亦代表了若歆饗爲眞，則神性爲眞，反之則否的邏輯。同時，鬼神「神性」的存在，亦是使當代祭祀成爲空家送終、淫祀等厚葬主因。

　　王充指出當時的祭祀意義，曰：

> 世信祭祀，以爲祭祀者必有福，不祭祀者必有禍。是以病作卜祟，祟得修祀，祀畢意解，意解病已；執意以爲祭祀之助，勉奉不絕。〔註177〕

然「鬼神未定，厚禮事之，安得福佑而堅信之乎？」〔註178〕對世俗而說，在鬼神之論尚未明確之時，所謂「執意以爲祭祀之助」之「意」，表示了一種預期心理，然對王充而言，此僅僅是人們「必以爲有神」而來之一種心障，〔註179〕而此會造成「人」主體性之喪失，因此王充對祭祀做了明確的定義及施行範圍：

〔註175〕《論衡》卷21，〈死僞〉，頁899。

〔註176〕如〈祀義〉：「夫天者體也，與地同。……如天地之精神，若人之有精神矣。以人之精神，何宜飲食？」（頁1047～1048）「山，猶人之有骨節也；水，猶人之有血脈也。故人食腸滿，則骨節與血脈因以盛矣。今祭天地，則山川隨天地而飽。今別祭山川，以爲異神，是人食已，更食骨節與血脈也。」（頁1048）「萬物生於天地，猶毫毛生於體也。祭天地，則社稷設其中矣；人君重之，故復別祭。以爲有神，是人之膚肉當復食也。」（頁1049）「且夫歆者，內氣也，言者出氣也。能歆則能言，猶能吸則能呼矣。如鬼神能歆，則宜言於祭祀之上。……人之死也，口鼻腐朽，安能復歆？……夫死，長臥不覺者也，安能知食？」（頁1053）〈祭意〉：「聖人知其若此，祭猶齋戒畏敬，若有鬼神，修興弗絕，若有禍福。重恩尊功，殷勤厚恩，未必有鬼而享之者。」（頁1067）「祭，猶禮之諸祀也。飲食亦可毋祭，禮之諸神，亦可毋祀也。祭祀之實一也，用物之費同也。知祭地無神，猶謂諸祀有鬼，不知類也。」（頁1067）

〔註177〕《論衡》卷25，〈祀義〉，頁1047。

〔註178〕《論衡》卷25，〈祀義〉，頁1055。

〔註179〕《論衡》卷25，〈祀義〉，頁1049。

> 凡祭祀之義有二：一曰報功，二曰修先。報功以勉力，修先以崇恩。
> 力勉恩崇，功立化通，聖王之務也。是故聖王制祭祀也，法施於民
> 則祀之，以死勤事則祀之，以勞定國則祀之，能禦大災則祀之，能
> 捍大患則祀之。〔註180〕

> 祀為報功者，……祭為不背先者。〔註181〕

> 宗廟先祖，己之親也，生時有養親之道，死亡義不可背，故修祭祀，
> 示如生存。推人事鬼神，緣生事死。人有賞功供養之道，故有報恩
> 祀祖之義。〔註182〕

作為養親孝道延伸意涵的祭祀禮儀，是被承認且當為者。由此可以看出，王充
非全面反對祭祀，或是單純的因「無神論」而主張廢棄祭祀，他對禮制上的祭
祀認知是很清楚的，故而凡正當、合《禮》之「法度之祀，禮之常制也」的祭
祀是被容許、認可以及應當作為的，〔註183〕唯若牽扯於鬼神、禍福之事，甚至
「淫祀非鬼之祭」則不可。〔註184〕因此必須注意，王充的喪葬論上，其意在取
消祭祀過程中的禍福對應因素，還原到人為貴，非鬼神主人之境。並續言：

> 聖人知其若此，祭猶齋戒畏敬，若有鬼神，修興弗絕，若有禍福。
> 重恩尊功，殷勤厚恩，未必有鬼而享之者。〔註185〕

可以看出對於祭祀問題，王充極力強調先祖之祀用意在於子孫事死若生的報
恩心態，故而殷勤事之。

　　如是的風氣不僅是因於對鬼神的信仰，更是產生厚葬之風的直接原因。
從史載吾人可以看到皇帝數下詔令嚴令薄葬的情況，〔註186〕可知王充所謂：

〔註180〕《論衡》卷25，〈祭意〉，頁1065。
〔註181〕《論衡》卷25，〈祭意〉，頁1066。
〔註182〕《論衡》卷25，〈祭意〉，頁1065～1066。
〔註183〕《論衡》卷25，〈祭意〉，頁1057。
〔註184〕《論衡》卷25，〈祭意〉，頁1067。
〔註185〕《論衡》卷25，〈祭意〉，頁1067。
〔註186〕如：光武建武七年詔曰：「世以厚葬為德，薄終為鄙，至于富者奢僭，貧
　　　　者單財，法令不能禁，禮義不能止，倉卒乃知其咎。其布告天下，令知忠
　　　　臣、孝子、慈兄、悌弟薄葬送終之義。」（《後漢書・光武帝紀》卷1下，
　　　　頁51。）明帝永元十二年，（十二年）五月……。詔曰：「……今百姓送終
　　　　之制，競為奢靡。生者無擔石之儲，而財力盡於墳土。伏臘無糟糠，而牲
　　　　牢兼於一奠。糜破積世之業，以供終朝之費，子孫飢寒，絕命於此，豈祖
　　　　考之意哉！又車服制度，恣極耳目。田荒不耕，游食者眾。有司其申明科
　　　　禁，宜於今者，宣下郡國。」（《後漢書・顯宗孝明帝紀》卷2，頁115。）

> 社稷，五祀之祭，未有所定，皆有思其德，不忘其功也。中心愛之，
> 故飲食之。愛鬼神者祭祀之。〔註187〕

不僅在發明聖人祭祀本意，更急欲維持生人一個穩定的生存環境，去除當世
「空家以送終」之現象，以及藉由過分注重祭祀以趨吉避凶的心態，〔註188〕
並扭轉神本人末之失衡現象。而若依論者將主張薄葬者之立場，劃歸爲是關
心厚葬的經濟後果，及從宇宙與生死觀立論二類型，〔註189〕則處於儒吏階層
之間的王充，卻有另一個動機，即在於穩定社會秩序。從《說文解字》中從
「示」字者，多有祭祀、鬼神之意，而其中又多具幸福意涵，〔註190〕可知對
漢人而言，某種程度上，祭祀行爲已經成爲決定「現世」禍福的提示。

（五）人的存在價值

在諸種神人異事的氛圍中，王充力圖找回人的價值。首先，從人爲萬物
之主來的立場來論。其云：

> 說聖者以爲稟天精微之氣，故其爲有殊絕之知。今三家之生，以草、
> 以鳥、以土，可謂精微乎？天地之性，唯人爲貴，則物賤矣。今貴
> 人之氣，更稟賤物之精，安能精微乎？〔註191〕

> 夫倮蟲三百六十，人爲之長。人，物也，萬物之中有知慧者也。其
> 受命於天，稟氣於元，與物無異。……而鬼神之神之禍獨加於人，
> 不加於物，未曉其故也。天地之性，人爲貴，豈天禍爲貴者作不爲

徐天麟於《東漢會要》中亦言：「（厚葬之俗）自西京已濫觴矣。中興以後，
葬禮違制，日以甚，故自建武、永平，詔書數下，明令禁防。」（《東漢會
要》卷30，頁327。）而蒲慕州亦指出，屢次的薄葬詔令，表明了這種行
爲違背禮制，因此也是破壞社會秩序的罪行。故這些詔令另一用意也在改
正那些會威脅到社會秩序的豪族貴戚行爲。見蒲慕州：《墓葬與生死：中國
古代宗教之省思》頁242。

〔註187〕《論衡》卷25，〈祭意〉，頁1060。
〔註188〕即王充所謂：「凡人之有喜怒也，有求得與不得，得則喜，不得則怒。喜則施
恩而爲福，怒則發怒而爲禍。鬼神無喜怒，則雖常祭而不絕，久廢而不修，
其何禍福於人哉？」《論衡》卷25，〈祭意〉，頁1068。
〔註189〕蒲慕州：〈漢代之厚葬風氣及其批評〉，《墓葬與生死：中國古代宗教之省思》
頁254。
〔註190〕關於《說文》中可見之幸福字元，可參〔德〕鮑吾剛（Wolfgang Bauer）：《中
國人的幸福觀》（嚴蓓雯、韓雪臨、吳德祖譯，南京：江蘇人民出版社，2004
年），頁8。
〔註191〕《論衡》卷3，〈奇怪〉，頁160。

賤者設哉！何其性類同而禍患別也？〔註192〕

夫人之在天地之間也，萬物之貴者耳。其有宅也，猶鳥之有巢，獸
之有穴也。謂宅有甲乙，巢穴復有甲乙乎？甲乙之神獨在民家，不
在鳥獸何？〔註193〕

由此可知王充以人爲萬物之主，突出人於天地之間的獨特性，消解附於
人身上之神異性。

其次，從人之生成與物無異，對人之何以生成作出解釋，藉此拉開天與
人間可能存在的特殊的神異對應關係。其謂：

夫天不能故生人，則其生萬物，亦不能故也。天地合氣，物偶自生
矣。〔註194〕

天人同道，好惡均心。人不好異類，則天亦不與通。人雖生於天，
猶蟻虱生於人也。〔註195〕

天地，夫婦也，天施氣於地以生物。人轉相生，精微爲聖，皆因父
氣，不更稟取。〔註196〕

人，物也，子亦物也。子生與萬物之生何以異？……人生何以異於
六畜，皆含血氣懷子，子生與人無異，獨惡人而不憎畜，……凡可
惡之事，無與鈞等，獨有一物，不見比類，乃可疑也。〔註197〕

王充進一步對人的生成作出解釋，在於企圖喚醒那些期望藉由改變生活行爲而
獲得「救贖」的人，能更理性的面對現世、甚至是更迫切的當下的困境。〔註198〕

王充又論這些時宜之禁，實際並不存在任何神效，遵行者愚，遵行之時
衰，唯有修「德」才能渡過生活上的難關。其謂：

夫逐疫之法，亦禮之失也。行堯、舜之德，天下太平，百災消滅，

〔註192〕《論衡》卷24，〈辨祟〉，頁1011。
〔註193〕《論衡》卷25，〈詰術〉，頁1028。
〔註194〕《論衡》卷3，〈物勢〉，頁146。
〔註195〕《論衡》卷3，〈奇怪〉，頁162。
〔註196〕《論衡》卷3，〈奇怪〉，頁162～163。
〔註197〕《論衡》卷23，〈四諱〉，頁975～976。
〔註198〕韋伯指出，所有的救贖需求皆爲某些「困窮」的表現。社會性或經濟性的壓迫
乃是救贖信仰出現的一個有力泉源（雖非唯一的）。而對相信時宜之忌神力的百
姓，此種類似「皈依」的作爲，確實存在著：「期待以一種隨機式的虔敬皈依來
達成其『因其作爲』的效果」的心態。參韋伯：《宗教社會學》，頁143、203。

雖不逐疫，疫鬼不往。行桀、紂之行，海內擾亂，百禍並起，雖日
逐疫，疫鬼猶來。衰世好信鬼，愚人好求福。……故在人不在鬼，
在德不在祀。〔註199〕

不修其行而豐其祝，不敬其上而畏其鬼。身死禍至，歸之於祟，謂
祟未得；得祟修祀，禍繁不止，歸之於祭，謂祭未敬。夫論解除，
解除無益；論祭祀，祭祀無補；論巫祝，巫祝無力。竟在人不在鬼，
在德不在祀，明矣哉！〔註200〕

王充提出人的價值，不應建立在對鬼神的過分尊崇與畏懼中。而若以此為出
發點，當我們看到清朝乾隆時期因剪辮案而延伸出的各地「叫魂」驚恐事件
時，〔註201〕就不得不使我們感受到，王充在說出「在人不在鬼，在德不在祀」
時的痛心疾首。

第三節　正俗與教化標準

不同於以知識除魅的主張，〔註202〕除了以知識作為衡量外，王充以實證
方式來證明這些民間信仰的虛妄性，如前所引王充謂「世人舉事，不考於心
而合於日，不參於義而致于時。」〔註203〕百姓不以心、義作為判準，而以時
日忌諱為行事方針，凡此均表示風俗之敗壞。對於判準系統的毀壞，終身處
於民間吏階層的王充有著更深的憂慮，其認為「知政失者在風俗」，政之虛妄

〔註199〕《論衡》卷25，〈解除〉，頁1043。

〔註200〕《論衡》卷25，〈解除〉，頁1046。

〔註201〕關於「叫魂」一事之前因後果，孔飛力（Philip A. Kuhn）已有詳細之討論。
當然此書所呈現的層級上至皇帝，不同於王充所論之場域為吏階層，但若將
焦點集中於此事件的緣起——剪辮取魂的「妖術」，以及所衍發的民間秩序（朝
廷對民間的控制力）的崩解，可以看到，孔飛力指出的此事件逐漸變調為：「刁
徒私將父財妻物花用無存，遂自行剪辮假稱被人所割，錢物亦被人奪去。子
騙其父，夫赫其妻者；更有頑生逃學，自行割辮捏稱被割致病，以冀不至書
館者。」使整起事件突顯了一個特別令人難過的現象：「社會上到處表現出以
冤冤相報為形式的敵意」。參孔飛力：《叫魂：1768年中國妖術大恐慌》（陳
兼、劉昶譯，上海：上海三聯書店，2002年），頁220、300。然而演變至此，
不論所謂的「教化」作用蕩然無存，連帶的朝廷亦無法掌控民間秩序，更遑
論對此種「妖術」的消解闢除。

〔註202〕見韋伯：《宗教社會學》頁164。

〔註203〕《論衡》卷24，〈譏日〉，頁989。

由風俗之虛妄起，期望藉由導正風俗之失使政治平正，故其急欲找回原初的教化原則。因此判準上必須符合道德及事理上均眞實無僞的雙重考量，唯一能成爲依歸的，就是聖人之言、經典之說。因「孔子，道德之祖，諸子中最卓著也」，〔註204〕且「言審莫過聖人」，〔註205〕故「聖人不言，殆非實也」，〔註206〕凡聖人未曾言、經典未曾著錄者輒去之。

再者，異於其他循吏「緣儒術飾吏法」的教化方式，〔註207〕王充更注意這些時宜之忌對民眾的生活意義，何以能長期超越法令的嚴格管控。誠如Robert Redfield 指出的，農民（或譯鄉民）對「更好的生活」議題的期望，構成其生活的主要態度以及價值觀，〔註208〕而透過上節王充對當時時宜之忌的敘述中，亦可以看到，如是的生活態度，表現出來的即是對個人禍福吉凶的關切。因此，王充對禍福吉凶的否定，不僅顯示出他循吏身分上所肩負的維護社會秩序的責任，更是他關懷「人」的具體表現。因此王充除了於外在提出一客觀的判準標準，更對人心提出了淨化的方法，即去除民眾對禍福的關心。而此即王充命定論中強調的禍福天注定觀念來源。因此以下先討論禍福與王充命論間之議題，次述王充在除魅與正俗上採用的判斷標準。

一、禍福與王充命論

（一）禍福與骨相、命論

關於王充的命定論，徐復觀曾詳細的指出其將「人生、政治、社會，一舉投入機械而又偶然地不可測度的命運裏去，剝奪了人一切的主體性，一聽此機械而又偶然地命運的宰割。」〔註209〕然而王充之所以只論「命運」之命，忽視

〔註204〕《論衡》卷3，〈本性〉，頁137。
〔註205〕《論衡》卷8，〈藝增〉，頁381。
〔註206〕《論衡》卷7，〈語增〉，頁351。
〔註207〕循吏的觀念，誠如余英時指出的，《史記》與《漢書》中是兩個不同的觀點，而本文所用的循吏「緣儒術飾吏法」之說，是採班固之說，原因在於王充的行事風格，其實更近於班固所稱之爲循吏者。余英時之說可參其〈漢代循吏與文化傳播〉，《中國思想傳統的現代詮釋》頁191～197。班固之說見《漢書》卷89，〈循吏傳〉，頁3623～3624。
〔註208〕Redfield 藉由 Francis 教授的論點指出，「good life」構成農民主要的生活態度，尤其表現在這群人們價值觀上。見 Robert Redfield, *Peasant Society and Culture* (Chicago: University of Chicago Press,1956), pp.61-62.
〔註209〕徐復觀：〈王充論考〉，《兩漢思想史》（卷二），頁626。

人的主體性，在於極力去除外在「社會環境」對人行為上的影響，〔註210〕並重以「幸偶」為禍福與命間之新連結。此處再論王充之命論，不在重申思想史中王充之命定論，而在還原王充命論所面對的外在環境，及其「命」之從屬位階。

王充取徑禍福來論命，用心在於消弭人心中功利之源。故其言「命，吉凶之主也。自然之道，適偶之數，非有他氣旁物厭勝感動使之然也。」〔註211〕以命作吉凶禍福之主導，以避免人失卻本心追求虛妄的避禍法則。是以其曰：

> 人之有吉凶，猶歲之有豐耗。命有衰盛，物有貴賤。一歲之中，一貴一賤；一壽之間，一衰一盛。物之貴賤，不在豐耗；人之衰盛，不在賢愚。子夏曰「死生有命，富貴在天」，而不曰「死生在天，富貴有命」者，何則？死生者，無象在天，以性為主，……故言有命，命則性也。〔註212〕

> 凡人受命，在父母施氣之時，已得吉凶矣。夫性與命異，或性善而命凶，或性惡而命吉。操行善惡者，性也；禍福吉凶者，命也。或行善而得禍，是性善而命凶；或行惡而得福，是性惡而命吉也。性自有善惡，命自有吉凶。使命吉之人，雖不行善，未必無福；凶命之人，雖勉操行，未必無禍。〔註213〕

> 世謂宅有吉凶，徙有歲月。實事則不然。天道難知，假令有命凶之人，當衰之家，治宅遭得不吉之地，移徙適觸歲月之忌。……故孔子稱命，不怨公伯寮；孟子言天，不尤臧倉，誠知時命當自然也。〔註214〕

命既決於父母施氣之時，則吉凶亦得於其時，因此那些期望藉由修行、行善積德等後天努力而使命變好的，均屬不正確心態。王充甚至更明白的說：

> 命在初生，骨表著見。……則富貴貧賤皆在初稟之時，不在長大之後，隨操行而至也。〔註215〕

是以他並非否定修行成德的可能，而是力圖破除其中的功利期望。如其以伯牛為例曰「服聖賢之道，講仁義之業，宜蒙福佑。伯牛有疾，亦復顏回之類，

〔註210〕周桂鈿在論王充的禍福觀時，曾指出王充的禍福來自社會，故可稱之為「社會禍福觀」。見周桂鈿：《虛實之辨──王充哲學的宗旨》，頁51。
〔註211〕《論衡》卷3，〈偶會〉，頁99。
〔註212〕《論衡》卷2，〈命義〉，頁46～47。
〔註213〕《論衡》卷2，〈命義〉，頁50～51。
〔註214〕《論衡》卷3，〈偶會〉，頁106。
〔註215〕《論衡》卷2，〈命義〉，頁52。

俱不幸也。」〔註216〕

　　而這些禍福從何而來？與人之間的關係爲何？王充將之定爲「適偶」的偶然關係。其謂：

> 蜘蛛結網，蜚蟲過之，或脱或獲；獵者張羅，百獸群擾，或得或失；漁者罾江河之魚，或存或亡；或姦盜大辟而不知，或罰贖小罪而發覺：災氣加人，亦此類也。〔註217〕

> 人命有長短，時有盛衰，衰則疾病，被災蒙禍之驗也。〔註218〕

> 凡人操行有賢有愚，及遭禍福，有幸有不幸；舉事有是有非，及觸賞罰，有偶有不偶。並時遭兵，隱者不中。同日被霜，蔽者不傷。中傷未必惡，隱蔽未必善。隱蔽幸，中傷不幸。〔註219〕

也就是說，這些表面看來是禍是福的判斷，其實都是偶然發生的，並不連帶的意味人命的禍福。因此「富貴之福，不可求致；貧賤之禍，不可苟除也。」〔註220〕

　　由此再來理解王充之所論命，曰：

> 凡人遇偶及遭累害，皆由命也。有死生壽夭之命，亦有貴賤貧富之命。……故夫富貴若有神助，貧賤若有鬼禍。命貴之人，俱學獨達，並仕獨遷；命富之人，俱求獨得，並爲獨成。貧賤反此，難達，難遷，難得，難成，獲過受罪，疾病亡遺，失其富貴，貧賤矣。〔註221〕

可以看出王充之命完整的涵括了「人生、政治、社會」等各層面、各階段之各種經歷，阻隔了外在環境影響的機會。同時，信「命」自然者，亦不必擔心「天命難知」，生命自有出路：「信命者，則可幽居俟時，不須勞精苦形求索之也。猶珠玉之在山澤，不求貴價於人，人自貴之」。〔註222〕

　　在命定論之後，王充討論最多的，是貴命、異人（如長生不老者）、聖人等是否眞有存在的可能，以及若存在，他們何以能貴、能異。

　　在俱稟天氣而生的公平性基準上，王充曾言人之有吉凶區別，在於稟氣

〔註216〕《論衡》卷2，〈幸偶〉，頁37。
〔註217〕《論衡》卷2，〈幸偶〉，頁38。
〔註218〕《論衡》卷2，〈命義〉，頁45。
〔註219〕《論衡》卷2，〈幸偶〉，頁37。
〔註220〕《論衡》卷1，〈命祿〉，頁26。
〔註221〕《論衡》卷1，〈命祿〉，頁20。
〔註222〕《論衡》卷1，〈命祿〉，頁25～26。

厚薄不同。王充曰：

> 俱稟元氣，或獨爲人，或爲禽獸；並爲人，或貴或賤，或貧或富；
> 富或累金，貧或乞食，貴至封侯，賤至奴僕，非天稟施有左右也，
> 人物受性有厚薄也。俱行道德，禍福不鈞；並爲仁義，利害不同。
> 晉文修文德，徐偃行仁義，文公以賞賜，偃王以破滅。〔註223〕

> 非唯人行，物亦有之。長數仞之竹，大連抱之木，工技之人裁而用
> 之，或成器而見舉持，或遺材而遭廢棄。非工技之人有愛憎也，刀
> 斧如有偶然也。〔註224〕

王充強調，氣厚氣薄因於父母施氣之時，不可變更，非天故意異之，或是選擇性的差異。然而，相對於世人對明顯可見的富貴貧賤差異的價值考量，王充對聖人、異人之命是否與常人不同也作出了回應。這些回應在某種程度上也透露出王充對其自身命的惶惑不安。因此依各篇內容，可以對王充命論作一初步清理：〈命祿〉、〈命義〉、〈氣壽〉、〈幸偶〉、〈偶會〉、〈骨相〉等六篇爲王充命論中的總論，〈奇怪〉、〈吉驗〉主論聖人之命是否與常人不同，〈無形〉、〈初稟〉主論貴命的可能。如是分類只爲求討論上的方便，如總論諸篇中亦可見其以聖人、貴者爲例。

首論長生不老的可能性。王充論難世所傳言人可因服藥養身而長生不死之說，曰：

> 物之變，隨氣，……人恒服藥固壽，能增加本性，益其身年也。遭時
> 變化，非天之正氣、人所受之眞性也。天地不變，日月不易，星辰不
> 沒，正也。人受正氣，故體不變。……凡諸命蠕蜚之類，多變其形，
> 易其體。至人獨不變者，稟得正也。生爲嬰兒，長爲丈夫，老爲父翁。
> 從生至死，未嘗變更者，天性然也。天性不變者，不可令復變；變者，
> 不可不變。若夫變者之壽，不若不變者。人欲變其形，輒增益其年，
> 可也；如徒變其形而年不增，則蟬之類也，何謂人願之？〔註225〕

> 人生至老，身變者，髮與膚也。人少則髮黑，老則髮白，白久則黃。
> 髮之變，形非變也。〔註226〕

〔註223〕《論衡》卷2，〈幸偶〉，頁40。
〔註224〕《論衡》卷2，〈幸偶〉，頁42。
〔註225〕《論衡》卷2，〈無形〉，頁62〜63。
〔註226〕《論衡》卷2，〈無形〉，頁66。

王充指出，「形、氣、性，天也。……人稟氣於天，氣成而形立，則命相須以至終死。形不可變化，年亦不可增加。」〔註 227〕秉正氣而生的人，會改變的只有隨年紀增長的毛髮與膚色，外形、生年是不因外因而改變。故身被毛羽的仙人之說是虛妄的。其謂：

> 圖仙人之形，體生毛，臂變爲翼，行於雲，則年增矣，千歲不死。此虛圖也。……毛羽之民，土形所出，非言爲道身生毛羽也。……不死之民，亦在外國，不言有毛羽。毛羽之民，不言之死；不死之民，不言毛羽。毛羽未可以效不死，仙人之有翼，安足以驗長壽乎？〔註 228〕

世人以爲得道而生羽，仙人爲有羽翼者，王充在此指出，毛羽之有無與得道與否並不絕對相關，更無能驗證其長生與否。是以不僅命不可因外力而復增減，形、氣亦然，因此種死生壽夭之命實決於氣。其謂：

> 稟壽夭之命，以氣多少爲主性也。……夫稟氣渥則其體強，體強則其命長；氣薄則其體弱，體弱則命短。命短則多病，壽短。〔註 229〕

其次論聖者。其謂：

> 堯……有殊奇之骨，故有詭異之驗；有神靈之命，故有驗物之效。〔註 230〕

> 黃帝聖人，本稟貴命，故其子孫皆爲帝王。帝王之生，必有怪奇，不見於物，則效於夢矣。〔註 231〕

可以看到，其說雖依循命定論的理路來說解，並企圖提出聖人帝王之出實「命中注定」的印象，然其說實又具打破當時隨物舉事、因循成說、甚至假造祥瑞以爲受命等混淆政權等說法之意。又如其謂：

> 說聖者以爲稟天精微之氣，故其爲有殊絕之知。今三家之生，以草、以鳥、以土，可謂精微乎？天地之性，唯人爲貴，則物賤矣。今貴人之氣，更稟賤物之精，安能精微乎？〔註 232〕

〔註 227〕《論衡》卷 2，〈無形〉，頁 65。
〔註 228〕《論衡》卷 2，〈無形〉，頁 66～67。
〔註 229〕《論衡》卷 1，〈氣壽〉，頁 29、28。
〔註 230〕《論衡》卷 2，〈吉驗〉，頁 84。
〔註 231〕《論衡》卷 3，〈奇怪〉，頁 165～166。
〔註 232〕《論衡》卷 3，〈奇怪〉，頁 160。

> 夫（文王）四乳，聖人證也。在母身中，稟天聖命，豈長大之後，
> 修行道德，四乳乃生？……上天壹命，王者乃興，不復更命也。得
> 富貴大命，自起王矣。〔註233〕

王充強調的是聖人先天即「受命」，非後天的某種異象得徵兆之，即「聖人之
生，奇鳥吉物之爲瑞應。必以奇吉之物見而子生謂之物之子，是則光武皇帝
嘉禾之精，鳳皇之氣歟？」〔註234〕此「受命」定義的確認，保證了聖人聖命
的可能性，並維持了受命一脈的純粹性。

最後，是對異人、貴命者的解釋。王充謂：

> 人生性命當富貴者，初稟自然之氣，養育長大，富貴之命效矣。
> 〔註235〕

> 命，謂初所稟得而生也。人生受性，則受命矣。性命俱稟，同時並
> 得，非先稟性，後乃受命也。〔註236〕

王充指出，貴命者生來即有之，而相伴而來的吉驗，只是必然而生之現象，
非後來爲之。其曰：

> 凡人稟貴命於天，必有吉驗見於地。見於地，故有天命也。驗見非
> 一，或以人物，或以禎祥，或以光氣。……蓋富貴之驗，氣見而物
> 應、人助輔援也。〔註237〕

> 吉人舉事，無不利者。人徒不召而至，瑞物不招而來，黯然諧合，
> 若或使之。〔註238〕

又以骨相爲驗證說明貴命之可能。其曰：

> 王者一受命，內以爲性，外以爲體。體者，面輔骨法，生而稟之。
> 吏秩百石以上，王侯以下，郎將大夫以至元士，外及刺史太守，居
> 祿秩之吏，稟富貴之命，生而有表見於面。故許負、姑布子卿輒見
> 其驗。〔註239〕

此亦爲承前之受命說，貴人先天即有貴命，非經後天修行改變之。骨相之於

〔註233〕《論衡》卷3，〈初稟〉，頁127。
〔註234〕《論衡》卷3，〈奇怪〉，頁164。
〔註235〕《論衡》卷3，〈初稟〉，頁124。
〔註236〕《論衡》卷3，〈初稟〉，頁125。
〔註237〕《論衡》卷2，〈吉驗〉，頁84～94。
〔註238〕《論衡》卷3，〈初稟〉，頁131。
〔註239〕《論衡》卷3，〈初稟〉，頁126～127。

命的，是用來輔助之實證佐證，〔註240〕其謂：

> 人命稟於天，則有表候以知體。……表候者，骨法之謂也。〔註241〕

> 案骨節之法，察皮膚之理，以審人之性命，無不應者。〔註242〕

> 稟氣於天，立形於地，察在地之形，以知在天之命，莫不得其實也。

〔註243〕

命既稟於天，骨法是天對命的表徵：「命在初生，骨表著見」，〔註244〕「命在於身形」，〔註245〕意謂著相決於命，骨相表現的是一人之運命。而此相「或在內，或在外，或在形體，或在聲氣，察外者遭其內，在形體者亡其聲氣」，〔註246〕因此察其骨相即知命之尊卑。

　　而若將骨相等相術作爲負有社會階層流動的意涵，〔註247〕則王充於此處

〔註240〕以骨相爲信而有徵的佐證，可能因於當時對「形法」的看法。班固嘗謂：「形法者，大舉九州之勢以立城郭室舍形，人及六畜骨法之度數，器物之形容以求其聲氣貴賤吉凶。猶律有長短，而各徵其聲，非有鬼神，數自然也。然形與氣相首尾，亦有有其形而無其氣，有其氣而無其形，此精微之獨異也。」（見《漢書》卷30，〈藝文志〉，頁1775。）其中「非有鬼神，數自然也」一語，道破了骨相在當時被視作可信的評判方式。然而祝平一在考察漢代的相人術時，也已經注意到，史書中對於看相的記載是經過高度的選擇，除了以帝王將相爲中心的敘述重心外，一般相士、平民百姓若非與上層結構相關，很難進入史籍。而流傳於社會中的看相之事，又往往只有「看得準的事件」才被人傳頌，是以經過這樣過濾所保留下來的史料不是一個隨機樣本，而只有與帝王將相相關且相得準的事件才能見於記載。（見祝平一：《漢代的相人術》（臺北：臺灣學生書局，1990年），頁10～11。）王充於《論衡》〈骨相〉篇中所採的相術例證，某種層面來看，也是屬於「相得準」的例證，且其中除帝王將相骨相事蹟外，所引之黃霸初仕之事，亦見於《漢書》之中。然而這些骨相之事，或許並不能代表一個實際的普遍通則，但其在流傳過程中，對民眾所產生的準確度以及信賴感，卻不能因此而忽視之，或者是用一種所謂「科學」的態度方法檢視之。

〔註241〕《論衡》卷3，〈骨相〉，頁108。

〔註242〕《論衡》卷3，〈骨相〉，頁116。

〔註243〕《論衡》卷3，〈骨相〉，頁122。

〔註244〕《論衡》卷2，〈命義〉，頁52。

〔註245〕《論衡》卷3，〈骨相〉，頁120。

〔註246〕《論衡》卷3，〈骨相〉，頁123。

〔註247〕祝平一在考察漢代相人術對社會的影響，以及時人對相人術的態度時，指出看相行爲於當時社會，不論其施用對象爲帝王、帝后或將相大臣，都具有暗示一個社會階層流動的可能。人們藉由看相行爲，期望能獲致更好的社會階層。如其以明德馬后、章德竇后爲例，言二者在其家道衰微之時，「家

承認骨相之說的準確性，或許亦意謂了藉由一個可預知的社會流動範圍的施用方法，能解消人們對時宜之忌的過分期待以獲福的可能，並從而使社會流動趨於理性與秩序。〔註248〕

　　從以上論證可知，王充之命定論，不當被看成是他個人對生命無根著的惶惶不安；而其提出（或回應）了世人對貴命等「異於」常人之命的憧憬，反映的也不是其一己之宿命感。甚至他將命與遇相連，以富貴逢達之結論論個體本命，認為「貴富有命祿，不在賢哲與辯慧」，〔註249〕意既不在否定才智的可能、也非否認修為的必須，其用心都在轉移民眾對其一己之命的過度專注，以及民眾為求貴命而干犯法禁之諸種作為。

（二）王充的禍福觀

　　根源於民眾強調的「避禍保身」態度，作為民間秩序的時宜之忌，提供了一套不同於政策的行為準則。其間的衝突問題，已於本章一、二節中初步論述，以下再從禍福之防、禍福之行二方面論述。

1. 禍福之防

　　時宜忌諱不僅代表了民眾在面對生命、生活中的困境時，所形成的一套生活準則，更反映了人們對吉凶禍福的心態。在禍福之防上，主要討論的是人們趨吉避凶心態下所表現出的一些相應做法，與下所討論的「禍福之行」不同處，在於此處之防主要針對「規避」的議題，即一被動的防制措施，而不是一個主動要求的行徑。在王充所討論的八種時宜之禁中，均蘊含了一套禍福對應方式。而禍福問題除了表面的好運壞運，「禍」的部分更包括了疾病、刑罰、獲罪等。如其指出：

> 諸工技之家，說吉凶之占，皆有事狀。宅家言治宅犯凶神，移徙言忌歲月，祭祀言觸血忌，喪葬言犯剛柔，皆有鬼神兇惡之禁，人不忌避，有病死之禍。〔註250〕

人將恢復家運的希望寄託在他們的長女身上，而他們的手段竟是請來相工問其女命相之善惡。」故而二后入宮。同時，武帝對高大之人的喜愛，也表現在對丞相的選擇上。車千秋即為明例。見祝平一：《漢代的相人術》，頁109～180。

〔註248〕對此祝平一亦有注意，其認為王充之命定，乃基於破除世人對禍福的期望。見祝平一：《漢代的相人術》頁168。

〔註249〕《論衡》卷1，〈命祿〉，頁21。

〔註250〕《論衡》卷23，〈四諱〉，頁969。

裁衣有書，書有吉凶，凶日制衣則有禍，吉日則有福。〔註251〕

世俗信禍祟，以爲人之疾病死亡，及更患被罪、戮辱歡笑，皆有所犯。起功、移徙、祭祀、喪葬、行作、入官、嫁娶，不擇吉日，不避歲月，觸鬼逢神，忌時相害。故發病生禍，挂法入罪。至於死亡，殫家滅門，皆不重慎，犯觸忌諱之所致也。〔註252〕

圖宅術曰：宅有八術，以六甲之名數而第之，第定名立，官商殊別。宅有五音，姓有五聲，宅不宜其姓，姓與宅相賊，則疾病死亡，犯罪遇禍。〔註253〕

是以時日之忌除了表現人們「追求一己之福」的慾望外，更重要的是要「避禍保身」，〔註254〕除了然而這些能消災解厄之法，對王充來說都是虛妄之術，而能操控以愚民。王充認爲，凡人在世不能不有爲，有爲則必有好壞，而以此好壞來作爲認定禍福的標準，是不正確的觀念。其謂：

凡人在世，不能不作事，作事之後，不能不有吉凶。見吉則指以爲前時擇日之福，見凶則剌以爲往者觸忌之禍。……以爲天地之書，賢聖之術也。人君惜其官，人民愛其身，相隨信之，不復狐疑。……奸書僞文，由此滋生。〔註255〕

正因爲如是的禍福觀促使其所衍伸之時宜之禁實際操控了人民的生活，使民眾遇事不去尋求更理性的解決方式，不相信聖賢之言，而從這些左道上抓取虛妄的禍福。而要破除這些虛妄之術，王充採取三種方式，而此方式間並不是絕對的互相獨立，而是依禁忌的運作方法交相或增替使用。其一，是解除這些時宜之忌的神秘力量。其二，是以命定論來抗衡禍福說，企圖將禍福的對應、影響力降到最低。其三，從時宜之忌的源初意義或施行原理中找出產生的本因，從而說明其產生槪基於當時的某種（些）生活困境，並無禍福功效。以下分述之。

〔註251〕《論衡》卷23，〈譏日〉，頁994。
〔註252〕《論衡》卷24，〈辨祟〉，頁1008。
〔註253〕《論衡》卷25，〈詰術〉，頁1027。
〔註254〕此處並沒有要將禍、福這組概念拆散來說的意思。事實上，「避禍」本身足以包含「求福」之意，然「求福」卻不必然涵蓋「避禍」。當然，本文此處之說法更沒有要與蒲慕州「追求一己之福」之說相辯駁之意，而僅是就王充對這些時日之忌的描述上看，「避禍」的成分似乎要比「求福」來的多。
〔註255〕《論衡》卷24，〈辨祟〉，頁1008～1009。

其一，去除「神」祕力量。王充指出：

夫天地之神，用心等也。人民無狀，加罪行罰，非有二心兩意，前
後相反也。移徙不避歲月，歲月惡其不避己之沖位怒之也。〔註256〕

鬼神罪過人，猶縣官謫罰民也。民犯刑罰多非一，小過宥罪，大惡
犯辟，未有以無過受罪。無過而受罪，世謂之冤。今巳、酉之家，
無過於月歲，子、寅起宅，空為見食，此則歲冤無罪也。〔註257〕

神莫過於天地，天地不害人。人謂百神，百神不害人。太歲之氣，
天地之氣也，何憎於人，觸而為害？〔註258〕

在此三段引文中，王充均在說明，神則神之，不會無故使人遇禍遭罰，禍起
必有過，無過不罰。禍既不足信，福亦不足徵。

其二，以命定說打破可以後天改變的、浮動的禍福之命。王充謂：

天下人民，天壽貴賤，皆有祿命，操行吉凶，皆有衰盛。祭祀不為
福，福不由祭祀。世信鬼神，故好祭祀。〔註259〕

禍福之至，時也；死生之到，命也。人命懸於天，吉凶存于時。命
窮，操行善，天不能續。命長，操行惡，天不能奪。……世間不行
道德，莫過桀、紂；妄行不軌，莫過幽、厲。桀、紂不早死，幽、
厲不夭折。由此言之，逢福獲喜，不在擇日避時；涉患麗禍，不在
觸歲犯月，明矣。〔註260〕

以命定論來駁斥時宜之忌，是王充與一般循吏最大的不同處。他指出了人最根本
的遭遇以及結果，戳破時宜之忌具改運避禍的詐偽之名。因此王充的命定論主
張，不當僅被看成是對自身時運不佳的曉悟，而應該從其對禍福觀念上來理解。

其三，從時宜之忌之源論其設立意義，以此作進一步的解釋以解消其神
異性。其謂：

工伎之人，見今人之死，則歸禍於往時之徙。俗心險危，死者不絕，
故太歲之言，傳世不滅。〔註261〕

〔註256〕《論衡》卷23，〈瞯時〉，頁981。
〔註257〕《論衡》卷23，〈瞯時〉，頁982。
〔註258〕《論衡》卷24，〈難歲〉，頁1025。
〔註259〕《論衡》卷25，〈解除〉，頁1043。
〔註260〕《論衡》卷24，〈辨祟〉，頁1009。
〔註261〕《論衡》卷24，〈難歲〉，頁1026。

祭祀之曆，亦有吉凶。假令血忌月殺之日固凶，以殺牲設祭，必有
患禍。〔註262〕

如鬼神審有知，與人無異，則祭不宜擇日。如無知也，不能飲食，
雖擇日避忌，其何補益？實者，百祀無鬼，死人無知。百祀報功，
示不忘德。死如事生，示不背亡。祭之無福，不祭無禍。祭與不祭，
尚無禍福，況日之吉凶，何能損益？〔註263〕

獨爲祭祀設曆，不爲屠工、獄吏立見，世俗用意不實類也。祭非其
鬼，又信非其諱，持二非往求一福，不能得也。〔註264〕

王充於此指出的，是企圖對這些時宜之忌提出一更符合政策意涵的定義，以
期扭轉百姓對之的不當期望。

最後，王充指出這些時宜之忌，其意當在勸人爲善，而不當危害、限制
人民生活。其謂：

若夫曲俗微小之諱，眾多非一，咸勸人爲善，使人重慎，無鬼神之
害，凶醜之禍。〔註265〕

諸言「毋」者，教人重慎，勉人爲善。……禮義之禁，未必吉凶之
言也。〔註266〕

曆上諸神非一，聖人不言，諸子不傳，殆無其實。天道難知，假令
有之，諸神用事之日也，忌之何福？不諱何禍？……王法舉事以人
事之可否，不問日之吉凶。……剛柔以慎內外，不論吉凶以爲禍福。
〔註267〕

故而這些時宜之忌，均爲利用百姓對禍福的心理造作而來，實際並無神性能
爲禍來福，信此之君昏，信此之時衰，正如其所謂「衰世好信禁，不肖君好
求福。」〔註268〕此句實際點出了時宜之忌與社會秩序之間的衝突。即若政
策可行，何以時宜之忌仍能大行其道，甚至成爲民眾爭相遵循的生活規則？

〔註262〕《論衡》卷24，〈譏日〉，頁992。
〔註263〕《論衡》卷24，〈譏日〉，頁992。
〔註264〕《論衡》卷24，〈譏日〉，頁993。
〔註265〕《論衡》卷23，〈四諱〉，頁979。
〔註266〕《論衡》卷23，〈四諱〉，頁980。
〔註267〕《論衡》卷24，〈譏日〉，頁996～997。
〔註268〕《論衡》卷24，〈譏日〉，頁991。

是以此如同警語一般的話，同時表示了王充對教化不行的憂慮。

2. 禍福之行

巫者藉由人們對禍福吉凶的興趣而矯詐鬼神，〔註269〕使王充對於人的行爲是否即能對應到禍福的表徵，或是對禍福的態度，均趨於懷疑與鄙斥的態度。他將世俗這種禍福觀念，歸趨於時命。從〈福虛〉、〈禍虛〉二篇中，不難看到王充對世俗所謂的禍福結果的批駁，面對世俗所謂「世論行善者福至，爲惡者禍來。福禍之應，皆天也，人爲之，天應之」，〔註270〕以及「世謂受福佑者既以爲行善所致，又謂被禍害者爲惡所得。以爲有沈惡伏過，天地罰之，鬼神報之。天地所罰，小大猶發；鬼神所報，遠近猶至」，〔註271〕認爲行善、爲惡與禍福間有一相對應的對等關係，王充針對行善、爲惡二種行爲討論。在前者行善部分，王充以孫叔敖殺二頭蛇事爲例言：

> 埋蛇惡人復見，叔敖賢也。賢者之行，豈徒埋蛇一事哉？前埋蛇之
> 時，多所行矣。稟天善性，動有賢行。賢行之人，宜見吉物，無爲
> 乃見殺人之蛇。〔註272〕

又論被惡者：

> 如天審罰有過之人，趙降卒何辜於天？如用兵妄傷殺，則四十萬眾
> 必有不亡，不亡之人，何故以其善行無罪而竟坑之，卒不得以善蒙
> 天之佑？白起何故獨以其罪伏天之誅？〔註273〕

可以看出王充的評論對世論的確鞭辟入裡，他巧妙的化解禍福與人事行爲的對應關係，然惜其並未將此理性持續到最後，而轉向時命之歎：

> 凡人窮達禍福之至，大之則命，小之則時。…窮達有時，遭遇有命
> 也。〔註274〕

> 案古人君臣困窮，後得達通，未必初有惡，天禍其前；卒有善，

〔註269〕林富士指出，巫者利用鬼神的力量替人招來福祥、免除禍害，這種行爲的
　　　　基本預設，是鬼神能福佑人或禍祟人。事實上，在漢代世俗的觀念中，的
　　　　確認爲鬼神對於人的禍福有某種程度的影響力。見林富士：《漢代的巫者》
　　　　頁105。
〔註270〕《論衡》卷6，〈福虛〉，頁261。
〔註271〕《論衡》卷6，〈禍虛〉，頁272。
〔註272〕《論衡》卷6，〈福虛〉，頁268。
〔註273〕《論衡》卷6，〈禍虛〉，頁275。
〔註274〕《論衡》卷6，〈禍虛〉，頁280。

神佑其後也。一身之行，一行之操，結髮終死，前後無異；然一
成一敗，一進一退，一窮一通，一全一壞，遭遇適然，命時當也。
〔註275〕

人之於世，禍福有命；人之操行，亦自致之。其安居無爲，禍福自
至，命也。其作事起功，吉凶至身，人也。〔註276〕

行善爲惡既無法導致一個更好的未來藍圖，則爲善爲惡遂不能影響人最終的
生命結果，不論是仕途上，或生命價值上，王充的推論推至極端，偏離了原
先客觀的理性判準，而無意地主觀流入對自我仕途的慨歎，無疑是失去了更
爲達觀的機會。即其謂「修身正行，不能來福；戰慄戒愼，不能避禍。禍福
之至，幸不幸也。故曰：得非己力，故謂之福；來不由我，故謂之禍。不由
我者，謂之何由？由鄉里與朝廷也。夫鄉里有三累，朝廷有三害。……古今
才洪行淑之人。遇此多矣。」〔註277〕而其念茲在茲的「在人不在鬼，在德
在祀」諸說，只能存在於其對時日之忌的批駁上。

王充命論的理論之所以成爲「命定論」，而無法堅持其對「學」的重視與
要求，在於他對「命」的理解，是出於行爲上禍福的相應關係。如韋伯指出
的，這種類似「告解」式的避禍法，與「倫理」是不相干的。〔註278〕因此，
不同於一般思想家即命說命的論點，王充對命的看法，實際是根源於其禍福
觀念。〔註279〕是以其否定隨命說，並無可避免的陷入對自己生命無根著的惶
惶不安，〔註280〕而感慨「人之在世，有吉凶之性命，有盛衰之禍福，重以遭

〔註275〕《論衡》卷6，〈禍虛〉，頁281。
〔註276〕《論衡》卷24，〈辨祟〉，頁1010。
〔註277〕《論衡》卷1，〈累害〉，頁10。
〔註278〕韋伯指出，當病厄或其他惡運的打擊使人懷疑起是否遭到某種巫術性的譴責
　　　　時，人們就會找占卜者商量，想辦法安撫不悅的精靈、鬼怪或神祇。這也是
　　　　「告解」的起源，原先與生活態度的「倫理」感化並無關聯。見韋伯：《宗教
　　　　社會學》，頁101。
〔註279〕唐君毅亦嘗指出，漢儒之三命之說，實連於禍福吉凶。見唐君毅：《唐君毅全
　　　　集　卷十二　中國哲學原論　導論篇》頁560。當然，王充在當時的重要性
　　　　以及此三命說流行的程度、分佈的階層，今天看來似乎並無法證實正像歷來
　　　　思想史上所說的如此言之鑿鑿，因此此處僅能肯定，三命說的確對王充「命」
　　　　的看法起了相當大的衝擊。
〔註280〕徐復觀曾指出，隨命之說，乃在命運的觀念中保持人的若干自主性，也是
　　　　對人生前途提供的保證。見徐復觀：〈王充論考〉，《兩漢思想史》卷二，頁
　　　　630。

遇幸偶之逢，獲從生死而卒其善惡之行，得其胸中之志，希矣。」〔註281〕

二、判斷的標準

　　誠如余英時所指出的，漢代循吏的「治民內容和方式都與儒家的原始教義是一致的」，且其在正俗上所選用的判斷標準，「是出於自覺的實踐儒家的文化理想——建立禮制或德制的秩序。」〔註282〕而王充於此所展現的，也是同樣的循吏風格。〔註283〕而如上節所展現，風俗與政策間的衝突，促使王充思考人「命」的意義，不當只停留在對禍福的期盼與追求上，因此其正俗與教化的考量，就必須有著一個更為穩固而更具權威的禮制秩序上。而從他在評判時宜之忌時屢稱「聖人」之義，諸如：

　　　卜卦占射凶吉，皆文、武之道，昔有商瞿能占爻卦，末有東方朔、
　　　翼少君能達占射覆，道雖小，亦聖人之術也。〔註284〕

　　　周文之世，法度備具，孔子意密，《春秋》義纖，如廢吉得凶，妄
　　　舉觸禍，宜有微文小義貶譏之辭。今不見其義，無《葬曆》法也。
　　　〔註285〕

　　　堪輿曆，曆上諸神非一，聖人不言，諸子不傳，殆無其實。〔註286〕

　　　孔子曰：「死生有命，富貴在天。」苟有時日，誠有禍祟，聖人何惜
　　　不言，何畏不說！〔註287〕

　　　經傳所載，賢者所紀，尚無鬼神，況不著篇籍，世間淫祀非鬼之祭，
　　　信其有神為禍福矣？〔註288〕

〔註281〕《論衡》卷2，〈命義〉，頁58。
〔註282〕見余英時：〈漢代循吏與文化傳播〉，《中國思想傳統的現代詮釋》頁224。
〔註283〕余英時在〈漢代循吏與文化傳播〉文中，業已對王充之身分，以及《論
　　　　　衡》中大量討論的民間風俗信仰有過高度重視，並已經看出《論衡》駁斥
　　　　　世俗忌諱最後往往折衷於儒家經典。然其說著重討論循吏與其溝通大、小
　　　　　傳統上的文化意涵，與本文對王充思想所作的細部梳理仍有不同。參余英
　　　　　時：〈漢代循吏與文化傳播〉，《中國思想傳統的現代詮釋》頁238～239。
〔註284〕《論衡》卷13，〈別通〉，頁600。
〔註285〕《論衡》卷24，〈譏日〉，頁992。
〔註286〕《論衡》卷24，〈譏日〉，頁996～997。
〔註287〕《論衡》卷24，〈辨祟〉，頁1009。
〔註288〕《論衡》卷25，〈祭意〉，頁1067。

又藉由「言審莫過聖人」、「聖人不言，殆非實也」等說的提出，將時宜之忌可信與否的衡量標準，放到儒家系統下，可知不論其說是基於政統或道統的考量，〔註289〕均足以說明王充在這個問題上，確實顯現出他維持政策的主體性、找回人事的現實面的積極性。〔註290〕

　　而如是正俗上判斷標準的選擇，同時也說明了王充以經典、聖人之說來收攏「百里不同風，千里不同俗」的各種風俗，顯示了王充在思考「秩序」議題上，有著「一統」的出發及期盼：期望藉由一種比政策更具權威性、經典性、不可否定性，甚至更有不可抗拒的魅力的話語，來達到統治、規範的目的。而這些聖人之言、經典之說於正俗上，亦擴大了其使用效力，而有了更多的政治色彩。

〔註289〕余英時曾就循吏「吏」與「師」的二種身分，指出「吏」代表以法令為中心的政治秩序，「師」則代表以教化為主的文化秩序，以中國原有的概念來說，即是「政」與「教」兩種傳統，也可以稱之為「政統」與「道統」。見余英時：〈漢代循吏與文化傳播〉，《中國思想傳統的現代詮釋》頁208。

〔註290〕林安梧曾指出「絕地天通」者，表示人類封住、斷絕了與鬼神的通道，真正邁入了人的世界，並且與天地有了一個普遍而恆定的關係，從而由人類的神明聖智來達成一具有必然性及合理性的天人關係。參林安梧：〈論「道」的錯置：中國文化宰制類型的一個闡析〉，收入氏著《「道」的錯置——中國政治思想的根本困結》（臺北：臺灣學生書局，2003年），頁41、45。

第四章　去僞與求眞

　　「眞僞」問題是王充「疾虛妄」的另一重點。相較於民間信仰的虛妄，此處主要針對知識份子階層上僞書叢出的現象而發。而關於僞書的議題，勞思光已指出，漢代思想之特質，在於混淆與僞作。而僞作叢出，進一步使先秦思想眞義不傳，心性成德之學大壞。〔註1〕王充〈問孔〉、〈刺孟〉二篇，旨即於此。其論孔言，乍看以爲眞是欲「傳盛業之知」而問難、論伐孔子之說，然觀王充他篇，俱以孔子之言爲論述基準，故反思其〈問孔〉之作，當是爲維護聖人之言之純不受誤解而致。故王充所謂孔、孟，當是針對是時巧借聖人之名而出之讖緯諸作之「孔學」、「孟學」。

　　而眞、僞問題，雖是在討論經書之眞僞，或讖緯、今古文之爭議等議題，然其背後之涵義，當在大道與小道之衝突上。且僞書不只是針對書籍眞僞而言，更包含任何在解經上對經書任意增減字句的說解。而從這個角度看王充對修辭的反對，就不再只是消極的不識藝術之美，而有保存聖人之言的深意。同時，從王充對漢代諸子著作及解經之作都必須符合眞與用的標準上，更能看出他對孔子之道、五經之訓的遵從。

　　然此「眞僞」之認知價值命題，對「疾虛妄」思維的討論來說，即是王充強調實證之認識論，而此認識論又直接導向對「道」的追求。必須說明的是，此處所論的知識論，與本文第六章中之知識論，討論上的出發點是不相同的。討論順序上雖同樣從認識對象、方法等述說，然此處的討論主要集中在知識主體上，即在反神化後，王充如何重新界定一知識憑藉與其中求「眞」

〔註1〕　見勞思光：《新編中國哲學史（二）》（臺北：三民書局，2001 年）頁 3～4。

的問題，而並不與第六章之知識論內容相重疊。因此以下二節將從知識論的角度分二層次思考：一是現象層，即對王充所謂虛妄之風的真偽現象作探討。此節論述重點將主要針對知識「主體」上的問題作討論，意即：真偽對比之所以成立，與古文經之興盛有極大之關聯，故此節將以當時外圍的學術思想風尚為為背景，對王充「疾虛妄」的另二個層面——知識份子階層中的真偽知識問題作清楚的劃分及指向；再回到王充所言之「認識」問題上，從認識論來源、歸屬及評判之標準的討論中，對知識進行有效的真偽辨別。

　　二是事實層，即在認知對象不同上，產生之判斷標準差距，以之為對當時學術之虛妄風氣之回應及解決之道。此部分主要針對知識「載體」的議題來作發揮。即王充之所以選擇透過對諸子傳說價值之提升，以及對鴻儒、通人之重視二方向，概基於其對知識載體「真」與「用」的要求。而此載體指的不僅是書籍著作，更包含傳授知識者。

　　而從王充自言「傷偽書俗文多不實誠，故為《論衡》之書」，〔註2〕可知以儒生為自我定位的王充，對偽書之普遍及其毒害，有著更為深刻的關懷，期以此書「垂書示後」，〔註3〕使後世明偽書危害之烈。期望藉由經由這二層次的推進，能對王充「疾虛妄」的意涵有更深刻的認識與體會。

第一節　知識階層與浮誇之風

　　雖然「《詩》無達詁，《易》無達占，《春秋》無達辭」，〔註4〕經典本身存在並包容多義性的存在，然此亦造成利祿之徒假借追求聖人本意，透過章句的形式，對經書任意增減或糝雜讖緯。〔註5〕而從論者對兩漢尚書學的研究中，看出有受到讖緯及陰陽五行的影響，使兩漢的尚書學有著「增字解經、以漢律古、名實分離」特色。〔註6〕同樣地，《論衡》（尤以三增為明）的諸多

〔註2〕　《論衡》卷30，〈自紀〉，頁1194。
〔註3〕　《論衡》卷30，〈自紀〉，頁1209。
〔註4〕　董仲舒：《春秋繁露》（蘇輿義證，北京：中華書局出版，2002年），〈精華第五〉，頁95。
〔註5〕　同時，在思想定於一尊之時，讖緯能混雜入經書，顯示其不僅符合國家政權或帝王期望，更與經書思想不衝突。本田成之即指出，前漢齊學盛行，以讖緯和方士之說，為通經治用之術。而其陰陽災異之說，想必和儒家本來的學說沒有相反。見本田成之：《中國經學史》（臺北：廣文書局，2001年），頁2。
〔註6〕　參李偉泰：《兩漢尚書學及其對當時政治的影響》（臺北：國立台灣大學文學

篇章抨擊當世任意增字以解經之說，在在都反映了此現象的流行。

　　對王充而言，「虛妄之言勝真美」是他著書之主因，而從《論衡》諸多篇章中，都可感受到他對知識階層浮誇之風的不滿與感嘆，而浮誇之風之形成，與當時經學有很大關係。本文不擬在今古文問題上作相當之著墨或提出新見，但從漢代經學的脈落，明晰王充對於知識界虛妄之風的批評與解釋，並以此作為王充對當時經學風氣的一些回應與觀點。同時，如是的觀點，不同於將學術作為政治角力的儒者，而對經學內在之問題有不同的看法。為求論述焦點之無偏，論述範圍將著重在章帝白虎議奏前後。以下分從知識階層的虛妄風氣述起，討論當時的著作以及解經之作的風氣，以及王充如何重建一套更精準的認識論來論述。

一、知識階層的虛妄風氣

　　對當時的學術風氣，從《論衡》不同篇章中，都不難發現王充對知識處理的態度有著無虛無華的要求或主張，因此王充對當時追求誇張的文風表示了不滿。其謂：

> 夫為言不益，則美不足稱；為文不渥，則事不足褒。〔註7〕

> 言事者好增巧美，數十中之，則言其百中矣。百與千，數之大者也。
> 〔註8〕

> 俗人好奇，不奇，言不用也。故譽人不增其美，則聞者不快其意；
> 毀人不益其惡，則聽者不愜於心。聞一增以為十，見百益以為千。
> 使夫純樸之事，十剖百判；審然之語，千反萬畔。墨子哭於練絲，
> 楊子哭於歧道，蓋傷失本，悲離其實也。〔註9〕

王充觀察當世對語言文字的不精準使用現象，認為是世喜於語言文字上追求誇張，言不誇則心不能滿足，事不足以顯其褒貶意，使「純樸之事，十剖百判；審然之語，千反萬畔。」由此真理不彰，事理不明，知識一片闇昧。而透過儒者之閱讀傳遞，又強化了此虛妄之風的盛行，故王充對此以「失本離實」來為此現象下強烈的判語。此亦即皮錫瑞指出的，當世「若必各務創獲，

院，1976年），頁23〜73。
〔註7〕《論衡》卷8，〈儒增〉，頁359。
〔註8〕《論衡》卷8，〈儒增〉，頁361。
〔註9〕《論衡》卷8，〈藝增〉，頁381。

苟異先儒；騁怪奇以釣名，恣穿鑿以標異」，至諸多「乖違經義」之語紛然而現。〔註10〕值得注意的是，王充雖已注意到這一層面的問題，但僅將原因歸諸於心理層面的揣測，而未能從經學之內在諸如讖緯或經學上齊學的影響，或是方士化儒生、章句浮濫等層面來作說明，使王充在經學上的地位或論述往往付之闕如，（當然，王充本身儒生的身分值得懷疑外，其關注的焦點極少放在經學上，也是造成此一現象發生的主因。）同時，因受限於學養，王充《論衡》中僅有的諸篇（以〈正說〉至〈案書〉數篇為主）對經學的源流脈絡等論述，亦存在某些錯誤認知。〔註11〕儘管如此，欲理解王充諸論之所發，必須回到當時之學術風氣上討論。

章句之興發在經學上所造成的衝擊，從夏侯勝與夏侯建之大道小道之爭中，可以看到，在追求聖人本意之正統性上，師說家法與諸子傳說成為迥然之派別，〔註12〕而章句即代表著家法。〔註13〕誠如本節前言所提，章句之先

〔註10〕見皮錫瑞：《經學歷史》（周予同注，臺北：漢京文化事業有限公司，1983年），頁139。

〔註11〕如黃彰健指出，〈正說〉提及景帝遣晁錯往受伏生尚書，誤文帝為景帝。又言宣帝時，《易》《禮》《尚書》各益一篇，《書》指〈泰誓〉等，顯示王充於漢朝掌故，常有錯誤。見黃彰健：《經今古文學問題新探》（臺北：中央研究院歷史語言研究所，1992年），頁73。

〔註12〕林慶彰於〈兩漢章句之學重探〉中，對夏侯勝批評夏侯建之「章句小儒，破碎大道」一語作出明述：此處之大、小是相對語，聖人之道為大道，能通聖人之道者為大儒，反之則為小儒。而小儒之所以不通聖人大道，是因其祇顧援引資料，證成自己的論點，而棄置聖人原意。見林慶彰：〈兩漢章句之學重探〉，收入國立政治大學主編：《漢代文學與思想學術研討會論文集》（臺北：文史哲出版社，1991年），頁258。

〔註13〕戴君仁、錢穆俱認為家法即章句也。見戴君仁：〈經疏的衍成〉，收入氏著《梅園論學續集》（臺北：藝文印書館，1974年）頁102；錢穆：〈兩漢博士家法考〉，收入氏著《兩漢經學今古文平議》（臺北：東大出版，2003年8月），頁196。然關於師說、家法之別，馬宗霍認為師法者溯其源，家法者衍其流，必先有所師然後得成一家之說，然師說、家法之名互可各施。此說當從皮錫瑞來。皮氏認為前漢重師說，後漢重家法，先有師法，而後能成一家之言；又家法從師法分出。然若從夏長樸之意，認為石渠閣會議後，大量出現「由是某（經）有某家之學」語句，可以斷定章句學當從此之後產生。且所謂師說、家法者，《後漢書》中有家法之稱，如左雄上疏曰「諸生試家法」等。「師說」一詞至陳壽《三國志》始現。因此，章句在漢代經學上之意義，可能僅在於表示一種師承關係，即戴、錢二者之說。而所謂師說、家法之別，從《後漢書・宦者列傳》（蔡倫）卷78注言「各讎校家法」一句刊誤，當「謂諸儒各謂其師說為家法，後人不知，妄加一「漢」字。今據刪」中可見，當為後世（或至少是東漢以後）所分。馬氏之說見

決條件在於「五經久遠，聖意難明」，然章句之學發展到東漢，成了經義紛歧，異端紛紜的知識亂象。范曄指出：

> 守文之徒，滯固所稟，異端紛紜，互相詭激，遂令經有數家，家有數
> 說，章句多者或乃百餘萬言，學徒勞而少功，後生疑而莫正。〔註14〕

師說家法雖嚴，然各家亦有以其意講述的空間，故而才演變爲「異端紛紜，互相詭激」，至鄭玄出而「學者略知所歸」。〔註15〕同時，「異端紛紜，互相詭激」的確是促使白虎議奏之所以召開之因。而所謂的「異端紛紜」，指的正是章句之學對經義所造成的混亂。「章句謂離章辨句，委曲枝派也」，〔註16〕某種程度來說，在進行章句解說的同時，亦枝離了經書的完整性，更爲讖緯等雜說提供了依存管道。如章帝時：

> （曹）褒……次序禮事，依準舊典，雜以五經讖記之文，撰次天子
> 至於庶人冠婚吉凶終始制度，以爲百五十篇，寫以二尺四寸簡。其
> 年（按：章帝元年）十二月奏上。帝以眾論難以，故但納之，不復
> 令有司平奏。〔註17〕

因此大道與小道之爭不因石渠議奏而終，光武帝時爭立《左氏》，陳元言范升等爲「小辯破言，小言破道者也」，〔註18〕及楊終上疏曰：

> 「章句之徒，破壞大體。宜如石渠故事，永爲後世則。」於是（上）
> 詔諸儒於白虎觀論考同異焉。〔註19〕

都可以看到當時章句之學對整個漢代知識系統的衝擊與破壞，再加上帝王對讖緯的興趣，「五經之義，皆以讖決」，〔註20〕章句之學所衍伸出的問題至此以不僅是大道小道的問題，而是整個判斷標準系統的扭曲與失誤。因此章帝時的白虎議奏，雖與石渠議奏有著相同的目的，然其面對的卻是較宣帝時更

《中國經學史》（臺北：臺灣商務印書館，2000 年）頁 38～39。皮氏之說
見《經學歷史》頁 136。夏氏之說見夏長樸：〈論漢代學術會議與漢代學術
發展的關係──以石渠閣會議的召開爲例〉，收入國立政治大學中國文學系
主編：《第三屆漢代文學與思想學術研討會論文集》（臺北：國立政治大學
中國文學系，2000 年），頁 101。

〔註14〕《後漢書》卷 35，〈張曹鄭列傳〉贊，頁 1213。
〔註15〕《後漢書》卷 35，〈張曹鄭列傳〉贊，頁 1213。
〔註16〕《後漢書》卷 28 上，〈桓譚列傳〉，頁 955 注 3。
〔註17〕《後漢書》卷 35，〈張曹鄭列傳〉，頁 1203。
〔註18〕《後漢書》卷 36，〈鄭范陳賈張列傳〉，頁 1231。
〔註19〕《後漢書》卷 48，〈楊終列傳〉，頁 1599。
〔註20〕皮錫瑞：《經學歷史》，頁 109。

混亂的家法場面。其詔曰：

> 詔曰：「蓋三代導人，教學為本。漢承暴秦，褒顯儒術，建立五經，
> 為置博士。其後學者精進，雖曰承師，亦別名家。孝宣皇帝以為去
> 聖久遠，學不厭博，故遂立大、小夏侯《尚書》，後又立京氏《易》。
> 至建武中，復置顏氏、嚴氏《春秋》，大、小戴《禮》博士。此皆所
> 以扶進微學，尊廣道蓺也。中元元年詔書，五經章句煩多，議欲減
> 省。至永平元年，長水校尉儵奏言：先帝大業，當以時施行。欲使
> 諸儒共正經義，頗令學者得以自助。孔子曰：『學之不講，是吾憂也。』
> 又曰：『博學而篤志，切問而近思，仁在其中矣。』於戲，其勉之哉！」
> 於是下太常、大夫、博士、議郎、郎官及諸生、諸儒會白虎觀，講
> 議五經同異，使五官中郎魏應承制問，侍中淳于恭奏，帝親稱制臨
> 決，如孝宣甘露石渠故事，作白虎議奏。〔註21〕

如果西漢時石渠閣會議的影響是增加了經學解釋上家法的出現，〔註22〕以及
有著儒家經典正典化意義的話，〔註23〕吾人可以反思，有著相同正五經疑義
目的的白虎議奏，其因卻是源於石渠議奏後發展的章句之學所帶來的浮濫，
且在會議之後，官學仍不免遭致「章句漸疏，而多以浮華相尚，儒者之風蓋
衰矣」之評議，〔註24〕即經學不僅最終必須面臨僵化的窘境，更失去了經典
原初的力量與活潑性。則白虎會議的召開，在經學上之意義究竟為何？從章
帝之詔中，可以發現章句之學到了東漢已經開枝散葉，分衍出更多派別，加
上章句繁雜，「幼童守一藝，白首而後能言」，〔註25〕或為議定章句而死於燭
下。同時，經學上「黨同門，妒道真」的現象，〔註26〕即使有了官定解釋也
不能使各家遵從。加上在實際的選鑑制度上，儒生意說之普遍，〔註27〕而左

〔註21〕《後漢書》卷3，〈肅宗章帝紀〉，頁137～138。

〔註22〕夏長樸指出石渠閣會議對漢代學術最大的影響，就是章句學的出現。見夏長
樸：〈論漢代學術會議與漢代學術發展的關係——以石渠閣會議的召開為
例〉，《第三屆漢代文學與思想學術研討會論文集》頁103。

〔註23〕參林啟屏：〈論漢代經學的「正典化」及其意義——以「石渠議奏」為討論中
心〉，收入國立政治大學主編：《第四屆漢代文學與思想學術研討會論文集》（臺
北：新文豐出版股份有限公司，2003年），頁205～248。

〔註24〕《後漢書》卷79上，〈儒林列傳〉，頁2547。

〔註25〕《漢書》卷30，〈藝文志〉，頁1723。

〔註26〕《漢書》卷36，〈劉歆列傳〉，頁1971。

〔註27〕和帝十四年，司空徐防上疏曰：「……太學試博士弟子，皆以意說，不修家
法。……臣以為博士及甲乙策試，宜從其家章句，開五十難以試之。解釋多

雄之疏又僅在強調「諸生試家法」，非要求採用官定之白虎議奏條例，都可以看出當時經學上的爭論紛紜，大大減低此場議奏的效用。

由此對比王充所論，可知其所言僅是一現象層問題，其所感覺到的僅是「附會以神其說」之作中所散發出的神異現象，〔註28〕可知長期處於底層吏階層的王充，並沒能關注到主要的問題核心。〔註29〕

二、章句之學與王充的知識體系

如上所論，「後漢尙讖記，不引讖記，人不專經」。〔註30〕透過以上對章句之學在當時所引發的知識亂象，則吾人可以反思王充備受爭議的〈問孔〉、〈刺孟〉二篇，其用意當非問「孔子」、論「孟子」，而是針對當世之「孔學」、「孟學」，以及主要是託名孔子之名而成的讖緯之書加以撻伐。〔註31〕故王充論述之旨當在還原聖賢本意，對當時破碎聖人大道之儒者一記棒喝。而其將認識對象直接指向孔孟，表示出唯有針對來源本身，才有化解當時異端紛紜亂象的可能。因此王充在〈問孔〉上的諸多疑難，其實都是在面對章句之徒破壞大道上，急欲對傳世文獻作出一種思想釐清。而二篇中若干對孔、孟之詢問，正足以顯示王充對聖人本意的一種探索與求證。而從上對當時學術風氣之論述，可以看出

　　　　者爲上第，引文明者爲高說。……」上從之。《後漢書‧徐防傳》，頁 1500
　　　　～1501。
〔註28〕紀昀：《四庫全書總目提要‧經部‧易類六》附錄，頁184。
〔註29〕而這一點也足以使我們懷疑，王充本傳中之「不守章句」，甚至師事班彪二事
　　　　之可能性及眞實性。首先，若承認王充師事班彪的可能性，其當能明所謂章
　　　　句學者破碎大道之義。從班固在《漢書‧藝文志》云「儒家者流……然惑者
　　　　既失精微，而辟者又隨時抑揚，遠離道本，苟以譁眾取寵，後進循之，是以
　　　　五經乖析，儒學寖衰，此辟儒之患。」以及「後世經傳既以乖離，博學者又
　　　　不思多聞闕疑之義，而務碎義逃難，便辭巧說，破壞形體；說五字之文，至
　　　　於二三萬言。後進彌以馳逐，故幼童守一藝，白首而後能言；安其所習，毀
　　　　所不見，終以自蔽。此學者之大患也。」等說，都可以清楚見到班固「所學
　　　　無常師，不爲章句，舉大義而已」（而此亦爲范曄《後漢書》中語）之精神。
　　　　然王充卻僅能發「使夫純樸之事，十剖百判；審然之語，千反萬畔」等語，
　　　　儘管同樣承認知識、語句上之失本離實，然王充之思考層次即明顯與班固有
　　　　別。故其本傳之說或爲後人、范曄等美言增之。
〔註30〕皮錫瑞：《經學歷史》頁122。
〔註31〕然至於王充於此二篇，對孔、孟之論說是否眞能切中要害，或其論說是否合
　　　　理，或是否僅是就其處事方法而論，將於第六章處詳加探討。綜觀全書，王
　　　　充強烈尊孔崇孟之意實不容忽視，歷來有論者以此二篇論王充妄爲者，實未
　　　　明王充本意。

二趨向：一是章句學的崩解，二是意說的風尚。二者看來似爲一事，然前者代
表認識來源的多元，後者表示認識判準上一種新的開放。從此二趨向可將王充
之認識論梳理爲二，一爲認識來源與歸屬，二爲判斷方法，而二者之中所應運
對鴻儒、通人的追求，將於下節論述。此部分主在處理在去除常人所熟習仰賴
的帶有神異色彩的知識之後，王充要如何建立一套新的知識體系，然此體系又
略異於王充自己的知識論，而主要針對客觀大環境下的知識體系。而從上述當
時章句學對知識體系的破壞，我們可以再細分爲二，其一是章句學的破碎大道，
其二是讖緯神學的扭曲神化。以下分從認識來源及判斷方法二層分述之。

（一）認識來源及歸屬：對師說家法的反對

從劉歆論世儒「信口說而背傳記，是末師而非往古」始，隨著知識來源
的豐富，師法的地位開始有了動搖。守信師說，「以爲賢聖所言皆無非，專精
講習，不知難問」，〔註32〕其蔽也惑。此對於學問之理解只在「專精講習」，
即使有惑亦「不知難問」，長久必導致「安其所習，毀所不見，終以自蔽。此
學者之大患也」。〔註33〕因此王充指出：

> 案賢聖之言，上下多相違；其文，前後多相伐者。世之學者，不能
> 知也。……聖人之言，不能盡解。說道陳義，不能輒形。不能輒形，
> 宜問以發之；不能盡解，宜難以極之。〔註34〕

王充認爲，世人諸多信以爲眞之事，其實並不表示著眞理，而只是合於常識，
故其從認識論的角度出發，認爲所謂的賢聖之言中，其實並不若世儒所以爲
的眞確，反而存在諸多疑難。其又有言：

> 凡學問之法，不爲無才，難於距師，核道實義，證定是非也。問難
> 之道，非必對聖人及生時也。世之解說說人者，非必須聖人教告，
> 乃敢言也。苟有不曉解之問，追難孔子，何傷於義？誠有傳聖業之
> 知，伐孔子之說，何逆於理？〔註35〕

在王充的認識體系中，特別突出眞理的份量，認爲「核道實義，證定是非」
才是爲學之道，而經師只是傳授智業的媒介，其傳既「非必須聖人教告，乃
敢言也」，則其言自不足以作爲一種認識上的最後依歸。王充此論在藉由矮化

〔註32〕《論衡》卷9，〈問孔〉，頁395。
〔註33〕《漢書》卷30，〈藝文志〉，頁1723。
〔註34〕《論衡》卷9，〈問孔〉，頁395～396。
〔註35〕《論衡》卷9，〈問孔〉，頁397。

經師的知識高度，表示出對章句學的反動，以及對聖人義理的追求。對同樣持有「今論者沉溺所習，翫守舊聞，固執虛言傳受之辭，以非親見實事之道」〔註36〕等反對師說家法的儒者來說，王充的主張對當時儒生在實際層面上，的確具指引之效。

在不信「傳受之辭」的情況下，可以作爲認識依歸的，僅有聖人所明言的紀錄，即《五經》、《爾雅》之類。其謂「《爾雅》之書，《五經》之訓故，儒者所共觀察也」，〔註37〕說明王充不以師說家法爲依歸，而將認識對象直指聖人之言。其謂：

> 蜚流之言，百傳之語，出小人之口，馳閭巷之間，其猶是也。諸子
> 之文，筆墨之疏，人賢所著，妙思所集，宜如其實，猶或增之。儻
> 經藝之言，如其實乎？言審莫過聖人，經藝萬世不易，猶或出溢，
> 增過其實。增過其實，皆有事爲，不妄亂誤以少爲多也。然而必論
> 之者，方言經藝之增，與傳語異也。〔註38〕

王充認爲「言審莫過聖人，經藝萬世不易」，此都不免受經師傳授解說時增過其實，因此現在要知道原初聖人本意究竟爲何，以及化解「經藝謬雜，眞僞錯亂」的現象，就當直接面對聖人文本。而保存聖人文本最齊備處，當在漢代的諸子著作上。又以時人對《尙書》之解說爲例：

> 《尚書》二十九篇殘而不足，有傳之者，因不足之數，立取法之說，
> 夫聖人之意，違古今之實。夫經之有篇也，猶有章句也；有章句，
> 猶有文字也。文字有意以立句，句有數以成章。〔註39〕

時人將《尙書》篇章皆視爲有聖人之微言大義，而由此給予陰陽五行或是讖緯學說諸多附會可能，對此王充主張，經典之立篇章，皆自然而爲，非有意說，並謂：

> 說事者好神道以恢義，不肖以遭禍，是故經傳篇數，皆有所法。考
> 實根本，論其文義，與彼賢者作書，無與異也。故聖人作經，賢者
> 作書，義窮禮意，文辭備足，則爲篇矣。其立篇也，種類相從，科
> 條相附。殊種異類，論說不同，更別爲篇，意異則文殊，事改則篇

〔註36〕《後漢書》卷36，〈鄭范陳賈張列傳〉，頁1230～1231。
〔註37〕《論衡》卷17，〈是應〉，頁765。
〔註38〕《論衡》卷8，〈藝增〉，頁381。
〔註39〕《論衡》卷28，〈正說〉，頁1129。

更，據事意作，安得法象之義乎？〔註40〕

王充認為，「種類相從，科條相附。殊種異類，論說不同，更別為篇，意異則文殊，事改則篇更，據事意作，安得法象之義乎？」篇章之立乃依循論說同異而定，非有深意。此是企圖將聖人本意從過於神化的氛圍中解放出來。而這樣的解釋同時可以看出，王充相對於時人不同的思維方式。首先，他將證偽的標準放在神異與否上，雖有「附會以神其說、又益以妖妄之詞」的意涵，〔註41〕但也顯示了王充只見神異現象之一面。其次，他將世儒所認為的《尚書》篇章，從神秘的解釋中拉回到現實本身，說明王充在面對經典的時候，其所以信服的原因在於聖人之言準確，而非將之視為一種不可牴觸的神聖性。再次說明了王充在要求實證與合於事實上的面向。

（二）判斷方法：意說與「知」的問題

儒生意說之嚴重，從徐防對人才選鑑制度之疏，論「太學試博士弟子，皆以意說，不修家法。……臣以為博士及甲乙策試，宜從其家章句，開五十難以試之。解釋多者為上第，引文明者為高說」中，〔註42〕可以看到儒生普遍以意說為尚，到了要倚賴政治的力量規範之。然意說之出現及風行不僅源於章句學的崩解或僵化，如班固所謂的「隨時仰揚，遠離道本，苟以譁眾取寵，後進循之」〔註43〕、「碎義逃難，便辭巧說，破壞形體；說五字之文，至於二三萬言」等論，〔註44〕更是相應於知識來源多元化後的發展。因此，相對於「論者沉溺所習，翫守舊聞，固執虛言傳受之辭，以非親見實事之道」，〔註45〕以及「分文析字，煩言碎辭，學者罷老且不能究其一藝」的經學風氣下，意說展現了另一種新的視野，以及對通儒博學者的企慕，如許慎所謂：「狙曰馬頭人為長，人持十為斗，虫者屈中也……俗儒嗇夫，翫其所習，蔽所希聞，不見通學」。〔註46〕

王充對這些無以能發明聖人本意的傳注，提出檢驗的方法。其謂：

〔註40〕《論衡》卷28，〈正說〉，頁1131。
〔註41〕紀昀：《四庫全書總目提要・經部・易類六》附錄論讖緯，頁184。
〔註42〕徐天麟：《東漢會要》第11卷，〈文學上〉頁112。《後漢書》，〈徐防列傳〉，頁1500～1501。
〔註43〕《漢書》卷30，〈藝文志〉，頁1728。
〔註44〕《漢書》卷30，〈藝文志〉，頁1723。
〔註45〕《後漢書》卷36，〈鄭范陳賈張列傳〉，頁1230。
〔註46〕許慎：《說文解字注・序》（段玉裁注，臺北：藝文印書館，1997年）頁770。

> 凡天下之事，不可增損，考察前後，效驗自列。自列，則是非之實
> 有所定矣。〔註47〕

他指出將各家解釋之文逐條列出，對比以爲實證，經由條列後，與聖人經義相對，真偽高下立現，則是非可定。又指出：

> 夫幽冥之實尚可知，沈隱之情尚可定，顯文露書，是非易見，籠總
> 並傳非實事，用精不專，無思於事也。〔註48〕

> 論不實事考驗，信浮淫之語；不遇去齊，有不豫之色；非孟子之賢
> 效與俗儒無殊之驗也？〔註49〕

因此對王充來說，「驗證」是他檢驗真偽的唯一途徑，然其雖有言「心」之作用，但對於他所檢驗之知識，包括讖緯夾雜的經義，很大程度爲原始思維，而原始思維的認識論僅僅是就表現之表象而言，而其中所延伸關聯的想像，更多是「心」的作用或誤導所致，其最初的感知「並不是客觀的特徵而是觀象學的特徵」，〔註50〕故其中人與自然之間的連結是人爲的，而非自然的，此正是王充欲極力破除的部分。因此其在驗證上不免落於外圍的以同類事物進行檢證。

如其援《爾雅》以考證名實，以「醴泉」一物爲例云：

> 《爾雅》又言：「甘露時降，萬物以嘉，謂之醴泉。」醴泉乃謂甘
> 露也。今儒者說之，謂泉從地中出，其味甘若醴，故曰醴泉。二說
> 相遠，實未可知。案《爾雅》〈釋水〉章：「泉一見一否曰。檻泉正
> 出，正出，湧出也；沃泉懸出，懸出，下出也。」是泉出之異，輒
> 有異名。使太平之時，更有醴泉從地中出，當于此章中言之，何故
> 反居〈釋四時〉章中，言甘露爲醴泉乎？若此，儒者之言醴泉從地
> 中出，又言甘露其味甚甜，未可然也。〔註51〕

從條列對比的方式，才能明確真理之所在。其因即在於天下事之所以真偽不別，虛實不定，都是因爲就針對單一句話的某一點來作說解，而不顧前後因果之連貫性，造成在輾轉流傳的過程中不斷失真，積非成是。又以傳語曰「文

〔註47〕《論衡》卷7，〈語增〉，頁344。
〔註48〕《論衡》卷4，〈書虛〉，頁167。
〔註49〕《論衡》卷10，〈刺孟〉，頁458。
〔註50〕〔德〕恩斯特・卡西爾：《人論》頁119。
〔註51〕《論衡》卷17，〈是應〉，頁765～766。

王飲酒千鍾，孔子百觚」云：

> 或時紂沈湎覆酒，滂沱於地，即言以酒為池。釀酒糟積聚，則言糟
> 為丘。懸肉似林，則言肉為林。林中幽冥，人時走戲其中，則言裸
> 相逐。或時載酒用鹿車，則言車行酒、騎行炙。或時十數夜，則言
> 其百二十。或時醉不知問日數，則言其亡甲子。周公封康叔，告以
> 紂用酒期於悉極，欲以戒之也。而不言糟丘酒池，懸肉為林，長夜
> 之飲，亡其甲子。聖人不言，殆非實也。〔註52〕

他提出各種造成傳語說「飲酒千鍾、百觚」的可能性，企圖還原事實的真相，
而現象與真實間的差距，凡聖人所未言者，蓋皆非是。而所謂的聖人之言，
自然就不是解經之傳，而是透過漢代思想家流傳下的個人著作。

　　同時，相對於具有「累世經學」的新興世族，〔註53〕「細族孤門」的王
充之經學體系誠如其所自言，自書肆中來，其認識對象及對知識的判準，不
受師說家法的限制，能從自身出發，從而成為反省自我的一種意識。〔註54〕
因此當他提出「夫古人之才，今人之才也」傳達出的，可能不僅是一種貴今
賤古的進步史觀，〔註55〕更具有自我肯定的暗示。

第二節　反「神」後的知識構建

　　誠如上節所陳述，由於對經典認知對象的不同，王充認為，自「夫子沒而
微言絕，七十子終而大義乖」，〔註56〕又經秦禁、項羽火禍，聖人之言唯在漢代
諸子著作中被保存下來，故諸子的著作才是真正應該相信的說法，才是最符合
聖人大道之古意。因此相對於堅守家法的今文學者，其對知識之來源，及認知
的對象上，有了迥異的差別，而此也就成為王充在面對當時混亂的知識亂象上，

〔註52〕《論衡》卷7，〈語增〉，頁351。
〔註53〕金春峰指出，武帝之獨尊儒術政策，導致社會結構和各種力量在社會中的地位
　　　　與作用，有了新的變化。舊的豪強宗族子弟紛紛隨師學經，將整個氏族轉化為
　　　　士族。而又有經學之士通過參政成為新的士族。加上漢代經學注重師法、家法，
　　　　又形成「累世經學」的特殊現象，黨同伐異，成為另股特殊勢力與朋黨。見金
　　　　春鋒：《漢代思想史》（北京：中國社會科學院出版社，1997年）頁333～336。
〔註54〕柴熙指出對認識作用的意識，誠然較之對意志想像等作用的意識反省得更深
　　　　一層，因為在這層反省作用中，自我是以自己的認識為認識的對象。這種認
　　　　識既為事實，我們就不能不加以承認。見柴熙：《認識論》頁44。
〔註55〕《論衡》卷9，〈問孔〉，頁395。
〔註56〕《漢書》卷36，〈劉歆列傳〉，頁1968。

極力抨擊之處。而其將儒生分成鴻儒、通人等四種，顯示了在對於知識價值的認定上，承認的是個人對知識的保存，而不是透過譜系式師法的傳承來達成，然此傳經者身分的精英化，正顯示出王充在認識論上，期望透過通人階層的成立，重建儒家道統、或說是將之重新導向正典化的可能。而王充求眞的方法，在於高舉諸子傳說的價值。而從「眞相」一詞出發，同時也帶引與其相對立的質疑，它標示的是一串以此爲圓心延伸放射出的一個圓，矗立著：現象、想像、假象、或眞相等的問題，而其下又可再分出理性或科學的論證方式或態度。此處之所以稱「眞相」而不言「眞理」，在於王充觀察到的面向，是從一現象層扣合於他心中的虛實、眞假的價值標準。而此自不免招致片面表象之譏。必須說明的是，此對眞相與眞諦的追求，不僅存在於對客觀事物現象層的判準，更存於對自己生命之實踐、關懷與安頓上，而其終點，即是「眞」──回歸聖賢言論最初之純粹意涵。相較於「中國哲學思考是以『道』而不是『眞』爲中心」的論點，〔註57〕王充對「眞」的信仰與追求確乎是個特例。而此亦正是王充對知識中「神」意識的去除的最終目的以及方式。

　　是以王充在面對當時虛妄之風時，思考的層面即不僅限於書籍、著作，更擴大到整個知識載體的問題。從王充對才智的追求上，可以看出他將人與知識之間作出緊密互動循環，即：人如何透過其知判斷知識，以及如何再經由知識的角度回頭論人。是以除了知識本體上的求眞，相對的辨僞的工作，更需要才智之士的詳加判準，使知識在傳承的過程中無有失眞危險。以下從王充對才智的追求上，論其對鴻儒、通人重視之意涵，以及所衍伸的對諸子著作的知識價值的重新界定二部分論之。

一、尚「智」論

　　思孟五行中之仁義禮智聖中智之成立，除了延續孔子之重學大於思之論外，藉由人自覺的求仁、德行之業，退者可成就個人功業，獨善其身；進者可臻兼善天下之理想，而此實際支配了漢代士人知識論及判斷準則，並成爲時人道德、生命中上之歸屬。

　　而此尚智論部分，實際又包含二層意涵，其一爲將才與性提之並論，客觀的觀照人性中才之成分；其二爲由才往外推進一步的對「智」之正面表彰。

〔註57〕〔英〕葛瑞漢：《論道者──中國古代哲學論辯》（張海晏譯，北京：中國社會科學出版社，2003 年）頁 451。

（一）才

因爲「時」主宰了一切遇的可能，在對照到自身的時候，內心所懷抱之「才」逐內化與性、命相連，並與「時」成爲二相平行之命題。而王充又將氣成爲才、性、命三項之生成因，言「稟氣有厚泊，故性有善惡也。……人之善惡，共一元氣，氣有少多，故性有賢愚」，〔註58〕逐使外在表現之「才」成爲不可能與天相抗之固定常數。其謂：

> 貴富有命祿，不在賢哲與辯慧。……懷銀紆紫，未必稷、契之才；
> 積金累玉，未必陶朱之智。〔註59〕

明確表示出，才、命、遇三者間，是一種偶合的關係，而非一種實際明確而穩健的關聯；甚而發出「以聖人之才，猶不幸偶，庸人之中，被不幸偶，禍必眾多矣」這樣近似自棄之論。〔註60〕

而其將才與性相提而論，如其謂「人性有善有惡，猶人才有高有下也」，〔註61〕其實是依循「涉官分職、任事考績」的實用的判斷意義下而生，由此進而下開魏晉以才性品評人等之風。〔註62〕值得注意的是，王充對人性的看法，又認爲人性不可任意更改，「凡人稟性也，清濁貪廉，各有操行，猶草木異質，不可復變易也」，〔註63〕實際又有著命定的味道。且其將性與道德並論，由不易之性推不變之德。

然其將心與才相論，既不若荀子之以虛心能「知一類事物之理，又兼知他類事物之理，而綜攝之，心乃成能統諸類之心」，〔註64〕使王充之心無有根

〔註58〕《論衡》卷2，〈率性〉，頁80～81。

〔註59〕《論衡》卷1，〈命祿〉，頁21。

〔註60〕《論衡》卷2，〈幸偶〉，頁43。

〔註61〕《論衡》卷3，〈本性〉，頁142。

〔註62〕龔鵬程認爲，將性與才連在一起說，或以才情命來論人性善惡，均表漢魏人之論才性，是關係到涉官分職、任事考績而定。此知人之術不僅僅是爲了藝術情趣之考量，而有實質的判斷意義。參龔鵬程：〈才性論與文人階層〉，收入氏著《中國文人階層史論》（宜蘭：佛光人文社會學院，2002年5月）頁78。而此論唐君毅亦早明言，性之品級觀念之所以立，在於人將己之性客觀化，並依標準與他人相較而觀時可定己之品等。而此性品論，又是漢儒重客觀之觀人，並恆期人之合於政教標準時所盛行。故此觀人之論與用人官人之意相連，並發展爲漢魏客觀評量人之等級論。見唐君毅：《中國哲學原論　原性篇》，唐君毅全集卷13，頁140～141。

〔註63〕《論衡》卷10，〈非韓〉頁438。

〔註64〕唐君毅：《中國哲學原論　導論篇》，唐君毅全集卷12，頁136。

著，而「根本未自覺到心之地位與作用」，〔註65〕成爲下乘之材質主義。

　　然對於此命定之才，非僅於受氣多寡而定，亦可經由後天的教化精進之，然可推移精進者唯「中人」。其謂：

> 初稟天然之姿，受純壹之質，故生而兆見，善惡可察。無分於善惡，
> 可推移者，謂中人也，不善不惡，須教成者也。……夫中人之性，
> 在所習焉。習善而爲善，習惡而爲惡也。至於極善極惡，非復在習。
> 故孔子曰：「惟上智與下愚不移。」〔註66〕

他將中人擺放至「不善不惡」的位置，顯示其是爲了因循孔子所言「惟上智與下愚不移」之論，然究其本，其對教化的功效，仍保存一命定的理路。然其對才之重視，可以其論宰我晝寢段爲例：

> 問曰：人之晝寢，安足以毀行？毀行之人，晝夜不臥，安足以成善？
> 以晝寢而觀人善惡，能得其實乎？案宰予在孔子之門，序於四科，
> 列在賜上。如性情急，不可雕琢，何以致此？使宰我以晝寢自致此，
> 才復過人遠矣。如未成就，自謂已足，不能自知，知不明耳，非行
> 惡也。曉敕而已，無爲改術也。如自知未足，倦極晝寢，是精神索
> 也。……且論人之法，取其行則棄其言，取其言則棄其行。今宰予
> 雖無力行，有言語。用言，令行缺，有一概矣。今孔子起宰予晝寢，
> 聽其言，觀其行，言行相應，則謂之賢。是孔子備取人也。毋求備
> 於一人之義，何所施？〔註67〕

王充將問題轉向才的部分，強調宰我言語科上的成就，甚至爲其晝寢之行開脫，說其或是「自知未足，倦極晝寢，是精神索也」。而其言「論人之法，取其行則棄其言，取其言則棄其行」，說明人無完備，唯才爲重。甚至將「才」與聖賢文章作應証，又與漢事連結爲證，其謂：

> 孔子曰：「才難」，能推精思，作經百篇，才高卓譎，希有之人也。……
> 張霸推精思至於百篇，漢世寡類，成帝敕之，不亦宜乎！〔註68〕
>
> 孝武之時，詔百官對策，董仲舒策文最善。王莽時，使郎吏上奏，
> 劉子駿章尤美。美善不空，才高知深之驗也。《易》曰：「聖人之情

〔註65〕牟宗三：《才性與玄理》（臺北：學生書局，1997 年），頁 25。
〔註66〕《論衡》卷 3，〈本性〉，頁 137。
〔註67〕《論衡》卷 9，〈問孔〉，頁 406～407。
〔註68〕《論衡》卷 20，〈佚文〉，頁 862～863。

見於辭。」文辭美惡，足以觀才。〔註69〕

而總此論點，將「才」推至經典的高度，不但展現對「才」的重視，同時顯示若將才、智推到極限，則必形成五常各行其是、唯才爲用、重才不重行等觀點。

值得注意的是，王充既開五常不相成之論，又透過「文質」並論的提示，將才性提升到德性的高度：

> 夫人有文質乃成。……夫文德，世服也。空書爲文，實行爲德。著之於衣服。故曰：德彌盛者文彌縟，德彌彰者文彌明。……官尊而文繁，德高而文積。〔註70〕

其論「德彌盛者文彌縟，德彌彰者文彌明」，將「文」成爲檢驗內在修維上的道德實踐，爲魏晉時文章「經國之大業，不朽之聖事」觀念，先行鋪路。

（二）對「智」的追求

《說文》中釋聖爲「通」，〔註71〕可見聖人在智性層面上是博通的。而通過對智識的追求，知識份子在某種程度上能與聖人有著相等的高度。而王充將思想家對道德的要求轉換至對博學人才的企望上，與當時一片強調古學與博通之風氣相契合，而鴻儒即是其所企慕之對象。

而明顯表示對「智」之追求者，主要出現於東漢的「不守章句」之家。從史書中約略可歸納出其中包括桓譚（博學多通，徧習五經，皆詁訓大義，不爲章句）〔註72〕、王充（好博覽而不守章句）〔註73〕、班固（九流百家之言，無不窮究。所學無常師，不爲章句）〔註74〕、荀淑（博學而不好章句）〔註75〕、盧植（能通古今學，好研精而不守章句）〔註76〕、梁鴻（博覽無不通，而不爲章句）〔註77〕等。〔註78〕而除在學養上對才、智的企慕外，更透過對世儒的評

〔註69〕《論衡》卷20，〈佚文〉，頁863。

〔註70〕《論衡》卷28，〈書解〉，頁1149。

〔註71〕段玉裁注：《說文解字注》，卷12上，頁598。

〔註72〕《後漢書》卷28上，〈桓譚列傳〉，頁955。

〔註73〕《後漢書》卷49，〈王充王符仲長統列傳〉，頁1629。

〔註74〕《後漢書》卷40上，〈班彪列傳〉，頁1330。

〔註75〕《後漢書》卷62，〈荀韓鍾陳列傳〉，頁2049。

〔註76〕《後漢書》卷64，〈吳延史盧趙列傳〉，頁2113。

〔註77〕《後漢書》卷83，〈逸民列傳〉（梁鴻），頁2765。

〔註78〕此六人排列順序，略依時代先後次序之，唯梁鴻生卒、活躍時代俱不詳，依史書頁碼而末之。

論表達他對智的追求，曰：

> 夫儒生之業，《五經》也，南面爲師，旦夕講授章句，滑習義理，究
> 備於《五經》可也。《五經》之後，秦、漢之事，無不能知者，短也。……
> 徒能說經，不曉上古，然則儒生，所謂盲瞽者也。〔註79〕

> 總問儒生以古今之義，儒生不能知，別各以其經事問之，又不能曉，
> 斯則坐守信師法、不頗博覽之咎也。〔註80〕

> 不能博《五經》，又不能博眾事，守信一學，不好廣觀，無溫故知新
> 之明，而有守愚不覽之闇。……夫一經之說，猶日明也，助以傳書，
> 猶窗牖也。百家之言令人曉明，非徒窗牖之開日光之照也。〔註81〕

由其對儒生僅通一經，或不曉上古之事者，蓋爲未臻博覽之境，在儒生的身分
上，他要求要能博眾事，不受章句師法所囿。故其後又有言「諸生能傳百萬言，
不能覽古今，守信師法，雖辭說多，終不爲博」〔註82〕、「使儒生博觀覽，則爲
文儒」，〔註83〕然其如此殷切的期望儒者具博覽之功，或成爲文儒，原因在於希
望透過博覽的過程，對知識有更清楚的判別能力，能知是非。其謂：

> 儒生不覽，猶爲閉闇，況庸人無篇章之業，不知是非，其爲閉闇甚
> 矣！〔註84〕

而〈超奇〉甚至將當世儒生列爲四等，最上者即爲「能陳得失，奏便宜，言
應經傳，文如星月」。〔註85〕也就是說，在王充的觀念中，唯有經由對知識無
限的吸收，才有能分辨得失是非的判斷力。而此對博覽之要求不獨在儒生，
也在於文吏，他認爲唯有博通，才有能力「舉賢薦士」。〔註86〕

除此之外，王充對五常中「智」的看法也很值得注意。其謂：

> 智與仁，不相干也。有不知之性，何妨爲仁之行？五常之道，仁、
> 義、禮、智、信也。五者各別，不相須而成。故有智人、有仁人者，
> 有禮人、有義人者。人有信者未必智，智者未必仁，仁者未必禮，

〔註79〕 《論衡》卷12，〈謝短〉，頁555。
〔註80〕 《論衡》卷12，〈謝短〉，頁557。
〔註81〕 《論衡》卷13，〈別通〉，頁592～593。
〔註82〕 《論衡》卷13，〈效力〉，頁580。
〔註83〕 《論衡》卷13，〈效力〉，頁581。
〔註84〕 《論衡》卷13，〈別通〉，頁591。
〔註85〕 《論衡》卷13，〈超奇〉，頁607。
〔註86〕 《論衡》卷13，〈效力〉，頁581。

禮者未必義。〔註87〕

失去了「仁」爲中心，五常個別行之，「不相須而成」僅能爲分別義，而不爲相乘義。然此固爲王充支離之解，然從上論「才」中，王充論宰我晝寢一事的態度，及此處論智不論仁，都可看出在對「智」的無限上綱中，才智與道德間已經失去了絕對的聯繫或互相牽制的作用。

二、對鴻儒、通人重視之意涵

關於鴻儒、通人議題，有論者曾從經學的脈落上看，鴻儒、通人的出現似乎僅是基於光武帝明暢經學，且古文學說之興，使儒生在口傳之外又多了古文之參考書，使一人能有通數家學說之便宜。〔註88〕然若以白虎議奏爲思考基點，則自西漢末年桓譚言賈逵爲通人之說，此通人、鴻儒的興起，與東漢章帝時爲正五經疑義而召開的白虎議奏之間，有著什麼樣的關係？而王充之所以對儒生作清楚的列等劃分，並彰顯通人、鴻儒的價值，背後有著什麼樣的社會意涵？從范曄所謂：

> 其者名高義開門受徒者，編牒不下萬人，皆專相傳祖，莫或訛雜。至有紛爭王庭，繁其章條，穿求崖穴，以合一家之說。……夫書理無二，義歸有宗，而碩學之徒，莫之或徙，故通人鄙其固焉。〔註89〕

以及紀昀評兩漢經學言：

> 自漢京以後垂二千年，儒者沿波，學凡六變。其初專門授受，遞稟師承，非惟詁訓相傳，莫敢同異，即篇章字句，亦恪守所聞，其學篤實謹嚴，及其弊也拘。〔註90〕

「固」、「拘」都表達出，相對於官學之章句形式，通人階層不守章句，〔註91〕打破家法的分界。且在對經典義理的掌握上，通人顯然更能明其本意，明顯與當時學術主流立於對立的位置。而此現象除了緣由於「異端紛紜，互相詭激」，

〔註87〕 《論衡》卷9，〈問孔〉，頁408。

〔註88〕 見本田成之：《中國經學史》（臺北：廣文書局，2001年）頁158。案，此說近於皮錫瑞看法。皮氏謂經學初興，藏書始出，故前漢多專一經，罕能兼通。加上章句齊備，文采漸彰，故過於前人之質樸而更加恢張。見皮錫瑞：《經學歷史》（周予同注，臺北：漢京文化事業，1983年）頁127。

〔註89〕 《後漢書》卷79下，〈儒林列傳〉贊，頁2588～2589。

〔註90〕 紀昀：《四庫全書總目提要・經部總序》，頁49。

〔註91〕 從「（鄭）玄質於辭訓，通人頗識其繁」的敘述上，吾人亦可看出通人階層不守章句之性格。見范曄：《後漢書》卷35，〈鄭玄列傳〉，頁1212。

〔註92〕從章帝詔令作白虎議奏中，已出現蛛絲馬跡。章帝之詔點出了章句學二問題，其一是「雖曰承師，亦別名家」，其二是章句繁多。二者恰分屬二層次，前者在指出在知識來源上的混亂不明，後者在說明過度運用章句解經，顯示此法之浮濫，同時也暗示了一種物極必反的可能開端。因此通人的產生，可能不僅表示「苦家法繁雜」〔註93〕或「學問格局太小，不符博通要求」〔註94〕的心理及運用層次之問題，更代表了相對於章句家師說家法之另種知識結構的出現。此種打破線性（甚或是網狀）的知識傳承系統，而轉成儒者個人，或反過來說，成為某種層級之儒者（在王充的體系中，要是世儒以上者）才擁有傳經的身分，無疑是另種傳經者身分的精英化。同時，隨著白虎議奏的召開，通人不隨之消失，其勢力反而更形擴大，從對鄭玄「括囊大典，網羅眾家，刪裁繁誣，刊改漏失，自是學者略知所歸」的評價上，〔註95〕可以知道這樣的現象，不僅是一種新文化時尚的表現，更昭示了在知識上對兼通的需求與急迫性，具有嚴肅的社會意涵。〔註96〕

　　除此之外，通人之興起，對王充來說，不僅在於提供了一種新的知識典範，更有著「感僞起妄」的意義與價值，即肩負有用於世、教化之責，然而最重要的，還是傳承儒家道統，以及標榜知識價值的存在義。因此如班固所謂：

> 儒家者流……然惑者既失精微，而辟者又隨時仰揚，遠離道本，苟
> 以諞眾取寵，後進循之，是以五經乖析，儒學寖衰，此辟儒之患。
> 〔註97〕

及許慎《說文解字‧序》中所指：

> 俗儒啚夫，翫其所習，蔽所希聞，不見通學，未嘗睹字例之條，怪
> 舊蓺而善野言，以其所之為秘妙，究洞聖人之微旨。〔註98〕

二者從道統承續的角度，指出當時的學者為謹守家法小道而鄙棄大道。唐晏

〔註92〕范曄：《後漢書》卷35，〈張曹鄭列傳〉贊，頁1213。

〔註93〕皮錫瑞：《經學歷史》頁149。

〔註94〕林慶彰：〈兩漢章句之學重探〉，《漢代文學與思想學術研討會論文集》頁271。

〔註95〕《後漢書》卷35，〈張曹鄭列傳〉贊，頁1213。

〔註96〕葛兆光亦指出，東漢博學通儒的知識主義傾向，使當時知識階層的知識取徑大大拓展，而這種知識拓展的直接後果，正好就是瓦解了儒學經典作為知識的唯一性，各種駁雜的知識成了人們閱讀的熱門。見葛兆光：《中國思想史　導論　思想史的寫法》（上海：復旦大學出版社，2003年）頁29。

〔註97〕《漢書》卷30，〈藝文志〉，頁1728。

〔註98〕段玉裁：《說文解字注》頁770。

更清楚指出：

> 按兩漢儒者，守師說甚堅，苟遇異說，必加排斥。……蓋漢代平事必
> 本經義，經義苟異，則莫知適從。所以不肯博采者良以斯爾。〔註99〕

唐晏之說將博采與否與章句之學視為絕對關係。守師說者礙於師說限制，不能妄然生意，博采者則能旁取諸說，唯依合聖人古意。對一般人來說，遵守師說、家法即是遵從一種知識價值，然對桓譚、王充等人來說，知識價值的認定在於識見的廣博。儘管通人階層與政治實權並無絕對相關，但其實際標示了一種新的知識價值的確立，而能與他者相抗衡，並成為儒者在思想高度上新的標竿。

　　在王充對知識廣博的要求下，識見「淺者則見傳記諧文，深者入聖室觀秘書」，〔註100〕如此才得以理解，王充所說的，識見淺者僅能就傳記諧文等不須費時耗力的文章中得出見解，而識見廣博者就能深入堂奧，觀得更深準之意見。而當然唯有後者，才能對事情作出正確的判斷。再者，「知識可包涵真理及各知識之相對效用，與知識對於知識外之整個人生存在之效用」，〔註101〕此之謂知識之價值。而王充安排鴻儒、通人之出現，明顯傳達出他企圖經由這樣的分等，對知識價值進行嚴格的區分、介定與衡量。

　　除了通人、鴻儒外，王充提出「定賢」觀點，其意在矯正當時偽書橫流的現象。是以王充書〈定賢〉，首對「賢」之認定及其所肩負之社會責任作出明確定義。其謂：

> 是非亂而不治，聖人獨知之。……世有是非錯謬之言，亦有審物紛
> 亂之事，決錯謬之言，定紛然之事，唯賢聖之人為能任之。聖心明
> 而不闇，賢心理而不亂。……與世殊指，雖言正是，眾不目睹。何
> 則？沉溺俗言日久，不能自還以從實也。是故正是之言，為眾所非，
> 離俗之禮，為俗所譏。〔註102〕

眼見錯謬之言充斥社會，混淆真假價值，故以正賢來釋異正疑。賢者之能定

〔註99〕唐晏：《兩漢三國學案》（臺北：世界書局，1979 年），卷 1，〈周易〉，頁 22。

〔註100〕《論衡》卷 13，〈別通〉，頁 591。其中秘書一辭不當與「圖書」同解為「讖緯符命之類」，（見《後漢書》，卷 18，〈桓譚馮衍列傳〉，頁 960 注 2。）而當視為是儲藏圖書之秘府圖書之簡文。如劉歆〈移書太常博士〉中所云：「及《春秋》左氏丘明所修，皆古文舊書，多者二十餘通，藏于秘府，伏而未發。」（見《漢書》卷 36，〈劉歆列傳〉頁 1969～1970。）

〔註101〕唐君毅：〈知識論〉，《哲學概論（上）》，唐君毅全集卷 22，頁 263。

〔註102〕《論衡》卷 27，〈定賢〉，頁 1120。

紛然之事，在於其有聖心賢心。即當世俗都沉浸在虛妄之言浮誇之說的同時，唯聖人賢者保持清明的心，不受人言世說影響，以「明」見察是非，以事「理」考訂嫌疑，對是非作出理智的判斷。而何者爲賢者？賢者是否亦有一明確的界定標準？王充曰：

> 以經明帶徒聚眾爲賢乎？則夫經明，儒者是也。……傳先師之業，習口說以教，無胸中之造，思定然否之論。〔註 103〕

> 以通覽古今，秘隱傳記無所不記爲賢乎？是則儒者之次也。才高好事，勤學不舍，若專成之苗裔，有世祖遺文，得成其篇業，觀覽諷誦。若典官文書，若太史公及劉子政之徒，有主領書記之職，則有博覽通達之名。〔註 104〕

> 賢者，才能未必高也而心明，智力未必多而舉是。何以觀心？必以言。有善心，則有善言。以言察行，有善言則有善行矣。〔註 105〕

王充對今所謂之知識份子作了若干分類，一曰傳經者，即儒；二曰通人，三曰賢。從知識、才智多寡來看，通人居首，儒者其次，賢者可能最末。從判斷是非的能力來看，賢者居首而儒者居次，通人則自有一套判斷方式。而若從著作有無的角度觀，通人最首，儒者次，而賢者未必有作，然有言。若依前述王充對才智的追求以及企慕來看，通人理應成爲王充「賢」的最佳典範類型。然而此處賢者的價值竟高於儒，而儒又高於通人。此間的標準何在？王充是基於何種考量？王充在回答「何以知實賢？知賢竟何用？」的疑問時，指出「必欲知之，觀善心也。」〔註 106〕而前述亦已指出王充定賢之因是在正世俗嫌疑，去僞存眞，然而何以此處著重於具聖心賢心之「心」上，而不是王充一直強調的才學？再者，既注重「心明」，操守節義高尚的「長沮、桀溺」，其人「時行則行，時止則止，銓可否之宜，以制清濁之行」，〔註 107〕又爲何被王充評爲「有高材潔行，無知明以設施之，則與愚而無操者同一實也」？〔註 108〕在才與德之間，王充如何建立其賢者標準？我們可以先看王充理想的「賢者」典範。王充曰：

〔註 103〕《論衡》卷 27，〈定賢〉，頁 1114。
〔註 104〕《論衡》卷 27，〈定賢〉，頁 1115。
〔註 105〕《論衡》卷 27，〈定賢〉，頁 1119。
〔註 106〕《論衡》卷 27，〈定賢〉，頁 1119。
〔註 107〕《論衡》卷 27，〈定賢〉，頁 1117。
〔註 108〕《論衡》卷 27，〈定賢〉，頁 1118。

> 周道弊，孔子起而作之，文義褒貶是非，得道理之實，無非僻之誤，
> 以故見孔子之賢，實也。夫無言，則察之以文；無文，則察之以言。……
> 觀文之是非，不顧作之所起，世間為文者眾矣，是非不定，然否不分，
> 桓君山論之，可謂得實矣。論文以察實，則君山漢之賢人也。……如
> 君山得執漢平，用心與為論不殊指矣。孔子不王，素王之業，在於《春
> 秋》。然則桓君山不相，素丞相之跡，存於《新論》者也。〔註109〕

對王充來說，振衰起蔽是他最大的期望，而理想的典範，於人則孔子、桓譚，
於作則《春秋》、《新論》。誠如韋伯對「類型建構」所提出的，「所有非理性
的、由情感決定的行動要素，都可以視作與目的理性行動概念式純粹類型的
偏離部份加以研究與描述。」〔註110〕王充於〈定賢〉中追問了諸多世可能以
為賢的類型，藉此一步步釐清他心目中理想的賢者類型。而這個合乎他理性
行動──去偽求真的目的下，所需要的人選，是心靈澄靜，具清楚的判斷力，
無偏無頗、得道理之實的人以此為選擇範疇，可知王充之「賢」，不僅僅是材
與德的雙重要求，更要有輔政、諫諍的能力。意即必須貼近、關心時政，故
只求傳經、專注於一己之作、維護一己之操行的人，即使是知識廣博，且擁
有更準確的判斷力的通人、鴻儒，都不足以稱賢。

三、諸子著作的價值

王充對諸子著作之重視，原因在於：

> 使五經從孔門出，到今不缺滅，謂之純壹，信之可也。今五經遭亡
> 秦之奢侈，觸李斯之橫議，燔燒禁防，伏生之徒，抱經深藏。……
> 諸子尺書，文篇俱在，可觀讀以正說，可採掇以示後人。……由此
> 言之，經缺而不實，書無佚本，經有遺篇，折累二者，孰與蕞殘？
> 〔註111〕

相對於「經缺而不實，書無佚本，經有遺篇」，諸子之作「文篇俱在，可觀讀
以正說，可採掇以示後人」。而此觀點正與劉歆謂「至孝文皇帝……天下眾書
往往頗出，皆諸子傳說」之論相同，〔註112〕均認為諸子著作是保存缺殘佚經

〔註109〕《論衡》卷27，〈定賢〉，頁1122。
〔註110〕見韋伯：《社會學的基本概念》（顧忠華譯，桂林：廣西師範大學出版社，2005
　　　　年），頁7。
〔註111〕《論衡》卷28，〈書解〉，頁1158～1159。
〔註112〕《漢書》卷36，〈劉歆列傳〉，頁1969。

書、聖人經言的第一手史料。然此觀點明顯與當世之風相違。然由於利祿之途，固守師法、家法無疑是上而正由於諸子傳書之重要，對於當世因章句之學而引發之浮誇之風，不論是對經書本身，對世所習之之教材，都是極大的危險。若再不加以節制或重視這個問題，影響的不僅是儒生階層，對政策之制定都有鉅大的危害。故王充認爲：

> 儒者說五經，多失其實。前儒不見本末，空生虛說；後儒信前師之言，隨舊述故，滑習辭語，苟名一師之學，趨爲師教授，及時蚤仕，汲汲競競，不暇留精用心，考實根核。故虛說傳而不絕，實事沒而不見，五經並失其實。〔註113〕

王充點出那時的時代重點，在於僞作與眞作並存，形成價值的扭曲。而僞作的出現，又與當世貴古賤今之風又有直接的連繫。從文獻上看，貴古賤今之風早於漢初即有，《淮南子‧脩務》中即言：

> 世俗之人，多尊古而賤今，故爲道者必託之於神農、黃帝而後能入說。亂世闇主，高遠其所從來，因而貴之。爲學者，蔽於論而尊其所聞，相與危坐而稱之，正領而誦之。此見是非之分不明。〔註114〕

對於貴古賤今的風潮，劉安沉痛的斥爲是「亂世闇主」之時才會出現的現象，並已經預期到，此風不減，將使「是非之分不明」。然到了王充時，不僅是無能分是非，而成爲有心之人操弄價值標準的途徑。爲了解決這個問題，王充從二方面著手，其一爲加強諸子著作的價值，其二爲肯定今人之著作。而後者又牽涉到王充對儒者的分等論。

在其一諸子著作的價值上，王充謂：

> 聖人作其經。賢者造其傳，述作者之意，採聖人之志，故經須傳也。
> 〔註115〕

> 知政失者在草野，知經誤者在諸子。諸子尺書，文明實是。〔註116〕

引文一中，王充從經學上經學起源論，指出傳說之作在於「採聖人之志」，並謂此皆「賢者」所能爲，且爲保存「聖人」本意，不僅將諸子傳說提升到經

〔註113〕《論衡》卷28，〈正說〉，頁1123。
〔註114〕劉文典撰：《淮南鴻烈集解》（馮逸，喬華點校，北京：中華書局，1997年），卷19，〈脩務訓〉，頁653～654。
〔註115〕《論衡》卷28，〈書解〉，頁1158。
〔註116〕《論衡》卷28，〈書解〉，頁1160。

典的高度，更將諸子傳說納入經學的脈落中，非將之獨立經學外看待。引文二則從「用」上著眼，謂諸子之作如同民間風俗，最是能窺見上者缺失、罅漏之對照。而諸子之作既有此要，自不當胡亂爲之，因此面對當世隨喜好任意增字解經的現象，王充指出：

> 說家以譬喻增飾，使事失正是，減而不存；曲折失意，使僞說傳而不絕。〔註117〕

譬喻者，託物於事，說家爲求動聽，在以譬喻言事的同時，可能未顧及其中是否爲同類相比，使本事與喻事之間有了不眞的聯繫，而使事實的眞實性打折扣。嚴重的或使事失實，輕者曲折本意，凡此都使僞說有生存空間。

其二對今人著作的評價，王充認爲：

> 著作者爲文儒，說經者爲世儒。……世儒說聖人之經，解賢者之傳，義理廣博，無不實見，故在官常位；位最尊者爲博士，門徒聚眾，招會千里，身雖死亡，學傳於後。〔註118〕

> 世儒業易爲，故世人學之多，非事可析第，故官廷設其位。文儒之業，卓絕不循，人寡其書，業雖不講，門雖無人，書文奇偉，世人亦傳。〔註119〕

王充將儒者分爲二種，一爲造始更爲，前始未有的著作者，此爲文儒；另一種傳述經學內容的爲世儒。世儒的身分容易達到，其業易爲，當世之人多爲此種世儒，其事平凡，朝廷中多用此種人。文儒之業是非凡的，其學雖不講，又無門生，世人又少有其書，然文儒所著作的書是卓絕不凡的，並且亦得傳於後世。王充對世人不重諸子傳書的現象，將儒分爲二種，強調文儒的立言之功並不比世儒低。王充於此在世人普遍認爲只有傳經之儒才是儒的理想類型之外，提出著作之文儒，其標舉的「文」字，已經表示，只有文儒才能擔負文字、文化的人文化成大業，而世儒不過是世俗的、平庸的傳經者，其思不若文儒，其功自然無能與文儒相較。

而從前述王充對鴻儒、通人的推崇，以及此處對儒的分別，都可以看到王充企圖從他的「理想類型」中，建立一更符合他知識載體的思想秩序。是以其一反當時貴古賤今的認知，指出：

〔註117〕《論衡》卷28，〈正說〉，頁1147。
〔註118〕《論衡》卷28，〈書解〉，頁1150～1151。
〔註119〕《論衡》卷28，〈書解〉，頁1151。

夫俗好珍古不貴今，謂今之文不如古書。夫古今一也。才有高下，
言有是非，不論善惡而徒貴古，是謂古人賢今人也。……蓋才有淺
深，無有古今；文有僞真，無有故新。〔註120〕

對他來說，才之高下，言之深淺，唯有透過是否合於聖人大道一途確立，而
不能以古今之歷史厚度來作判別。

（一）對諸子著作內容的要求

王充對諸子著作內容的要求，其一曰真，其二曰用。不真者為虛妄，無
用者不作。首先是真。在對真的要求中，首先就是要維持名實相等的衡制，
其曰：

授事相實而為名，不依違作意以見奇。〔註121〕

尚異作奇之論，俱為不合聖人之言，為非實之言，因此「真」的第二層意義，
即是要傳達一客觀的事實。其謂：

夫平常之事，有怪異之說；徑直之文，有曲折之義，非孔子之心。

夫《春秋》實及言冬夏，不言者，亦與不書日月，同一實也。〔註122〕

王充眼見當時知識之扭曲，不僅平常之事雜有怪異之說，就是論說嚴謹之
文，也都糝雜了不實的部分，與孔子之原說相悖離。王充又舉鄒子之說為例，
言：

瀾洋無涯，其文少驗，多驚耳之言。案大才之人，率多侈縱，無實
是之驗；華虛誇誕，無審察之實。〔註123〕

可以看到在對「真」的要求下，對於鄒衍誇張無實證的諸種說法，直斥為虛
妄之言。可以看出王充求真的意識，實一貫於其強調驗證以為實的思想。甚
至因為強調「真」，對於司馬遷關於不能舉實的若干敘述作出評論。其謂：

〈三代世表〉言五帝、三王皆黃帝子孫，自黃帝轉相生，不更稟氣
於天。作〈殷本紀〉，言契母簡狄浴於川，遇玄鳥墜卵，吞之，遂生
契焉。及〈周本紀〉言后稷之母姜嫄野出，見大人迹，履之則妊身，
生後后稷焉。夫觀〈世表〉，則契與后稷，黃帝之子孫也；讀〈殷〉、
〈周本紀〉，則玄鳥、大人之精氣也。二者不可兩傳，而太史公兼紀

〔註120〕《論衡》卷29，〈案書〉，頁1173～1174。
〔註121〕《論衡》卷28，〈正說〉，頁1140。
〔註122〕《論衡》卷28，〈正說〉，頁1141。
〔註123〕《論衡》卷29，〈案書〉，頁1166。

不別。〔註124〕

從王充對其「兼紀不別」之評中，可知他對司馬遷在處理史料眞僞不明之古史上是有不滿的。

　　而對於漢代當時著作，王充嘗總括漢代作書者，言：

　　　漢作書者多，司馬子長、揚子雲，河、漢也，其餘涇、渭也。然而子長少臆中之說，子雲無世俗之論。〔註125〕

此說雖並無顯著彰顯王充對二者著作好壞的直接品評，然確實能間接看出，王充於漢代著作者中最推崇司馬遷、揚雄，其因在於二人不重意說、俗論。而意說、俗論於王充無疑是代表未經查考、不可靠的一己之論、街談巷語。是以王充之所以極力讚揚當時的作者，目的就在於其所指出者，都是規矩祖述傳承聖人之言的知識載體。如其謂桓譚之文「質定世事，論說世疑，桓君山莫上也。故仲舒之文可及，而君山之論難追也。」〔註126〕而大張天人感應論之董仲舒，王充亦謂：

　　　仲舒之書不違儒家，不反孔子……賦頌篇下其有「亂曰」章，蓋其類也。孔子終論，定于仲舒之言，其修雩始龍，必將有義，未可怪也。〔註127〕

是以對王充來說，其論是否發揮聖人之言，以及論文最終是否能回到聖人本意上，才是王充最關切的重點。

　　然在諸子傳說上，並非所有漢人所著之作均能得王充肯定，其對辭賦的反感是顯而易見的。而在王充「眞」的考量上，辭賦鋪采摛文，不免於勸，與其「虛妄之言勝眞美」的寫作動機的確是有違逆處。再者，賦「以誇飾代替失實的判斷，猶同以開疆拓土代替發動戰爭，乃巧辯，不眞的事物並不能因此巧辯變成眞，且其本身就是失實的表徵。」〔註128〕

　　其次是用。前既言「知政失者在草野，知經誤者在諸子。諸子尺書，文明實是」，〔註129〕故在眞之外，諸子著作更肩負起有用於世的責任。王充謂：

　　　夫稟天地之文，發於胸臆，豈爲間作不暇日哉？感僞起妄，源流氣

〔註124〕《論衡》卷29，〈案書〉，頁1168。
〔註125〕《論衡》卷29，〈案書〉，頁1170。
〔註126〕《論衡》卷29，〈案書〉，頁1172。
〔註127〕《論衡》卷29，〈案書〉，頁1170～1171。
〔註128〕朱曉海：《漢賦史略新證》（西安：陝西人民出版社，2004年），頁23注18。
〔註129〕《論衡》卷28，〈書解〉，頁1160。

蒸，管仲相桓公，致於九合；商鞅相孝公，爲秦開帝業，然而二子
之書，篇章數十。〔註130〕

他從時人對他著作意圖的懷疑上，指出爲文者，皆是於世用心良苦者，並以
管仲、商鞅二人爲例，說明著書立說者，非閒適而爲文，都是有感於世道衰
微，有著「感偽起妄」的用心。因此「古俊乂著作辭說，自用其業，自明於
世」。〔註131〕再舉漢事爲例，謂：

> 呂氏橫逆，劉氏將傾，非陸賈之策，帝室不寧。蓋材知無不能，在
> 所遭遇，遇亂則知立功，有起則以其材著書者也。出口爲言，著文
> 爲篇。古以言爲立功者多，以文爲敗者希。〔註132〕

此說指出文之爲要，無感偽以著書者，無能使世道正。因此若公孫龍著堅白
之論，「析言剖辭，務折曲之言」，即被評判爲是「無道理之較，無益於治」
之書。〔註133〕是以賦頌者，「深覆典雅，指意難曉」，〔註134〕不能作爲是有治
於世的好文。

再者，觀人由文，文章必須具釋異正疑之效，如上引王充對桓譚《新論》
的推崇之語，對比賦頌之文，其曰：

> （賦頌）文麗而務巨，言眇而趨深，然而不能處定是非，辯然否之
> 實。雖文如錦繡，深如河漢，民不覺知是非之分，無益於彌爲崇實
> 之化。〔註135〕

賦頌者雖文如錦繡，辭麗藻華，然不能收定是非之功，又無有辯然否之能，
無助於教化之效。

（二）對諸子傳書型制的要求

而除在篇章數目上作考證外，王充並補充了《論語》在漢代的流傳版本
型制。〈謝短〉謂諸子傳書乃二呎四吋，《論語》同爲傳書，卻爲八寸尺，其
因在於：

> 夫《論語》者，弟子共紀孔子之行，勅記之時甚多，數十百篇，以
> 八寸爲尺，紀之約省，懷持之便也。以其遺非經，傳文紀識恐忘，

〔註130〕《論衡》卷28，〈書解〉，頁1153。
〔註131〕《論衡》卷28，〈書解〉，頁1151。
〔註132〕《論衡》卷28，〈書解〉，頁1156。
〔註133〕《論衡》卷29，〈案書〉，頁1166。
〔註134〕《論衡》卷30，〈自紀〉，頁1196。
〔註135〕《論衡》卷27，〈定賢〉，頁1117。

故但以八寸尺，不二尺四寸也。〔註136〕

《論語》所記為聖人之言，為便於弟子們隨手補綴，故其尺寸略短，以易於隨身攜帶。而諸子傳書成書之目的既在保存聖人真意，然又與聖人語錄有別，故型制長於《論語》，以示保存之意。可以看出，王充對諸子傳書的名實有著嚴格的判別。

透過以上的分析，可以看到，在知識渠道上，不論是讖緯的「神」意識，或是章句傳注對經典本義的離析，都對漢代知識體系產生極大的破壞、扭曲作用。〔註137〕而王充於此上經由對才智過於道德的追求，再往前對書籍、著作上求真為用的要求，都能顯示他意識到，無論是知識本體或是載體上，都必須達到真與用的標準，才能使國家、政策無偏差的前進。由此再思其貴今賤古想法，代表的不僅是進步的史觀，更是期望藉由對知識構建上一種光明的期盼，獲致更合時宜的知識，以得社會穩定的循吏表徵。

〔註136〕《論衡》卷28，〈正說〉，頁1136。

〔註137〕關於讖緯於漢代的施用範圍及其效力，不論是從文化層面，或是知識層面，都已有專著討論。可參徐興無：《讖緯文獻與漢代文化構建》（北京：中華書局，2003年）。冷德熙：《超越神話——緯書政治神話研究》（北京：東方出版社，1996年）。二者在內容上都列舉出讖緯中涵蓋了天文、天道思想、道德文化、封禪，或是王者神聖化的出生異跡等議題，某種程度來說，此亦說明了讖緯於漢代的影響範圍，不僅是在政治層面（當然這方面是最大宗的），還有文化意涵上的影響。

第五章　「疾虛妄」與宣漢：王充宣漢說正當性的辯難

　　儘管有「爲漢平說」的貴今賤古前提，[註1] 王充在〈對作〉云其書「無誹謗之辭，造作如此，可以免於罪矣」之說，[註2] 不免使人懷疑，在王充的思想體系中，不論是天人感應或民間對鬼神之信仰，凡不合「實事疾妄」要求者，[註3] 當在罷黜之列，然而同樣缺乏實證基礎的祥瑞表徵，何以又能成立爲漢家優於古之證？因此，在對「疾虛妄」思維有效性作出嚴密的檢討之前，必須先釐清王充所以以五章篇幅指陳漢家祥瑞之可信，究竟僅爲一種媚上的表徵，[註4] 亦或有著更爲深刻的在穩固政權上的規範思想。

　　要理解王充「宣漢」之說原因，須先釐清：這些祥瑞對王充來說意義何在？對其務使實務實誠的著作願望中佔有何種地位？何以另立數章申說之？以及如是的「貴今」思想與當時風氣間的關係。凡此都是吾人在接受「自我表彰、媚漢求進」這樣過激的評判之前，[註5] 需要澄清的觀點。而正當性的意涵，即在對政權找出一個支配的合法性，[註6] 是以關於王充疾虛妄

〔註1〕　《論衡》卷 20，〈須頌〉，頁 857。

〔註2〕　《論衡》卷 29，〈對作〉，頁 1185。

〔註3〕　《論衡》卷 29，〈對作〉，頁 1185。

〔註4〕　徐復觀指出，《論衡》中以極大的份量，從事歌功頌德，除了他（王充）過分力求表現的氣質以外，和他深處鄉曲，沉淪下僚，沒有機會接觸到政治的中心，因而也沒有接觸到時代的大問題，有不可分的關係。徐復觀：〈王充論考〉，收入氏著《兩漢思想史》（卷二）頁 564。

〔註5〕　林麗雪：《王充》，頁 343～344。

〔註6〕　韋伯認爲，正當性基礎，絕非僅只是個理論性與哲學性思辯的問題，它實際上構成經驗性之支配結構的、最爲實際之差異的基礎。詳細的定義，請參第

思想與其宣漢的主張之間，是否是相牴觸，或成爲疾虛妄效用上的絆石？以下透過王充對政治道統的看法，以及歷史進化的角度，對此問題加以討論。

第一節　政治道統

在政治道統問題上，王充不若上層思想家之從堯、舜、禹、湯之傳承脈落，或湯武革命上作思考，而著重於討論政統存續之問題，因此首先要考慮的，就是受命論。其次是從吏治的角度，看漢家霸王道治之中道與勢的拉鋸。而此節也將成爲下二節對災異、祥瑞之論述基點，王充所有對於政治性之天人感應說解，都要歸結到他的政治道統觀點上。

一、受命論

延續對命定說的觀點，王充認爲「命，謂初所稟得而生也。人生受性，則受命矣。性命俱稟，同時並得，非先稟性，後乃受命也」，〔註 7〕此說乍看似爲破解人之特殊性，而爲一理性之否定聖王「受命說」，〔註 8〕然其要在陳述「凡人稟貴命於天，必有吉驗見於地。見於地，故有天命也」，〔註 9〕而「貴命」的成立，亦爲王充的王者受命論提供了基礎。其謂：

> 黃帝聖人，本稟貴命，故其子孫皆爲帝王。帝王之生，必有怪奇，
> 不見於物，則效於夢矣。〔註 10〕

帝王之所以爲帝王，蓋由於命使然。然而王充之所以堅持「受命」的論點，在於對世俗以祥瑞驗貴人（命）看法的批駁：

> 說聖者以爲稟天精微之氣，故其爲有殊絕之知。今三家（按：禹母
> 吞薏苡而生禹、契母吞燕卵而生、后稷母履大人迹而生后稷）之生，
> 以草、以鳥、以土，可謂精微乎？天地之性，唯人爲貴，則物賤矣。

二章第一節處，此處不另贅述。
〔註 7〕　《論衡》卷 3，〈初稟〉，頁 125。
〔註 8〕　對於王充是否支持或否定王者壽命論之說，馮友蘭認爲：王充認爲當時的統治階級之所以富貴，並不是由於他們有特殊的才能，而只是由於他們的命好，骨相生得不錯，⋯⋯駁斥了當時所謂統治者受天命而爲王的君權神授說。（見馮友蘭：《中國哲學史新編》（台北：藍燈文化事業有限公司，1991 年）第三冊，頁 305。）顯然與王充的原意相反。
〔註 9〕　《論衡》卷 2，〈吉驗〉，頁 84。
〔註 10〕　《論衡》卷 3，〈奇怪〉，頁 165。

今貴人之氣，更稟賤物之精，安能精微乎？〔註11〕

聖人之生，奇鳥吉物之爲瑞應。必以奇吉之物見而子生謂之物之子，
是則光武皇帝嘉禾之精，鳳皇之氣歟？〔註12〕

當世評論聖者時，爲強化其聖，故增其「異」部分，儒者亦然：「儒者稱聖人之生，不因人氣，更稟精於天」。〔註13〕然此往往是從一既成事實上反推其因，此不僅形成因果主客關係之易位，使光武帝成爲嘉禾之精、鳳凰之氣，更易落於有心之士作用。王充指出，「世好奇怪，古今同情。不見奇怪，謂德不異」，〔註14〕尤其「奇人」必有「異事」。而命既已貴，則自有吉驗於地，若反以吉驗爲受命象徵，是天「復更命」也，即王充所謂「上天壹命，王者乃興，不復更命也。得富貴大命，自起王矣。」〔註15〕承續第三章王充討論貴命的可能性以及何人爲貴命者的論點，王者本有貴命，貴命自生於王者身上，若以「受命而王」來論君王之爲君王的正當性，是天復更命，不符合上天「壹命」的準則。王充此論言來雖確，但實際卻有混淆受命之命與個人富貴運命之命之惑。也就是說，若依前述王充的命定論，則要維持「受命」的立場，可能會造成相反的狀況。當然，王充強調的是不要以祥瑞吉驗作爲一人運命貴賤的判斷以及驗證。因此他對黃帝、堯等之出生異事，曰黃帝命本當帝，堯本具神靈之命：

傳言黃帝妊二十月而生，生而神靈，弱而能言。……性與人異，故在母之身留多十月；命當爲帝，故能教物，物爲之使。〔註16〕

堯體……有殊奇之骨，故有詭異之驗；有神靈之命，故有驗物之效。
〔註17〕

在「命」與「祥瑞吉驗」間的主客先後性上，王充堅論彼先有貴命、貴相，故吉驗之，「蓋天命當興，聖王當出，前後氣驗，照察明著」。〔註18〕又有言：

王者一受命，內以爲性，外以爲體。體者，面輔骨法，生而稟之。……在母身中，稟天聖命，……爲胎之時，已受之矣。……獨謂文王、

〔註11〕《論衡》卷3，〈奇怪〉，頁160。
〔註12〕《論衡》卷3，〈奇怪〉，頁164。
〔註13〕《論衡》卷3，〈奇怪〉，頁156。
〔註14〕《論衡》卷3，〈奇怪〉，頁164。
〔註15〕《論衡》卷3，〈初稟〉，頁127。
〔註16〕《論衡》卷2，〈吉驗〉，頁84。
〔註17〕《論衡》卷2，〈吉驗〉，頁84。
〔註18〕《論衡》卷2，〈吉驗〉，頁95。

> 武王得赤雀、魚烏乃受命，非也。〔註19〕

因此可以清楚的看到，王充所反對的，是以祥瑞災異來對應現實，或利用之
以爲解釋事物的合理方式，而非反對帝王之受命論。如其承認「夫河出《圖》，
洛出《書》，聖帝明王之瑞應也」，〔註20〕聖王明主之出，天必有祥瑞以來應
之：

> 王者受富貴之命，故其動出見吉祥異物，見則謂之瑞。瑞有小大，
>
> 各以所見，定德薄厚。〔註21〕

因此王者之出，必見祥瑞。此說雖以祥瑞確保了政權發生的合理性，但亦給
了祥瑞「作用」的可能。故王充強調，瑞應之出，只具「輔助」地位，即「蓋
富貴之驗，氣見而物應、人助輔援也。」〔註22〕值得注意的是，此說雖是力
圖拉開天與人間的距離，以更客觀的角度來定位帝王祥瑞之生，然實已瓦解
了以讖緯起家的東漢政權之合法性。

然而，帝王是否代表著「德」的象徵？聖人是否亦能「受命」？聖人與
帝王，分別何在？〔註23〕王充認爲：

> 案賢者在世，未必爲輔也。夫賢者未必爲輔，猶聖人未必受命也。
>
> 爲帝有不聖，爲輔有不賢。何則？祿命、骨法，與才異也。〔註24〕

王充強調「聖人未必受命」。這個結論不僅表明帝王僅因「受命」而爲帝王，
在道德標準上，仍堅守了聖人的超凡地位，所謂「大人與天地合德，孔子，
大人也」。〔註25〕因此，站在鞏固政權合理性的角度，王充承認聖人、帝王的
特殊性，帝王（甚至是位居要職的輔臣）不等同於聖人。

二、政權與政期

　　儘管帝王能透過受命去的政權，然政權是否能長治久安，王充顯現了悲

〔註19〕《論衡》卷3，〈初秉〉，頁126～127。
〔註20〕《論衡》卷5，〈感虛〉，頁249。
〔註21〕《論衡》卷17，〈指瑞〉，頁747。
〔註22〕《論衡》卷2，〈吉驗〉，頁94。
〔註23〕林安梧指出，秦漢以後，「聖君」一詞中，「君」之地位逐漸凌駕於聖，甚至
　　　　「『君』不只是政治連結所構成的君，而且是『聖君』之『君』，它不只是宰
　　　　制性的政治連結的最高精神象徵，更而代表的是人格性道德連結的最高文化
　　　　象徵。」見林安梧：《「道」的錯置──中國政治思想的根本困結》頁128。
〔註24〕《論衡》卷9，〈問孔〉，頁419～420。
〔註25〕《論衡》卷18，〈類應〉，頁799。

觀宿命的自然汰換法則。〔註26〕其謂：

> 夫朝之當亡，猶人當死。人欲死，怪出。國欲亡，期盡。〔註27〕

> 人之死生，在於命之夭壽，不在行之善惡；國之存亡，在期之長短，不在於政之得失。〔註28〕

> 王命之當興也，猶春氣之當爲夏也。其當亡也，猶秋氣之當爲冬也。……今詳修政改行，何能除之？〔註29〕

此三段引文皆揭示了王充對政期的悲觀宿命。然此論卻是針對天人感應而來，其將天還原到宇宙論範疇，對天人感應中的神秘人事論加以拆解，所出現的對政治的一種極端看法。相較於班彪〈王命論〉中言：

> 帝王之祚，必有明聖顯懿之德，豐功厚利，積累之業，然後精誠通于神明，流澤加於生民。〔註30〕

王充之帝王論既與聖人有別，則帝王之德至多僅能使萬民慕服，〔註31〕而於國祚無所增損。因此王充的政治道統並不存在權或因的考量及選擇。《呂氏春秋・貴因》曰：

> 夫審天者，察列星而知四時，因也。推歷者，視月行而知晦朔，因也。……因者無敵。〔註32〕

從《呂氏春秋》此條論因中，可看出因者，原代表了因循自然星辰運行規律而行事的意思，推而廣之，即表示根據一穩健規律而行之的方法，表示一種變動不居。而權者，表示一種協調，常用作政治和社會地位間的槓桿作用。〔註33〕而王充既以政權存續爲自然法則，則可以顯示於此議題上，即便王充有著貴今

〔註26〕 如是的宿命論在下二節論王充對祥瑞、災異等天人感應事時，將出現矛盾，如〈變虛〉中以宋景公時熒惑守心一事論曰：「必有善政，政善則嘉瑞臻，福祥至；熒惑之星無爲守心也。……不改政修行，坐出三善言，安能動天！天安肯聽！」於此主張改正修行之可爲，然〈異虛〉中卻可見其「國之存亡，在期之長短，不在於政之得失。」之說法。

〔註27〕 《論衡》卷5，〈異虛〉，頁214。

〔註28〕 《論衡》卷5，〈異虛〉，頁214。

〔註29〕 《論衡》卷5，〈異虛〉，頁216。

〔註30〕 班彪：〈王命論〉，《增補六臣註文選》卷52，頁961。

〔註31〕 王充謂：「夫賢明至誠之化，通於同類，能相知心，然後慕服。」見《論衡》卷5，〈感虛〉，頁258。

〔註32〕 呂不韋撰：《呂氏春秋新校釋》（陳奇猷校釋，上海：上海古籍出版社，2002年），卷15，〈貴因〉，頁935。

〔註33〕 〔英〕葛瑞漢：《論道者——中國古代哲學論辯》頁192。

賤古之主張，然要其本此主張並不表示其於政期存在積極之態度。

三、道與勢

從王充對儒生與文吏的分別中，可以發現王充理想的施政方式，是以儒生爲主的教化方法，然而在實際的統治上，王充卻又主張君王要以「勢」威之。「道」或「勢」的選擇，成爲王充在面對如何維持一政治道統時二條思路。王充站在吏的角度，認爲「勢」才是能穩固政權的唯一法則，其謂：

> 一國之君，專擅賞罰；而赦，人君所爲也。……今則不然，強食害
> 己之物，使監食之臣不聞其過，失御下之威，無禦非之心。〔註34〕

王充強調要維持帝王自身的霸權性，要保存「御下之威、禦非之心」。這顯示了他認爲唯有帝王的絕對權威（具賞罰殺赦之權），才能保障一國的穩定運作。然作爲帝國根本的吏階層，如何維持儒家「道統」才是王充所關心的問題。相較於以隱逸爲追求（或言「支持」）道統的不遇士人，〔註35〕王充藉由〈非韓〉來衡量道或勢選擇，無疑是對此問題更積極、客觀而具實用性的討論。

在〈非韓〉中，表面看來是依隨〈刺孟〉、〈問孔〉之思路而對先秦諸子之議而發之另一篇章，然其中所討論的，正完整呈現王充對儒家道統觀所持之支持觀點。其謂：

> 夫儒生，禮義也；耕戰，飲食也。貴耕戰而賤儒生，是棄禮義求飲
> 食也。使禮義廢，綱紀敗，上下亂而陰陽繆。〔註36〕

他首先強調了禮義的重要，「禮義」是支持國家「綱紀」的主因，「禮義廢而綱紀敗。然禮義不僅是國家綱紀敗壞問題，更直接促成天地陰陽失衡的問題。也就是說，所有天人感應的出現，在王充的思想體系下，於此都表現出是一理性的發生，而非經由神異力量的指導，顛倒了世人由自然力量爲出發的非理性判斷。又謂：

> 國之所以存者，禮義也。民無禮義，傾國危主。今儒者之操，重禮
> 愛義，率無禮義士，激無義之人。人民爲善，愛其主上，此亦有益
> 也。聞伯夷風者，貪夫廉，懦夫有立志；聞柳下惠風者，薄夫敦，

〔註34〕《論衡》卷6，〈福虛〉，頁263。

〔註35〕關於因道不行而選擇隱逸一途以彰道統之論，可參見劉紀曜：〈仕與隱——傳統中國政治文化的兩極〉，收入黃俊傑主編：《中國文化新論　思想篇一　理想與現實》（台北：聯經出版事業公司1996年）。

〔註36〕《論衡》卷10，〈非韓〉頁432～433。

鄙夫寬。此上化也，非人所見。〔註37〕

王充指出儒者爲執行禮義者。其謂：

> 儒者之在世，禮義之舊防也，有之無益，無之有損。庠序之設，自
> 古有之。重本尊始，故立官置吏。官不可廢，道不可棄。儒生，道
> 官之吏也，以爲無益而廢之，是棄道也。夫道無成效于人，成效者
> 須道而成。〔註38〕

他先將儒之地位提升到經典的高度，以此爲本，本立而道生，儒者成爲道統
唯一的執行者。儒生的存在，於此就不單只是能治學而已，而有著更切身的
保存禮義的作用。因此從這裡來看，王充的觀念正同於《鹽鐵論》中文學所
言：「竊聞治人之道，防淫佚之源，廣道德之淵，抑末利而開仁義，然後教化
可興，而風俗可移也」。〔註39〕又續言：

> 治國之道，所養有二：一曰養德，二曰養力。養德者，養名高之人，
> 以示能敬賢；養力者，養氣力之士，以明能用兵。此所謂文武張設，
> 德力具足者也，事或可以德懷，或可以力摧。外以德自立，內以力
> 自備。慕德者不戰而服，犯德者畏兵而卻。〔註40〕

他強調「夫德劣故用兵，犯法故施刑」。〔註41〕而法治的作用，僅在於「養三
軍之士，明賞罰之命，嚴刑峻法，富國強兵，此法度也」，〔註42〕亦即只是提
供一種規範的效用，此對於教化百姓，提升國家道德水準一無可說。對於主
張法治的韓非，他說：

> 夫韓子所尚者，法度也。……聞善必試之，聞惡必考之。試有功乃
> 加賞，考有驗乃加罰。虛聞空見，實試未立，賞罰未加。賞罰未加，
> 善惡未定，未定之事，須術乃立。則欲耳聞之，非也。〔註43〕

對王充來說，韓非僅就一表象之善惡功罰來考量其效，實是欠缺支持善惡功
罰結果實證的無效之術。

回到先前對帝王「勢」的要求，王充有仁義道德上的補充，其認爲：

〔註37〕《論衡》卷10，〈非韓〉頁434。
〔註38〕《論衡》卷10，〈非韓〉頁433。
〔註39〕《鹽鐵論》卷1，〈本議〉，頁1。
〔註40〕《論衡》卷10，〈非韓〉頁438。
〔註41〕《論衡》卷7，〈儒增〉，頁360。
〔註42〕《論衡》卷10，〈非韓〉頁436。
〔註43〕《論衡》卷10，〈非韓〉頁444。

治國猶治身也。治一身，省恩德之行，多傷害之操，則交黨疏絕，
恥辱至身。推治身以況治國，治國之道當任德也。〔註44〕

的確，在出現毀壞國家法治的情況下，君主擁有絕對的權威是必須的，然而
就常遠的角度看，「德」仍是通往長治久安的唯一途徑。又以孔子之言論治國
之道，曰：

謂世衰難以德治，可謂歲亂不可以春生乎？人君治一國，猶天地生
萬物。天地不爲亂歲去春，人君不以衰世屏德。孔子曰：「斯民也，
三代所以直道而行也。」〔註45〕

此處雖強調唯有德治才能臻至道統，然前指出，王充在論五常時，言五常各
行其是，不須相成。〔註46〕而若將仁、禮作爲道德自主與社會制約二個在政
治上相別而立的組成要件來看，〔註47〕其所以強調的德治，與孔子所謂「道
之以德，齊之以禮，有恥且格」之義就顯然不同，〔註48〕其道、德僅作爲對
外在政治管束上的確認，而非從改造人心的內在著手。同時，王充言：

是故王法不廢學校之官，不除獄理之吏，欲令凡眾見禮儀之教。學
校勉其前，法禁防其後，使丹朱之志亦將可勉。〔註49〕

如果禮樂在戰國時期儒家學說中，是屬德行的延伸的話，〔註50〕那王充所主
張教育與法制並行以改造人性的觀點，即明顯的違背了這個意涵，並簡化成
一法令制度、教化上對人性的規範意涵。

儘管王充亦主張教化對人性移轉之功，然相較於孔子答冉有之問言「庶

〔註44〕《論衡》卷10，〈非韓〉頁441。
〔註45〕《論衡》卷10，〈非韓〉頁441。
〔註46〕《論衡‧問孔》謂：五常之道，仁、義、禮、智、信也。五者各別，不相須
而成。故有智人、有仁人者，有禮人、有義人者。人有信者未必智，智者未
必仁，仁者未必禮，禮者未必義。
〔註47〕如張端穗於〈仁與禮——道德自主與社會制約〉文中，將仁與禮分作內在的
自身道德自主，與外在的社會制約，二者之間長期處於緊張狀態。禮成爲專
制之下束縛人心的工具，而仁的人格不斷展現於不畏強權、爲堅持理想而奮
鬥的知識份子中。收入黃俊傑主編：《中國文化新論 思想篇二 天道與人道》
（臺北：聯經出版事業公司，1996年），頁109～196。
〔註48〕朱熹：《四書章句集注‧論語》卷1，〈爲政〉，頁70。
〔註49〕《論衡》卷2，〈率性〉，頁80。
〔註50〕陳麗桂在解釋郭店儒簡中外王思想時指出，在〈尊德義〉中所謂「尊德」，
是指推闡禮樂之教，以禮樂治民。以禮樂治民，則民悅而不亂；以人倫治
民則民服，此爲君所以要「尊德」，要「明人倫」之故。見陳麗桂：〈郭店
儒簡的外王思想〉，《臺大文史哲學報》第55期（2001年11月）頁245。

之、富之、教之」，〔註51〕配合上他命定宿命之觀點，仍會削弱「教之」功效。

在某種程度上，文吏與儒生間的差異，除學習及處事作風之別外，尚存價值觀之不同。如王充言，「文吏不通經一文，不調師一言。諸生能說百萬章句」，〔註52〕首就指出文吏的欠缺文化素養，而此素養使其與儒生在判斷事例上，過份的死守法律規定，而未能作出對國家最有利的判斷。因此其對鴻儒通人的追求，正表現出在實際的治術上，王充認為必須要具「治國肥家之術，刺世譏俗之言」，〔註53〕才是「治國之術」。而此正呼應了與其同時之班固所謂「一陰一陽，天地之方，乃文乃質，王道之綱」的論點。〔註54〕因為有了「文」的存在，才有進一步實現王道的可能。

對中央體制下的儒生或官吏而言，以上的論點或許並不特殊，反而帶有喋喋不休的叨唸感。然透過王充保留當世對通人、蘭台令史的看法，可以知道，王充這番對治術的闡述，實在不同於同時的文吏。其謂：

> 或曰：「通人之官，蘭台令史，職校書定字，比夫太史、太柷，職在文書，無典民之用，不可施設。是以蘭台之史，班固、賈逵、楊終、傅毅之徒，名香文美，委積不紲，無大用於世。」曰：……然則蘭台之官，國所監得失也。……令史雖微，典國道藏，……殆以書未定而職未畢也。〔註55〕

對人民來說，與最直接接觸的吏階層之間，擁有的只是政令布達、施行的實用利害關係，而不具思考政策措施合宜性的考量，王充寫作文吏與儒生系列文章之因，除將儒家治國之道貫徹到基層外，更有著扭轉時人不以文章功業為用的企圖心。

同時，王充於〈非韓〉中言：「儒者之在世，禮義之舊防也，有之無益，無之有損。庠序之設，自古有之。重本尊始，故立官置吏。官不可廢，道不可棄。」〔註56〕實承襲了孔子所言「士志於道，而恥惡衣惡食者，未足與議也」，〔註57〕

〔註51〕朱熹：《四書章句集注・論語》卷7，〈子路〉，頁199。

〔註52〕《論衡》卷13，〈效力〉，頁580。

〔註53〕《論衡》卷13，〈別通〉，頁591。

〔註54〕班固：〈答賓戲〉，《增補六臣註文選》卷45，頁848。

〔註55〕《論衡》卷13，〈別通〉，頁603～605。

〔註56〕《論衡》卷10，〈非韓〉頁433。

〔註57〕朱熹：《四書章句集注・論語》卷2，〈里仁〉，頁95。

以及「士不可以不弘毅，任重而道遠」中，[註58] 士承載著「道」的精神。

第二節　王充之天人感應論

　　從《論衡》諸篇論述天人感應者中，可得見王充主要攻擊者，在當時之「變復之家」、「六情風家」等術數家之言，其實際內涵現雖不得，然從王充的敘述上看，當是利用（或矯造）「自然」災異來左右君主決策。陰陽五行對政權的影響，演爲天道與治道間的衝突，被王充視爲是政權的最大危機。王充力言天之無意識性、災異之自然性，以及其與人事相符之偶然性，實在企圖將決策權拉回賢臣經言等人事面。故本節雖明論天人感應，實在釐清災異之內容。

　　作爲具政治指標的天人感應思想，其實混雜了陰陽五行、讖緯、符應等元素，發展至東漢，其間之相互感知而應已經有了一套運行模式。以下先從天人感應的定義著手，再由若干層面分述探討王充於此間的理解與論述。

一、陰陽五行論概述

　　陰陽五行論在中國哲學思維中是一相當特殊的領域，亦是漢代思想的主軸。從歷史脈落簡言，陰陽、五行本爲二分殊領域，陰陽論起於《易》，五行始於以商爲中心的地理方位，是原始的天文、作物的知識，屬科學、宗教意識尚未分離的意識形態，[註59] 鄒衍將陰陽加入五行說中並起消息作用，並被燕、齊海上方士所習。這些方士各有所長之術：巫覡、龜卜、候星望氣等，俱持陰陽五行之說。鄒書中出現之若干符應情事，由方士傳播發揚，產生諸如感生瑞、天地瑞、動植物瑞、器物神仙瑞、文字瑞等，此禎祥變怪後又成爲讖緯之骨幹。故推符應、讖緯之源俱出鄒子，均操陰陽五行論。[註60] 秦漢之際的陰陽五行論範圍，可從《呂氏春秋・十二紀》中視得，包括五日、五方帝神、五方、五色、五音十二律、五蟲、五味、五臭、五數、五祀、五

[註58] 朱熹：《四書章句集注・論語》卷4，〈泰伯〉，頁140。

[註59] 參龐樸：〈先秦五行說之嬗變〉，收入氏著《稂莠集——中國文化與哲學論集》（上海：人民出版社，1988年）頁451～453。

[註60] 相關論述可參王夢鷗：《鄒衍遺說考・緒論》（臺北：臺灣商務印書館，1966年），頁15；陳槃：〈秦漢間之所謂「符應」論略〉，收入氏著《古讖緯研討及其書錄解題》（臺北：國立編譯館，1991年），頁1～97；及呂凱：《鄭玄的讖緯學》（臺北：臺灣商務印書館，1982年）頁1～130。

臟、明堂位、政令、農事、祭祀事宜等。〔註61〕這套強調「順天」的人事作爲不斷繁衍，至董仲舒廣而擴之，陰陽、五行、四時禁忌、天人相與等括含於內，構成了漢代人的陰陽五行說。〔註62〕

整體而言，陰陽五行論的思維，是依照事物自身的特性作出分類，並系統地連結事物與事物，成爲一整體的關係，形成「中國重關聯，重整體，而不重分析基本元素」的思維方式。〔註63〕在強化相生相剋的循環機制下，個體若不順從此內在要求進行，便會失去其在整體中的相關地位。〔註64〕就五行內容來看，鄒衍之五行尚有「經驗」式的概念，〔註65〕儒家則是「無類」的五行，〔註66〕如思孟對於君子、成聖要求的「仁義禮智聖」；其後董仲舒擴大了如是偶類比附邏輯，並轉向「擴充式的主觀的類推邏輯方法」，〔註67〕甚至「循血緣關係承借與放大」，〔註68〕成就其天人感應論。其後的讖緯更沿著此說大加闡述各種神異災祥事蹟。

二、災異的政治意涵

如果災異的發生是爲了「規範」君王言行更爲合宜的話，則王充主張災異譴告之不可信，其中可能即隱含了對君王行爲的最大信任。王充從天道自

〔註61〕 參任繼愈主編：《中國哲學發展史（秦漢）》（北京：人民出版社，1998年），頁28～29。

〔註62〕 參李偉泰：《兩漢尚書學及其對當時政治的影響‧兩漢尚書學的特色（一）》（臺北：國立台灣大學文學院，1976年），頁43。

〔註63〕 劉君燦：〈生剋消長──陰陽五行與中國傳統科技〉，收入洪萬生主編：《中國文化新論　科技篇　格物與成器》（臺北：聯經文化事業股份有限公司，1994年），頁59。

〔註64〕 參劉君燦：〈關聯與和諧──影響科技發展的思想因素〉，《中國文化新論　科技篇　格物與成器》頁518、528。

〔註65〕 王夢鷗嘗謂：鄒衍本意或要把直接觀察自然現象得來的知識來代替古來的迷信卜筮，故其深觀陰陽消息而暢論五行休王的終始，然其後遺說又爲著龜卜筮之術數緣附。（見王夢鷗：《鄒衍遺說考‧緒論》頁15。）故鄒衍之五行本爲一經驗式的觀察歸類，有別於後隨取五事（物）以爲五行之說。

〔註66〕 龐樸謂：「荀子批評思孟將這些範疇從往舊的道德、政治以至認識論的諸範疇中摘取出來，不顧『類』的不同，並列而謂之『五行』。」見龐樸：〈思孟五行新考〉，《文史》第七輯，1979年12月。

〔註67〕 參侯外廬等撰：《中國思想通史》（第二卷：兩漢思想）（北京：人民出版社，1992年），頁119。

〔註68〕 同上注。

然的角度論災異之不可信，其背後可能隱含：人主的威信不可被威脅。因此，在以災異爲「規訓」君王的議題上，王充對政權顯然有更深的維護。

王充言：「人君爲政，前後若一，然而一湛一旱，或而然之。」〔註69〕爲政既一，期間之節氣之變只是「或然」之變。變復之家見天之象，「災異時至，則生譴告之言矣」。〔註70〕人君之舉措一致，變復家利用自然天象的變化，謅言譴告之語。從上節中我們已經可以看到，爲人君者不必爲聖人，此處的人君，自不必爲有德者。當君主行爲失誤時，王充認爲，自有賢人勸諫，其謂：

> 夫大人之德，則天德也；賢者之言，則天言也。大人剌而賢者諫，
> 是則天譴告也，而反歸告於災異，故疑之也。〔註71〕

不信聖人之言，反然災異之氣，求索上天之意，何其遠哉？〔註72〕大人援天德以行勸諫，君主若欲求知天意，當從聖人之言，不必再對外胡亂揣測；「寒溫之至，遭與賞罰同時，變復之家，因緣名之矣」，〔註73〕變復家隨時而名災異，其實寒溫自有節。王充不斷反覆稱天道無爲，不應政事，〔註74〕或言四時非政所爲者，〔註75〕蓋在於「寒溫之氣，繫於天地而統於陰陽。人事國政，安能動之？」〔註76〕寒溫節氣由天管控，何以能由改動國事轉變節氣之發生？由光武時以讖決事之例，以及某一段時間中的「窮折黃白之術」，〔註77〕可以看到這些術數家假借天象（或是無法「合理」解釋的「非常」、「異」象）的發生趁機混亂施政方向，使決策權被巧妙的轉移到有心份子手上。因此王充言，「天本而人末也」，〔註78〕「人物繫于天，天爲人物主也。……天氣變于上，

〔註69〕《論衡》卷15，〈明雩〉，頁664。
〔註70〕《論衡》卷14，〈譴告〉，頁647。
〔註71〕《論衡》卷14，〈譴告〉，頁646～647。
〔註72〕《論衡》卷14，〈譴告〉，頁648。
〔註73〕《論衡》卷14，〈寒溫〉，頁628。
〔註74〕〈寒溫〉中言「自然無爲，二令參偶。遭適逢會，人事始作，天氣已有，故曰道也。使應政事，是有爲，非自然也。」〈譴告〉中言「天道，自然也，無爲。如譴告人，是有爲，非自然也。」見《論衡》頁631、636。
〔註75〕〈寒溫〉云「夫四時非政所爲，而謂寒溫獨應政治。……寒溫，天地節氣，非人所爲，明矣。」《論衡》卷14，頁629。
〔註76〕《論衡》卷15，〈變動〉，頁654。
〔註77〕光武時帝方信讖，多以決定嫌疑，又醻賞少薄，天下不時安定。桓譚上疏言：「……臣譚伏聞陛下窮折方士黃白之術，甚爲明矣；而乃欲聽納讖記，又何誤也！……」見《後漢書》卷28上，〈桓譚馮衍列傳〉，頁960。
〔註78〕《論衡》卷15，〈變動〉，頁654。

人物應於下矣」，〔註79〕在天、人關係上，界定出本末位置，天有變而人有應屬自然「感動」，然其間不存在人應天之事：「可言寒溫感動人君，人君起氣而以賞罰；乃言以賞罰感動皇天，天為寒溫以應政治乎？」〔註80〕王充強調「寒暑有節，不為人變改」，〔註81〕以天應人可，以人回應天則本末倒置。而所有的天象都是自然為之，天人間不存在同類相感之「類應」，〔註82〕僅存在外部「感動」，人事上的現象才是最終應當回歸且相信的事實。

而順應災異而出現的祭祀儀典，又將如何呢？王充言：

> 德酆政得，災猶至者，無妄也；德衰政失，變應來者，政治也。夫
> 政治則外雩而內改，以復其虧；無妄則內守舊政，外修雩禮，以慰
> 民心。故夫無妄之氣，屬世時至，當固自一，不宜改政。〔註83〕

相應於變復家「只取災」，「見變輒歸於政」，〔註84〕對王充而言，這些儀式的意義，「慰民心」的成分要大於指責人君為政不德，王充指出，不論災異發生與否，都「不宜改政」，可以看出王充對維護君主威信、政權穩定的努力。土龍之設亦同：

> 今設土龍，雖知不能致雨，亦當夏時以類應變，與立土人土牛同義。
> 〔註85〕

在明知土龍無能致雨之下仍置之，除尊天之意外，更能撫慰人心。因此，王充努力將天、人間的關係消減於無形，因為「天道自然，非人事也。」〔註86〕人事的問題當歸人事，不宜與天作無謂的連結；尤其不當聽信變復家言，因「變復之家，不推類驗之，空張法術，惑人君」。〔註87〕

然而在王充強調「陰陽不和，災變發起，或時先世遺咎，或時氣自然。……引過自責，恐有罪，畏慎恐懼之意，未必有其實事也」，〔註88〕或語氣更為強

〔註79〕《論衡》卷15，〈變動〉，頁649。
〔註80〕《論衡》卷15，〈變動〉，頁651～652。
〔註81〕《論衡》卷15，〈變動〉，頁656。
〔註82〕〈變動〉謂：「事以類而時相因，聞見之者或而然之。」說明此類「類應」事情之發生，都是時之為然，而不為必然。《論衡》卷15，頁660。
〔註83〕《論衡》卷15，〈明雩〉，頁671～672。
〔註84〕《論衡》卷15，〈明雩〉，頁673。
〔註85〕《論衡》卷16，〈亂龍〉，頁703。
〔註86〕《論衡》卷16，〈亂龍〉，頁696。
〔註87〕《論衡》卷15，〈明雩〉，頁670。
〔註88〕《論衡》卷18，〈感類〉，頁786。

列的：

> 夫相譴告，道薄之驗也。……末世衰微，上下相非，災異時至，則
> 造譴告之言矣。……由此言之，譴告之言，衰亂之語也，……且凡
> 言譴告者，以人道驗之也。人道，君譴告臣，上天譴告君也，謂災
> 異爲譴告。夫人道，臣亦有諫君，以災異爲譴告，而王者亦當時有
> 諫上天之義，其效何在？〔註89〕

指責那些「造譴告之言」者，是將當朝比衰世，人君爲亡國之君等論之後，
事實確是：「漢詔多懼詞」。〔註90〕趙翼舉證自文帝以來，元帝、東漢明帝、
而章帝、和帝、安帝、順帝等，或由於陰陽失調，以致水旱不節；或俗吏不
良，刑章不中；或寇賊縱橫，黎民流困等，使這些「繼體守文之君，不能有
高、武英氣，然皆小心謹畏。」並對漢政評言：「兩漢之衰，但有庸主，而無
暴君」，〔註91〕反而指出正由於因爲尊天敬天，對天所示災異多所顧忌，才使
漢代並無出現暴君。這樣的「誤差」可能並不隱含對錯的價值判準問題，而
在於對「災異」認識的視角不同。

　　在漢代普遍的天人相感氛圍中，災異被設定爲「規範」君主言行之機制，
然而在維護君權的王充身上，卻代表了「懲罰」的意涵。因此在災異「規訓
或懲罰」的意義上，王充無疑是選擇後者。人君有失，當由「人道」負責規
勸諫言，何以獨使君主下詔罪己？再者，變復家濫以天象左右君心，都使得
王充不得不再三強調，「天象」所爲，只顯示一種自然變化，天道自然，「寒
溫自有時，不合變復之家。」〔註92〕其又有以家禍爲例：

> 夫家人見凶修善，不能得吉；高宗見妖改政，安能除禍？除禍且不
> 能，況能招致六國，延期至百年乎！故人之死生，在於命之夭壽，
> 不在行之善惡；國之存亡，在期之長短，不在於政之得失。〔註93〕

凡人遇禍修善，都不能必然求得福氣，今天君主因災異而改政，又怎能達到
除禍避難的效果？王充認爲，如一人壽命長短，是出生即注定的事情，一國
家的壽命亦然也是早就注定的，任何後天的行爲修正都無法改變既定的事

〔註89〕《論衡》卷18，〈自然〉，頁783～784。
〔註90〕見趙翼：《廿二史劄記》（臺北：世界書局，2001年）卷2，「漢詔多懼詞」條，
　　　　頁25。
〔註91〕趙翼：《廿二史劄記》卷2，「漢詔多懼詞」條，頁25～26。
〔註92〕《論衡》卷5，〈感虛〉，頁241。
〔註93〕《論衡》卷5，〈異虛〉，頁214。

實。因此，王充的政治宿命論，當從災異的角度看，才有全面之理解。

三、王充的政治天人論

王充承認帝王之命由天受之，然天雖給之，並不祐之，政權的存在僅是如天道般的依序運行。我們幾乎可以肯定，當時陰陽五行的力量已經僭越帝王之治權，甚或已經內化成為帝王行事所依據之準則。因此王充在處理一朝之治期時，不若一般士大夫說的長治久安，而是以近乎悲觀的態度說，「命期自然，非德化也」，〔註94〕治期之長短，不在帝王之德。他撇清一切關於人事的道德意涵，暗示了對災異家以之附會的道德要求的一種鄙棄。因此天道與治道間的衝突，首表現在治期上。王充謂：

> 賢君之治國也，猶慈父之治家。慈父耐平教明令，不耐使子孫皆為孝善。……昌必有衰，興必有廢。興昌非德所能成，然則衰廢非德所能敗也。昌衰興廢，皆天時也。〔註95〕

> 世治非賢聖之功，衰亂非無道之致。……世之治亂，在時不在政；國之安危，在數不在教。賢不賢之君，明不明之政，無能損益。〔註96〕

> 夫賢君能治當安之民，不能化當亂之世。……孔子曰：「道之將行也與，命也！道之將廢也與，命也！」由此言之，教之行廢，國之安危，皆在命時，非人力也。〔註97〕

由這三段引文，吾人可以看到，陰陽五行所仰賴的支點被更高一層的自然天道、命定、時命所瓦解。然而這些言論，完全不理會帝王才能、道德對政權的控制，而一併歸諸於天道，無疑與漢初黃老治術的主張相牟合，其後遂有不知天道自然不為大人之說。

而若災異應驗的對象包括了「皇帝、諸王、宮中、皇后」四者，〔註98〕則

〔註94〕《論衡》卷17，〈治期〉，頁768。
〔註95〕《論衡》卷17，〈治期〉，頁770～771。
〔註96〕《論衡》卷17，〈治期〉，頁771。
〔註97〕《論衡》卷17，〈治期〉，頁769。
〔註98〕Wolfram Eberhard 從《漢書》的本紀、五行志、天文志中，考察西漢時期的災、異次數，從作者對現象的解釋得出，凶兆所應驗的人物有皇帝（6 例）、諸王（11 例）、宮中（2 例）、以及皇后（1 例）。見 Wolfram Eberhard 著，劉紉尼譯：〈漢代天文學與天文學家的政治功能〉，收入《中國思想與制度論集》（臺北：聯經出版事業公司，1976 年），頁49。

災異與政權間明顯具有等號關係。而當災異僅爲災異，不再與政治正當性連結後，政治上的天人關係該如何措置？沒有災異的「管控」，是否即代表了朝政的一往不利？離開政治對應關係之後，天道爲何？人事上又有何力量維持政權？

王充之天既無災異譴告意義，則其便不具政治意涵，其意義爲道之自然、無爲，說災異爲天爲者，不合於道義：

譴告于天道尤詭，故重論之。論之，所以難別也。說合于人事，不入於道意，從道不隨事，雖違儒家之說，合黃、老之義也。〔註99〕

王充看到了災異掠奪規範政權的合法性，其影響將有違於道，而欲回歸以人事規範政權之正統性，因此，王充自然天的意義即是對「災異」提出了規範的正當性質疑：

何以知天之自然也？以天無口目也。案有爲者，口目之類也。〔註100〕

天道自然，自然無爲，二令參偶，遭適逢會，人事始作，天氣已有，故曰道也。〔註101〕

天尊貴高大，安能撰爲災變以譴告人，且吉凶蚩色見於面，人不能爲，色自發也。天地猶人身，氣變猶蚩色。人不能爲蚩色，天地安能爲氣變！然則氣變之見，殆自然也。〔註102〕

夫天無爲，故不言災變，時至，氣自爲之。夫天地不能爲，亦不能知也。〔註103〕

王充於此，強調的是天的「無爲」，對於「氣感」、「類感」等人爲操作，其實並未否定。以土龍爲例，王充指出，「神靈示人以象，不以實」，〔註104〕故可不待實然而相感動。此說與王充反對天人感應之論點並不相違背，關鍵在於「主控權」的掌控方向爲何。相較於以天文占爲主的讖緯（尤其是緯），〔註105〕王充

〔註99〕《論衡》卷18，〈自然〉，頁785。
〔註100〕《論衡》卷18，〈自然〉，頁775～776。
〔註101〕《論衡》卷14，〈寒溫〉，頁631。
〔註102〕《論衡》卷18，〈自然〉，頁785。
〔註103〕《論衡》卷18，〈自然〉，頁785。
〔註104〕《論衡》卷16，〈亂龍〉，頁699。
〔註105〕呂宗力、欒保群在《緯書集成》前言中指出，緯書中僅天文占的內容就約占現存緯書佚文的一半以上。又援安居香山之說，認爲戰國以來大量的天文占著作是緯書思想的一個重要來源。見呂宗力、欒保群，收入安居香山、中村璋八編：《緯書集成·前言》（石家莊：河北人民出版社，1994年），頁3～4。

賦予天一個自然無爲的定義，而此除了表現天主體性的優越存在外，更說明了天人間之平衡在於「氣」之感動，而非相互對應的制式關係。有爲的只能是人，因此禍福都由人事而來，政權亦由君主之改正脩化來維持。故其謂：

> 禍變且至，身自有怪，非適人所能動也。……變見於天，妖出於人，上下適然，自相應也。〔註106〕

> 夫寒溫失和，風雨不時，政事之家，謂之失誤所致，可以善政賢行變而復也。〔註107〕

> 政善則嘉瑞臻，福祥至；熒惑之星無爲守心也。……不改政修行，坐出三善言，安能動天？天安肯應？〔註108〕

從「變見於天，妖出於人」言中，可以看到王充對天災人禍，已作出清楚之界定。天有變是天自然成之，人出妖是人身自有怪，天人間適然而生，自然成應，非人爲的對應關係，人不有爲，何以能動天？又有言曰：

> 雷雨之至也，殆且自天氣，成王畏懼，殆且感物類也。夫天道無爲，如天以雷雨責怒人，則亦能以雷雨殺無道。古無道者多，可以雷雨誅殺其身，必命聖人興師動軍，頓兵傷士，難以一雷行誅，輕以三軍克敵，何天之不憚煩也！〔註109〕

> 夫天地之間，猶人背腹之中也。謂天爲災變，凡諸怪異之類，無小大薄厚，皆天所爲乎？〔註110〕

天若有爲，不當選擇性爲之，而應普遍行之，王充由此駁天之能爲。

而政之失既因君王，改政自當由君王負責，不宜由天告知：

> 可言人君爲政，賞罰失中也，逆亂陰陽，使氣不和；乃言天爲人君爲寒爲溫以譴告之乎？〔註111〕

同時，徐興無亦從綿密的考證中言，占星術是讖緯中的一大組成部分。幾乎所有的讖緯文獻中都論及星象與政治的關係。見徐興無：《讖緯文獻與漢代文化構建》（北京：中華書局，2003年），頁181。

〔註106〕《論衡》卷5，〈感虛〉，頁234～235。
〔註107〕《論衡》卷4，〈變虛〉，頁208。
〔註108〕《論衡》卷4，〈變虛〉，頁205。
〔註109〕《論衡》卷18，〈感類〉，頁801。
〔註110〕《論衡》卷18，〈自然〉，頁785。
〔註111〕《論衡》卷14，〈譴告〉，頁645。

> 夫變異自有占候，陰陽物氣自有終始。履霜以知堅冰必至，天之道
> 也。〔註112〕

因此，凡所有變異之前，必能從自然之道中窺見一葉知秋的蛛絲馬跡。王充
更一步說，論災異者，不爲大人。王充言：

> 《易》曰：「大人與天地合其德。」黃帝、堯、舜大人也，其德與天
> 地合，故知無爲也。〔註113〕

唯大人知天道自然無爲，王充言其故曰：

> 稟氣不一，安能皆賢？賢之純者，黃、老是也。……黃、老之操，
> 身中恬淡，其治無爲。正身共己，而陰陽自和，無心於爲，而物自
> 化，無意於生，而物自成。〔註114〕

> 至德純渥之人，稟天氣多，故能則天，自然無爲。稟氣薄少，不遵
> 道德，不似天地，故曰不肖。……不似天地，不類聖賢，故有爲也。
> 〔註115〕

人秉天而生，秉氣不同，氣性則異。唯秉德氣純渥之人，才能體會自然無爲、
恬淡無欲之理。

第三節　王充貴今賤古思想述評

　　若依王充強調事必有證、檢視文句的理性思維，其在宣漢上所作的部分主
張的確令人匪夷所思。〔註116〕同時在前二節的討論中，已經可以看到王充對祥
瑞災異這些政治責任之表徵是抱持不信任態度，然其「如天瑞爲故，自然爲在？
無爲何居？」〔註117〕還言猶在耳，何以後又承認祥瑞發生之可能？儘管我們並
不否認「宣漢」說中彰顯章帝之仁惠聖明之可能，〔註118〕但更應該注意的是王

〔註112〕《論衡》卷14，〈譴告〉，頁646。
〔註113〕《論衡》卷18，〈自然〉，頁782。
〔註114〕《論衡》卷18，〈自然〉，頁781。
〔註115〕《論衡》卷18，〈自然〉，頁781。
〔註116〕如〈祥瑞〉以民拾金爲例言：「金之與玉，瑞之最也。……漢，土德也，故金
　　　　化出。」《論衡》卷19，〈祥瑞〉，頁839。此與王充一貫反對以五行間相生相
　　　　剋爲必然者明顯相違背。
〔註117〕《論衡》卷18，〈自然〉，頁775。
〔註118〕林麗雪指出，王充對章帝的瑞應陳說的特別詳細，其目的之一在引出章帝的
　　　　仁惠聖明。見林麗雪：《王充》，頁338。然材料之粗細問題，更大程度是就

充之所以「宣漢」，及何以強調貴今賤古之觀點。這二個問題可分由二方面說明。其一從歷史進化的角度，論述祥瑞所傳達的之政治意涵。其二從王充以「儒」自居的心態來論，其所以是今非古，是否隱含了「政治控制學術」的意義？〔註119〕或反而更坐實了其媚漢心態？〔註120〕

一、祥瑞及其意涵

祥瑞與災異對漢儒而言，前者表有肯定政權之意涵，而後者則有限制君權的努力。如上節所述，在天人感應的議題上，王充對災異之說一概屏除，然對漢祥瑞卻多所肯定，不免有頌讚君主之嫌。然而，除了依循天人感應思路下的解釋外，祥瑞對地方官吏而言，更有搏取丞相、聖上獎勵，以及減低勞役、稅賦負擔的機會。因此此部分除論述在思想史或儒學脈落下的祥瑞意涵外，更突出祥瑞對吏階層的政治考量，期從祥瑞一事出發，釐清王充的政治史觀。

《白虎通‧封禪》論瑞應云：

> 天下太平，符瑞所以來至者，以爲王者承天統理，調和陰陽，陰陽

> 和，萬物序，休氣充塞，故符瑞並臻，皆應德而至。〔註121〕

此間有著「勢」使之然，以及應「運」而生的歷史進程，顯示了以「符瑞說明政權由來」的特性。〔註122〕然而「明確」被王充承認的祥瑞，只有人民安

可信度來說。王充身當章帝之時，對當時發生之事最爲熟悉，較之前代自然近者可信。

〔註119〕余英時謂，從最有批判精神的王充上，都不免與其他漢代知識份子一樣，主張歌功皇朝，並言歌誦當代是知識份子的責任。這就是學術上沒有自由，政治控制學術，所產生的必然後果。見余英時：〈從中國傳統看學術自由的問題〉，《史學與傳統》（臺北：時報出版公司，1986 年），頁 137。

〔註120〕丁亞傑、倪芳芳在〈顧頡剛的疑古思想：漢儒、孔子與經典〉中，從《論衡》〈吉驗〉、〈語增〉、〈藝增〉、〈問孔〉諸例來看，王充寫作之意非考定古史，而是頌美漢代。其思想特徵，不是疾虛妄，而是貴今賤古。（見丁亞傑、倪芳芳：〈顧頡剛的疑古思想：漢儒、孔子與經典〉，《元培學報》11 期，2004 年 12 月，頁 43。）然王充所非之古，不僅是針對既有經傳，更包含當今之時日禁忌。而其所是之今，亦不惟漢一世，更在於對漢之著作、人才繁多。

〔註121〕陳立撰：《白虎通疏證》（北京：中華書局，1997 年），卷 6，〈封禪〉，頁 283。

〔註122〕周德良指出，漢儒因爲肯定一人專治之大一統政治，並極力擁護，在此同時又接引符瑞，一則符合其政治態度，且又可以此說限制天子，故無論從發生意義或者理論意義，以符瑞說明政權由來，以災異作爲天志譴告，正適應於當時之政治環境。見周德良：〈論漢儒災異論——以董仲舒、《白虎通》爲中心之察考（下）〉，《鵝湖月刊》25 卷 6 期（1999 年 12 月），頁 47。

樂萬事太平，以及文人、漢代著作三者：

> 夫太平以治定爲效，百姓以安樂爲符。……百姓安者，太平之驗也。……瑞雖未具，無害於平。……聖主治世，期於平安，不須符瑞。〔註123〕

> 高祖……將入咸陽，五星聚東井，星有五色。天或者憎秦滅其文章，欲漢興之，故先受命以文爲瑞也。〔註124〕

> 文人之休，國之符也。……鴻文在國，聖世之驗也。……國君聖而文人聚，人心惠而目多采。〔註125〕

引文一說明了祥瑞並不擔負政治責任，太平盛世不須祥瑞的錦上添花，重在治定的功效。王充不言祥瑞對君主治績的考察作用，是企圖將祥瑞之生與政權合理性問題分開而論，使祥瑞僅用來表示今古相等的概念，是在確聞其事，「核事理之情，定說者之實」之心態下紀錄下來，〔註126〕而「非以身生漢世，可褒增頌歎，以求媚稱也」。〔註127〕引文二、三是在以物類爲祥瑞之表徵外，另開文人著作一類。此不僅是提出了一個與「天象」相抗衡的「人事」徵候，以及對文章著作的重視，更暗示了一種以「文人爲用」的治世基準。

然而在討論祥瑞發生的可能性上，王充明顯有二種說辭。其一是從天的角度論之。天既由陰陽二氣組成，凡天之屬皆爲氣：

> 瑞物皆起和氣而生，生於常類之中，而有詭異之性，則爲瑞矣。
> 〔註128〕

> 瑞應之出，殆無種類，因善而起，氣和而生。〔註129〕

儘管有「氣性，隨時變化，豈必有常哉？」〔註130〕的但書，在肯定「和氣而生」的前提下，祥瑞的發生是成立的，並且具獨特之性。然和氣何來？王充言：

> 夫瑞應猶災變也。瑞以應善，災以應惡；喜惡雖反，其應一也。災

〔註123〕《論衡》卷19，〈宣漢〉，頁815～816。
〔註124〕《論衡》卷20，〈佚文〉，頁865。
〔註125〕《論衡》卷20，〈佚文〉，頁868。
〔註126〕《論衡》卷19，〈宣漢〉，頁821。
〔註127〕《論衡》卷19，〈宣漢〉，頁821。
〔註128〕《論衡》卷16，〈講瑞〉，頁730。
〔註129〕《論衡》卷16，〈講瑞〉，頁732。
〔註130〕《論衡》卷16，〈講瑞〉，頁733。

變無種，瑞應亦無類也。陰陽之氣，天地之氣也，遭善而爲和，遇惡而爲變，豈天地爲善惡之政，更生和善之氣乎？然則瑞應之出，殆無種類，因善而起，氣和而生。〔註131〕

王充對「和氣」並未作嚴密的定義，然此說極易聯想到董仲舒與人相副之「喜怒之氣、哀樂之氣」。〔註132〕然若順從上述語境，或許可以提出另外一個可能的解釋：對這些特殊而且實存的現象，王充隨俗的「姑且名之」亦曰「瑞應」。另一種對祥瑞的解釋，是約化爲少見之「不世」之物：

鳳凰亦或時生於鵠鵲，毛奇羽殊，出異眾鳥，則謂之鳳凰耳，安得與眾鳥殊種類也？……鳳凰、麒麟都與鳥獸同一類，體色詭耳，安得異種？〔註133〕

種類無常，故曾晳生參，氣性不世；顏路出回，古今卓絕。〔註134〕

同類而有奇，奇爲不世，不世難審，識之如何？〔註135〕

王充將「難得」之瑞降爲「無常、不世」之偶然少見之物，不僅瓦解其特殊性，更進一步消解其神異性：

案人操行莫能過聖人，聖人不能自免於厄，而鳳、麟獨能自全於世，是鳥獸之操，賢於聖人也。……人同性類，好惡均等，尚不相知，鳥獸與人異性，何能知之？……儒者咸稱鳳凰之德，欲以表明王之治，反令人有不及鳥獸，論事過情，使實不著。〔註136〕

王充從道德修爲上言祥瑞神異性之虛妄，並指出過分推崇祥瑞之神，反倒反映了人之不如鳥獸。可以看出在肯定政權的受命主張外，王充還保留了知識份子對道統的堅持。〔註137〕

〔註131〕《論衡》卷16，〈講瑞〉，頁732。
〔註132〕董仲舒謂：「天地之常，一陰一陽。……天亦有喜怒之氣、哀樂之氣，與人相副。」董仲舒著，蘇輿義證：《春秋繁露義證》卷12，〈陰陽義〉，頁341。
〔註133〕《論衡》卷16，〈講瑞〉，頁731。
〔註134〕《論衡》卷16，〈講瑞〉，頁732。
〔註135〕《論衡》卷16，〈講瑞〉，頁731。
〔註136〕《論衡》卷17，〈指瑞〉，頁742～743。
〔註137〕蔡英文指出，天人相應思想不是被皇權利用來提高他權力的威望，就是講求這一套思想的知識份子在現實政治上跟皇權妥協而認同它，繼而喪失儒家所肯定的知識份子的職責在於以「道統」來批判「政統」的精神。見蔡英文：〈天人之際──傳統思想中的天文意識〉，《中國文化新論　思想篇二　天道與人道》頁298～299。

二、吏階層中的祥瑞意涵

然而，以上的陳述，是否與王充天道自然無爲之論述基點相違背？尤其在其主張：

> 或曰：太平之應，《河》出圖，《洛》出書。不畫不就，不爲不成。天地出之，有爲之驗也。……曰：此皆自然也。夫天安得以筆墨而爲圖書乎？天道自然，故圖書自成。……自然之化，固疑難知，外若有爲，內實自然。〔註138〕

> 物自生而人衣食之，氣自變而人畏懼之。……如天瑞爲故，自然焉在？無爲何居？〔註139〕

對於《河》出圖，《洛》出書之太平之應，王充都由「自然」一詞解釋，然而祥瑞除了有政治正統的意涵外，對吏階層而言，有更獨特的意義。從尹灣漢簡墓主師饒與鄰近侯國、郡國等王侯交遊之名刺來看，其往來之密切，關鍵可能在上計之紀錄。李成珪指出，爲求得一太平象徵或領取嘉賞，地方郡縣長吏往往於上計時謊報祥瑞、隱瞞災情，或增加戶口等，其意在肯定丞相職責、維持自己的政治地位。〔註140〕因此不能不使人懷疑，王充積極肯定漢祥瑞之出，是否隱含了冀望藉由「矯飾太平」而被察舉拔陞之心態？

相較於其他漢代思想家，《論衡》是唯一不針對古史作歷史意涵檢討的，其所關注之議題，都是當下的問題。而《論衡》中亦無涵括所謂五德終始、三統、三世等歷史進化思想，故其宣漢思想僅能從企圖「鞏固領導中心」之穩固政權角度視之。〔註141〕

〔註138〕《論衡》卷18，〈自然〉，頁778～779。

〔註139〕《論衡》卷18，〈自然〉，頁775。

〔註140〕李成珪指出，上計不僅是提供御覽的資料，更成爲考核各級官僚的依據，根據上計成績，丞相（或皇上）對有優良治績的上計吏、郡守等給予獎勵，這實際上促使下級官僚們匯報一些偽造的「太平」，而實現太平也意味著丞相盡責盡職，從而也可以維持自己的政治地位。除此之外，這樣的「太平」亦能爭取減少所屬之郡縣之租稅、徭役負擔等福利，不僅有利於人民，更能藉此增加威望，提升察舉可能。見李成珪：〈虛像的太平：漢帝國之瑞祥與上計的造作──從尹灣簡牘「集簿」的分析說起〉，《國際簡牘學會會刊》2002年5月。

〔註141〕龔鵬程曾言，王充大談瑞應，稱頌漢朝瑞應最多，超過古代，是爲了證明政權的合理性。見龔鵬程：〈世俗化的儒家：王充〉，《漢代思潮》頁270。此說誠然，但期望藉此穩固政權，才是王充「宣漢」之主因。

〈驗符〉、〈祥瑞〉諸篇肯定漢祥瑞出現之可能，並承認與漢德相當，此儘管有可能是出於王充親自所感之實證，然若依其「悲觀宿命論」的歷史觀，〔註142〕認為治期、天人感應（尤其是災異）、君主聖賢等都不是造成歷史變遷的要素與原因，則漢世祥瑞之出現價值何在？其與王充貴今賤古思想間又有何關聯？

王充在解釋其所以貴今賤古時嘗言：

> 世俗之性，好褒古而毀今，少所見而多所聞。又見經傳增賢聖之美，孔子尤大堯、舜之功。又聞堯、舜禪而相讓，湯、武伐而相奪。則謂古聖優於今，功化渥地後矣。夫經有褒增之文，世有空加之言，讀經覽書者所共見也。〔註143〕

> 俗儒好長古而短今，言瑞則渥前而薄後。〈是應〉實而定之，漢不為少。漢有實事，儒者不稱；古有虛美，誠心然之。信久遠之僞，忽近今之實。斯蓋三增九虛，所以成也；〈能聖〉、〈實聖〉，所以興也。儒者稱聖過實，稽合於漢，漢不能及。非不能及，儒者之說使難及也。如實論之，漢更難及。〔註144〕

從以上二段引文，可以看到王充從世儒長古短今之習來論，表示此論主要針對儒生而發。而其所指出的「少所見而多所聞」、「信久遠之僞，忽近今之實」，與班固所言「今論者但知誦虞夏之書，詠殷周之詩，講羲文之易，論孔氏之春秋，罕能經古今之清濁，究漢德之所由」，〔註145〕以及張衡所謂「若客所謂末學膚受，貴耳而賤目者也，苟有胸而不能節之以禮，宜其陋今而榮古矣」

〔註142〕蕭公權認為，王充破除感應，其目的在闡明悲觀之宿命論。……國家與個人均受宿命之支配見蕭公權：《中國政治思想史》（臺北：聯經出版事業公司，2001年）頁373、374。同時，藉由以「期」、「數」、「天時」、「歷數」來解釋治亂興亡的原因，而將行為道德、政治得失完全捨棄的觀點，林載爵同樣認為，王充的治亂循環史觀是一種宿命論。見林載爵：〈天道變易‧世運終始〉，收入黃俊傑主編：《中國文化新論　思想篇二　天道與人道》（臺北：聯經出版事業公司，1996年）頁44。而從王充自言「若夫陰陽調和，風雨時適，五穀豐熟，盜賊衰息，人舉廉讓，家行道德之功，命祿貴美，術數所致，非道德之所成也。」（《論衡》卷11，〈別佞〉，頁522）亦可再次確認，王充對於國家的運作結果，的確有著交由上天、命祿掌控的悲觀宿命感。

〔註143〕《論衡》卷18，〈齊世〉，頁812。

〔註144〕《論衡》卷20，〈須頌〉，頁856～857。

〔註145〕班固：〈東都賦〉，收入蕭統編，：《增補六臣註文選》（李善等註，臺北：漢京文化事業有限公司，1983年）卷1，頁39。

之說，〔註146〕均傳達出當世普遍之貴古風潮。因此：貴古風潮的價值何在？
對儒生來說有何意義？王充、班固、張衡三人競發同見，又顯示了當時對
「古」、「今」間何種價值取向標準？

從漢初《淮南子》謂「世俗之人，多尊古而賤今，故爲道者必托於神農、
黃帝而後能入說」始，〔註147〕今、古之間長期存在緊張氣氛，至東漢章帝白
虎會議召開之前，更有對「稽古之力」的講求：

> 今日所蒙，稽古之力也，可不勉哉！〔註148〕

> 臣聞主不稽古，無以承天；臣不述舊，無以奉君。〔註149〕

凡此尊古之聲，皆意味著唯有崇古戀舊，才能維持現有的統治秩序。卡西爾
曾言：「在原始人的思維中，沒有比年代的神聖性更神聖的東西了。正是年代
久遠才使所有的東西獲得了它們的意義。……破壞延續性就會毀滅神話和宗
教生活的根基。」〔註150〕而王充獨言今之聖，是因爲他所看到虛妄之作，都
是因於世人貴古賤今，而使得有心之人得以僞造古書，躐取高名。而僞作的
出現，及這些貴古之士的崛起，都使得社會價值陷入混亂。而此亂象正是王
充講求「以文爲瑞」、推尊當世著作之力的主因。其謂：

> 《易》曰：「大人虎變其文炳，君子豹變其文蔚。」又曰：「觀乎天文，
> 觀乎人文。」此言天人以文爲觀，大人君子以文爲操也。……天晏者
> 星辰曉爛，人性奇者掌文藻炳。漢今爲盛，故文繁湊也。〔註151〕

王充強調漢之爲盛，不在稽古之力，而是擁有人最珍貴的掌文藻炳。對此班
固亦有同見：

> 大漢之文章，炳焉與三代同風。夫道有夷隆，學有麤密，因時而建
> 德者，不以遠近易則。〔註152〕

> 近者陸子優游，《新語》以興。董生下帷，發藻翰林。劉向司籍，辯
> 章舊聞。楊雄覃思，《法言》《太玄》。皆及時君之門閫，究先聖之壺
> 奧。婆娑乎術藝之場，……用納乎聖德，烈炳乎後人，斯非亞歟？

〔註146〕張衡：〈東京賦〉，《增補六臣註文選》卷3，頁60。
〔註147〕劉文典：《淮南鴻烈集解》卷16，〈脩務訓〉，頁653。
〔註148〕《後漢書》卷37，〈桓榮丁鴻列傳〉，頁1251。光武28年時桓榮對太子之言。
〔註149〕《後漢書》卷36，〈鄭范陳賈張列傳〉，頁1228。
〔註150〕〔德〕恩斯特·卡西爾：《人論》頁352。
〔註151〕《論衡》卷20，〈佚文〉，頁865～867。
〔註152〕班固：〈二都賦〉序，《增補六臣註文選》卷1，頁22。

〔註153〕
王充、班固均從漢代著作之繁盛作爲盛世的基本要件，從「虛實」面考量，
〔註154〕與其相信可能並不存在的鳳凰、甘泉，不如就耳目所及之著作爲瑞，
所謂「信久遠之僞，忽近今之實」，才是王充大篇幅的討論祥瑞問題的重點。

　　此外，站在從維持正統方面思考，貴今賤古之說亦包涵維持正統之考量。
若世皆「處皇代而論戰國，曜所聞而疑所覿」，〔註155〕國家之正統性必遭質疑，
主體性亦有所動搖。從武帝改正朔、易服色的考量上，有一因即是在時之貴古。
王充既以《論衡》比《詩》，希使命藉之觀風俗、知下情，故其力言漢之瑞，當
有立典法，傳典常之意。〔註156〕然而，王充忽視了儒生陳古諷今的傳統，亦可
見王充其實並沒有深入儒生思想的核心，以及位處地方的思想邊陲性。

　　儘管王充力言僅就事實紀錄下祥瑞之發生，然祥瑞既具強烈政治意涵，
加上又不承認災異之發，某種程度上的確有只說漢家之美的媚俗心態。因此
從上節王充對天人感應思想之排斥，並力主天道自然，帝王自生上，此間又
論祥瑞可信，不免令人感到訝異或疑惑。然其間可能並沒有想像中的衝突，
關鍵在於，王充凡是講求實證的方式，一方面保證了他所要求之事物的眞實
性，另方面同時也限制了現象上不可解、或說無法以實物相堪驗證事之發生，
從而使其在從同類事物佐證時，往往不能信服於人。如其對雷殺人說一事，
從火、焦土、甚至呂后殺戚夫人之史事等各方面來討論「雷殺人」、「雷取龍」
的虛妄，但這樣的討論仍難解釋雷電發生時的火光從何而來，或山林間被雷

〔註153〕班固：〈答賓戲〉，《增補六臣註文選》卷45，頁847。
〔註154〕周桂鈿對王充思想進行評價時，曾以「虛實之辨」作爲其哲學宗旨。其以王充
　　　　自言「使俗務實誠」之語，與「疾虛妄」之旨相對爲一破一立，而言貫穿《論
　　　　衡》一書的主線就是「虛實之辨」。見周桂鈿：《虛實之辨——王充哲學的宗旨》，
　　　　頁 2～3。然其書中對《論衡》中所謂的虛、實並未多有陳述或對立之判。而
　　　　杜正勝在討論古代物怪時，即曾指出，王充是最能清楚分辨鬼神或物怪之別，
　　　　其標準在「生存實有，非虛無象類」中的「虛實」之辨。杜氏之言當能對王充
　　　　之虛實指稱作精闢概括。見杜正勝：〈古代物怪之研究（上）——一種心態史
　　　　和文化史的探索〉（一），《大陸雜誌》104 卷 1 期，2002 年 1 月，頁 3。
〔註155〕班固：〈答賓戲〉，《增補六臣註文選》卷45，頁847。
〔註156〕《史記‧禮書》謂：「今上即位，招致儒生之士，令共定儀，十餘年不就。或
　　　　言古太平，萬民和喜，瑞應辨至，乃采風俗，定制作。上聞之，制詔御史曰：
　　　　『蓋受命而王，各有所由興，殊路而同歸，謂因民而作，追俗爲制也。議者
　　　　咸稱太古，百姓何望？漢亦一家之事，典法不傳，謂子孫何？……』乃以太
　　　　初之元改正朔，易服色，封太山，定宗廟百觀之儀，以爲典常。」見司馬遷：
　　　　《史記》卷 23，〈禮書〉，頁 1160～1161。

電劈折的房屋樹木之原因。因此當王充自身在面對眼耳感官所接收而來的祥瑞訊息時，不僅沒有批駁，反而有種見獵心喜的愉悅，一連用了五章的篇幅大書特書。然如是的「書寫錯誤」可能並不是因爲王充不曉得他所遇見的這些祥瑞意義其實等同於那些遇到鬼而相信世上有鬼、因爲不守擇日法而發生意外等俗夫俗婦心態，而在於王充書寫《論衡》的用意，在政令宣達、保障社會秩序穩定的意義。

　　儘管王充只是將祥瑞視作另一項「實證」，然對此證極其巧合的能與漢德相符，仍然有媚俗之疑。而從政治思想的角度觀之，若董仲舒之政治主張是重革命而輕受命，〔註157〕則王充其輕災異而重祥瑞，無疑是說明了其重受命而輕革命的心態。

〔註157〕蕭公權：《中國政治思想史》（上），頁 319。

第六章 「疾虛妄」方法之有效性

　　本章主要探討王充所以「疾虛妄」爲其論證方法上的有效性問題，並以知識、邏輯、思想譜系三方面進行論述。知識者，概論王充之知識論及其知的觀念，此論旨在釐清王充對知識的態度以作爲討論其方法上有效性之前導。邏輯者主以邏輯觀點討論王充方法論是否臻至有效性的效用，以及無效的原因。思想譜系則是對王充思想作一較全面觀照，期望透過「譜系」的脈落，對王充思想作出一細部察考及理解。

第一節　王充知識論與知的問題

　　在進入「疾虛妄」方法有效性的討論之前，廓清王充知識論及其「知」的問題，是首要必要工作。所謂「知」，包括知的對象、知的主體、以及是否存在先知等問題。從〈知實〉、〈實知〉中，可以發現王充對於「知」的問題，其實有過深刻而細密的思考，故關於王充的知識論，歷來研究王充專書者亦多專章討論，而王充講求實證等諸說，亦已爲定論。此處同樣討論王充的知識論，以及他的驗證方法，唯切入點由「先知」問題開始論述，次論王充知識論議題，期從此相較之下鮮少討論之問題爲進路，對王充之知識論有另一層意義的發揮。

一、知識論中之先知問題

　　韋伯在其《宗教社會學》中曾論及先知的問題，而此也成爲此處重新探

討王充知識體系之動機。儘管二者之說立基點並不完全相同，而本文亦無意以韋伯之說爲研究進路，然其若干想法亦足以反饋爲王充批駁孔子無能先知之說時的一種思考角度。

先知的問題，是要正式進入討論王充之知識論之前，必須先釐清的問題。此問題包含：何以能爲知？世上是否存在先知？是否有全知之知？此問題的提出不在於解決王充知識論中諸如知識的來源、知識的確立、判準等細節問題，而在對知識論提出根本上的界義。

除了讖緯將孔子塑造爲「生而知之」的聖賢形象，漢代諸子著作爲使人信其說，對此亦大加書寫，孔子也就成了先知的代表。而王充對孔、孟之所以會產生這些詰問或質疑，重點仍在於「神性」。也就是說，「先知」孔子已經成了一種知識上的「神」，其人、其言已經被神化爲漢代知識份子的精神典範，而這些「人爲」、「刻意」加諸於孔孟身上的神性，除了是「虛妄」的以外，更多的是會將人導向錯誤的認知上，從而作出錯誤的判斷。

如前所述，漢代巫者的地位其實已下滑爲必須巧詐鬼神之名來斂貨取財，不再具有知識（不論是形上或形下）的保存者、國家祭祀時等主要地位，儘管經典、禮制足以領導國家有一正確、穩健的航行方向，然而懸缺於人（主要指知識份子）心中的知識空位，正在等待一個更具權威性、更符合時代理性要求的「先知」來遞補，此先知不僅將成爲知識份子知識的「救贖」的身分，更有「啓示者」的作用。〔註1〕

王充認爲，世人之所以對混淆孔子爲先知，原因在於對「聖賢」一詞的誤解。世謂：

> 儒者論聖人，以爲前知千歲，後知萬事，有獨見之明，獨聽之聰，
> 事來則名，不學自知，不問自曉。故稱聖則神矣，若蓍龜之知吉凶，
> 蓍草稱神，龜稱靈矣。〔註2〕

世認爲聖人之所以爲聖，即表示其具異於常人的才能，能未卜先知，有獨見之明。王充則指出，所謂「聖賢」，並不意謂聖是高「賢」一等的智者，而「賢」之所以在聖之下，亦不代表其才智不若聖。其謂：

〔註1〕 韋伯對「先知」的定義爲：「意指一純粹個人性之卡里斯瑪稟賦的擁有者，他基於個人所負使命而宣揚一種宗教教説或神之誡命。」然而此處我們可以將先知的範圍擴大一些，而不必僅限於宗教範疇。見韋伯（Max Weber）：《宗教社會學》，頁 59。

〔註2〕 《論衡》卷 26，〈實知〉，頁 1069。

夫伊尹、伯夷、柳下惠不及孔子，而孟子皆曰「聖人」者，賢聖同
類，可以共一稱也。……孔子聖，宜言「聖於堯、舜」，而言「賢」
者，聖賢相出入，故其名稱相貿易也。〔註3〕

王充謂聖人之才，實與「賢」同，賢、聖同等，故可以並相而稱，甚且其名
可相貿易。又於〈知實〉洋洋列舉十五項先知孔子無神力以先知之事辯駁，
如其言「孔子聞政以人言，不神而自知之也」，〔註4〕足見孔子無先知能力，
故曰：

所論先知性達者，盡知萬物之性，畢睹千道之要也。如知一不通二，
達左不見右，偏駁不純，跨校不具，非所謂聖也。〔註5〕

又言：

使聖人達視遠見，洞聽潛聞，與天地談，與鬼神言，知天上地下之
事，乃可謂神而先知，與人卓異。今耳目聞見與人無別，遭事睹物
與人無異，差賢一等爾，何以謂神而卓絕？〔註6〕

王充將聖人之「神」地位拉低至常人上，並指出其「知」中偏駁不純之處，
爲加諸其上的完滿找出切口。

　爲破解聖賢與神異之間之聯繫，王充又對「聖」與「神」作出個別定義，
以釐清二者觀念。其謂：

夫賢聖者，道德智慧之號；神者，眇茫恍惚無形之實。……聖神號
不等，故謂聖者不神，神者不聖。〔註7〕

王充指出所謂賢聖，只代表其人道德以及智慧上的超於常人，而神則是渺茫
恍惚無具體實像之物，與有明確「人」指稱的聖賢，完全是不同類別的範疇，
因此「聖人不能神而先知」，〔註8〕而神者亦無能具備聖賢之道德智慧，期望
透過對神異的說解，將聖人與神異之性質作清楚的界定。

　人既無法全知、亦無能先知，則不知者何以能知？王充曰：爲學。其謂：

夫可知之事者，思慮所能見也；不可知之事，不學不問不能知也。
不學自知，不問自曉，古今行事，未之有也。夫可知之事，惟精思

〔註3〕《論衡》卷26，〈知實〉，頁1102。
〔註4〕《論衡》卷26，〈知實〉，頁1087。
〔註5〕《論衡》卷26，〈實知〉，頁1083～1084。
〔註6〕《論衡》卷26，〈知實〉，頁1096。
〔註7〕《論衡》卷26，〈知實〉，頁1100。
〔註8〕《論衡》卷26，〈知實〉，頁1086。

之，雖大無難；不可知之事，屬心學問，雖小無易。故智慧之士，
不學不成，不問不知。〔註9〕

人才有高下，知物由學，學之乃知，不問不識。〔註10〕

事難空知，賢聖之才能立也。所謂神者，不學而知。所謂聖者，須
學以聖。以聖人學，知其非聖。天地之間，含血之類，無性知者。
〔註11〕

實者，聖賢不能性知，須任耳目以定情實。其任耳目也，可知之事，
思之輒決；不可知之事，待問乃解。……孔子曰：「吾嘗終日不食，
終夜不寢以思，無益，不如學也。」〔註12〕

因此不論是智慧之士，或聖賢孔子，都經由學而知物。是以認識的唯一途徑，
便是爲學。

既無人可爲先知，則知識本身是否存在先知？王充認爲，「事有難知易
曉，賢聖所共關思也」，〔註13〕難知之識如同難解之結，打不開的並非知識，
而是找不到解結之源頭。其謂：

天下事有不可知，猶結有不可解也。兒說善解結，結無有不可解。
結有不可解，兒說不能解也。非兒說不能解也，結有不可解。及其
解之，用不能也。聖人知事，事無不可知。事有不可知，聖人不能
知，非聖人不能知，事有不可知。……故夫難知之事，學問所能及
也；不可知之事，問之學之，不能曉也。〔註14〕

知識亦有難知之知，是以世所以爲的具神異之效、有未卜先知之知——術數
者，俱虛妄也。其曰：

夫術數直見一端，不能盡其實。雖審一事，曲辯問之，輒不能盡知。
何則？不目見口問，不能盡知也。〔註15〕

據術任數，相合其意，不達視聽，遙見流目以察之也。夫聽聲有術，

〔註9〕《論衡》卷26，〈實知〉，頁1075～1076。
〔註10〕《論衡》卷26，〈實知〉，頁1082。
〔註11〕《論衡》卷26，〈實知〉，頁1082。
〔註12〕《論衡》卷26，〈實知〉，頁1084。
〔註13〕《論衡》卷26，〈實知〉，頁1083。
〔註14〕《論衡》卷26，〈實知〉，頁1084～1085。
〔註15〕《論衡》卷26，〈實知〉，頁1078。

則察色有數矣。推用術數，若先聞見，眾人不知，則謂神聖。〔註16〕

方今占射事之工，據正術數，術數不中，集以人事，人事於術數而用之者，與神無異。〔註17〕

對王充來說，術數之於認知，僅是巧意爲之「先驗」之知，禁不起實證的檢驗，當然，更無法強入聖賢言說中。

可以看到，不僅是人之先知，或知之全能，面對這樣強調、並且追求一種知識完滿的狀態，王充提出的知識缺口論，先知非全知、術數者只見一端，不僅對人，更對知識作出回歸（面對）現實的大動作，與允許缺陷、再補充的可能，對隨觸即破的漢代知識體系，提供了包容其他知識以及預定下一盛世的機會。然而與此同時，破壞了原有的完滿狀態，我們亦該質疑，沒有了這層「權威」的知識保障，人們面對現實生活，是否會有更多、更大的不安？

二、王充之認識論

接續上述知識議題，此處之「認識」問題，在處理何者爲「知識」，「知識」從何判斷。而欲論王充認識論，當從二方思考，其一曰認識對象，其二曰認識方法，而後者實又涵蓋判斷方式。以下分述之。

（一）認識對象

在分析王充的實證認識論之前，須先明晰其所指稱的非實證者爲何。其將世所以爲「神」者分有二種，一爲當時的解經著作，其中可以包含讖緯、術數、以及可無限延伸的聖人先知能力；二爲民間鬼神等信仰。此二種恰分屬二階層，一爲知識份子階層，二爲民間階層，即其對鬼神的信仰。前者已如上述，後者亦已於第三章處申論之，是以可明王充所謂「虛妄」，主體在於「神異」上。亦即不論是讖緯或民間鬼神信仰，其共通點在於均有神異表徵，而此才是王充之虛妄主體，而所謂之大傳統、小傳統之分際，在神異上也產生了連接點，故而王充在其認識論及驗證論（又以以〈實知〉、〈薄葬〉諸篇爲主要論述篇章）中將之合論之因。

而之所以要明「虛妄」主體，在於虛妄已使知識產生真僞難辨之影響，並進一步使人心浮妄，遇事真假不分，朱紫不明，準的失衡。然而這些「神」

〔註16〕《論衡》卷26，〈實知〉，頁1079。
〔註17〕《論衡》卷26，〈實知〉，頁1080。

者既爲虛，加諸其上的普遍判斷是否存在？能否有效的被檢視？誠如勞思光指出的王充判斷上均屬「常識」之語，是否表示了「知識」亦如人般有等級階層之別？〔註18〕唐君毅曾謂，「常識中的普遍因果原則。常識中所謂的眞與眞理的意義，……同於價值上之善美之眞理。……兼涵善美等價值意義之眞理，可謂是知識之眞理之外的眞理。」〔註19〕同時，「我們以眞假爲意見與信念之性質，亦是我們之常識之所許的。……我們所謂意見與信念，亦是關於一事物之意見與信念。」〔註20〕可見只要論證爲眞，在知識論的範疇中，即使是常識，也都是可以信賴的眞理。

（二）認識方法

知識既同時亦爲判斷，則何者能爲「知」，其間的判斷方式爲何？標準何在？〔註21〕王充指出，欲建立一正確的認知有效性，必須在感官的感知之後，回到「心」的判斷上，心何以知？檢驗證明之。王充疾虛妄既主針對「神」議題，「神」之特性即在其具有一種想像的空間，及遭受人爲操控、杜撰的可能，因而王充主張驗證法，存在理性的考量。然而當想像的力量大過於理性現實的事實時，所代表的往往是一文明的倒退。是以王充之反「神」，不僅是基於他貴今賤古的考量，也包含對時人正視現實的提醒。〔註22〕然而感官所認知到的，是否都是不合乎理性思維的直觀唯心論？其感知出的「事實」是否均爲常識？如論者論及認識論中之感官知識時所言，感官的知識是所有理智知識之基，而此外在的感官是吾人生活的指導方針，並且其所感知到事實的眞實性是不需要證明的，因那些都是明顯的事實。因此若要追究其中是否存在錯誤的地方，關鍵並不在

〔註18〕 如柴熙指出，認識即是判斷，而「我們的確能藉著判斷去認識事物自身」，是以若王充所討論的本屬常識，則是否能推論常識之眞實性必定低於眞理或事實？類似如王充所討論的「虛實」抽象議題，能否獲致一種普遍判斷？柴說見《認識論》（臺北：臺灣商務印書館，1991年），頁8。

〔註19〕 唐君毅：〈知識論〉，《哲學概論（上）》，唐君毅全集卷22（臺北：臺灣學生書局，1991年），頁605～606。

〔註20〕 唐君毅：〈知識論〉，《哲學概論（上）》，唐君毅全集卷22，頁610。

〔註21〕 王臣瑞亦指出，知識論也稱爲批判學，這是因爲爲了確實建立知識的有效性，必須先對我們的認識官能作徹底的檢討，同時也必須對有關知識的錯誤學說，作客觀的批判。見王臣瑞：《知識論》（臺北：臺灣學生書局，2000年），頁2。

〔註22〕 Popper 曾指出，「杜撰故事的動機其實是在支持對文明的反叛」，以作爲對神喻、預言的反對。見卡爾·巴柏：《開放社會及其敵人》（莊文瑞、李英明譯，臺北：桂冠圖書股份有限公司，1994年），頁6。

感官，而是他缺少科學的知識。〔註23〕因此王充不斷的強調哪些爲虛，哪些是實，都是在爲民眾經營一個科學而可以證之的正確知識，期望他們能擺脫想像超能性的認識。因此若從常識與感官間關係來論認識方法，王充提出的「夫論不留精澄意，苟以外效立事是非，信聞見於外，不詮訂於內，是用耳目論，不以心意議也。夫以耳目論，則以虛象爲言；虛象效，則以實事爲非，是故是非者不徒耳目，必開心意」之說，〔註24〕正表示王充注意到感官的易誤性，且知識間的推測性，故其檢驗法最終歸結於可證與否，足以說明王充對「知」極盡可能的追求客觀眞實，以避免成爲「不證自明」的先驗知識。〔註25〕

因此其以爲論事之眞僞，除講求感官之實外，又有心的作用。而如前所引王充對「學」的要求與重視，用心即在期望經過更多的知識來改造人心的認知層面。因此其謂：

> 春秋之時，卿大夫相與會遇，見動作之變，聽言談之論，善則明吉
> 祥之福，惡則處凶妖之禍。明福處禍，遠圖未然，無神怪之知，皆
> 由兆類。以今論之，故失可知之事者，思慮所能見也；不可知之事，
> 不學不問不能知也。〔註26〕

是以博學不僅是王充對知識價值肯定之一途，更成爲判斷力之依據。

神異之事既爲虛妄，判斷上又以驗證論來考核，可知王充的思維上，的確以可證與否作爲衡量虛實之依據。王充之主張驗證法，即在於保證知識的正確與眞實性，確保它不是未經檢驗的、先驗的失眞之知。而王充之所以那麼緊張的擔心知識失眞，是因爲他已經意識到當時知識體系的瓦解，以及整個社會價值體系的毀壞。因此，王充的知識體系中，知識與眞理從來就不會是先驗的存在，先驗者之於王充，只有天和自然，而此二者之先驗性，亦是基於其客觀的觀察而來。是以王充之驗證實際亦存在了對道德的要求。

〔註23〕 見王臣瑞：《知識論》頁 493、502、503、511。

〔註24〕 《論衡》卷 23，〈薄葬〉，頁 962～963。

〔註25〕 波普指出，常識知識論的失敗在於它忽視了知識的間接性和推測性。甚至我們的感官也是充滿理論、並且是易誤的（更不用說對感官所傳遞的信息的解釋了）。因此面對其實「無法找到一個既眞實又確定的出發點」的常識哲學上，實際上來說，「從常識出發是可取的，不管它所包括的觀點會是多麼不精確。但是，要對根據常識而提出的所有觀點加以批判。」參〔英〕卡爾·波普爾（Karl Popper）：《客觀的知識——一個進化論的研究》（舒煒光、卓如飛、梁咏新等譯，杭州：中國美術學院出版社，2003 年），頁 106～108。

〔註26〕 《論衡》卷 26，〈實知〉，頁 1075～1076。

在實證認識論上，王充提出「揆端推類」主張，此確保了事理在反覆推求時有清楚的事實脈落依循。如其謂「揆端推類，原始見終，從閭巷論朝堂，由昭昭察冥冥」〔註27〕、「放象事類以見禍，推原往驗以處來事」〔註28〕、「推類見方」〔註29〕、「無達事洞聽之聰明，皆案兆察跡，推原事類」〔註30〕等。又有講求實證者，如：

> 凡論事者，違實不引效驗，則雖甘義繁說，眾不見信。……事有證驗，以效實然。〔註31〕

> 論則考之以心，效之以事，浮虛之事，輒立證驗。〔註32〕

> 夫論不留精澄意，苟以外效立事是非，信聞見於外，不詮訂於內，是用耳目論，不以心意議也。夫以耳目論，則以虛象爲言；虛象效，則以實事爲非，是故是非者不徒耳目，必開心意。〔註33〕

> 聖人據象兆，原物類，意而得之；其見變名物，博學而識之。巧商而善意。廣見而多記，由微見較，若揆之今睹千載，所謂智如淵海。〔註34〕

> 賢聖之知，事宜驗矣。賢聖之才，皆能先知；其先知也，任術用數，或善商而巧意，非聖人空知。〔註35〕

他認爲聖人之被視爲先知，其因在於他們能在細微的徵兆痕跡中，找到知識的所在，而這種精微的功力不是一般人所具備的。而這些認知方法，也成爲王充判斷知識上的有效檢驗方式，凡不合此原則者，均屬虛妄之論。是以其論讖緯，曰：

> 案神怪之言，皆在讖記，所表皆效《圖》、《書》，「亡秦者胡」，《河圖》之文也。孔子條暢增益，以表神怪；或後人詐記，以明效驗。〔註36〕

〔註27〕《論衡》卷26，〈實知〉，頁1072。
〔註28〕《論衡》卷26，〈實知〉，頁1073。
〔註29〕《論衡》卷26，〈實知〉，頁1074。
〔註30〕《論衡》卷26，〈實知〉，頁1075。
〔註31〕《論衡》卷26，〈知實〉，頁1086。
〔註32〕《論衡》卷29，〈對作〉，頁1183。
〔註33〕《論衡》卷23，〈薄葬〉，頁962～963。
〔註34〕《論衡》卷26，〈知實〉，頁1095～1096。
〔註35〕《論衡》卷26，〈知實〉，頁1099。
〔註36〕《論衡》卷26，〈實知〉，頁1070。

讖書秘文，遠見未然，空虛闇昧，豫睹未有，達聞暫見，卓譎怪神，
若非庸口所能言。〔註37〕

讖緯依託孔子，並神之使為先知，以賦予其說權威性，並強化其真實性，是
以王充指出讖緯之「神異」，其說又不見諸經傳，實難信服。故而王充問孔，
意在維護孔子言論之純粹性。其謂：

世儒學者，好信師而是古，以為賢聖所言皆無非，專精講習，不知
難問。〔註38〕

案賢聖之言，上下多相違；其文，前後多相伐者。世之學者，不能
知也。〔註39〕

聖人之言，不能盡解。說道陳義，不能輒形。不能輒形，宜問以發
之；不能盡解，宜難以極之。〔註40〕

凡學問之法，不為無才，難於距師，核道實義，證定是非也。問難
之道，非必對聖人及生時也。世之解說說人者，非必須聖人教告，
乃敢言也。苟有不曉解之問，追難孔子，何傷於義？誠有傳聖業之
知，伐孔子之說，何逆於理？〔註41〕

論不實事考驗，信浮淫之語；不遇去齊，有不豫之色；非孟子之賢
效與俗儒無殊之驗也？〔註42〕

世俗褒稱過實，毀敗踰意。〔註43〕

以上諸說均說明了，時人對聖人所言的過多揣測、臆度、以及過度詮釋，形
成的原因除了人心對誇張的敘述、獵奇的心理等的喜好外，更代表了社會道
德的墮落，才使人在對好惡的表現上追求極端的表現。因此總歸其癥結，王
充認為遇疑則應問師以釋疑，不問則不知，不能自己強作解人，即使是聖賢
之言，也不能例外，甚至還更要小心。

又論術數，曰：

〔註37〕《論衡》卷26，〈實知〉，頁1072。
〔註38〕《論衡》卷9，〈問孔〉，頁395。
〔註39〕《論衡》卷9，〈問孔〉，頁395。
〔註40〕《論衡》卷9，〈問孔〉，頁396。
〔註41〕《論衡》卷9，〈問孔〉，頁397。
〔註42〕《論衡》卷10，〈刺孟〉，頁458。
〔註43〕《論衡》卷26，〈實知〉，頁1081。

夫術數直見一端，不能盡其實。雖審一事，曲辯問之，輒不能盡知。
何則？不目見口問，不能盡知也。〔註44〕

推用術數，若先聞見，眾人不知，則謂神怪。〔註45〕

方今占射事之工，據正術數，術數不中，集以人事。人事於術數而
用之者，與神無異。〔註46〕

王充認爲，這些術數都只是僅見一端的小技，既無能實證以明，更不具神異
之效，充其量只是將人事事件集中歸納而出的一個把戲而已。

另一方面，王充之所以強調驗證，更有可能與其所見不良吏有關。賈誼
曾指出：

吏慮不動於耳目，以爲是時適然耳。夫移風易俗，使天下移心而向
道，類非俗吏之所能爲也。〔註47〕

而如前論王充在評論文吏與儒生之材時，亦屢言吏之不明「吏道」，徒曉簿書，
不達其義，在肩負改正風俗的責任上，自然必須強調「論則考之以心，效之
以事，浮虛之事，輒立證驗。」〔註48〕因此，向學、問師、佐證，成爲王充
知識論上最爲重要的三要素。

第二節　「疾虛妄」的有效性問題

王充疾虛妄問題涵蓋範圍已如前所述，包含民間信仰、知識來源、經傳
著作，橫跨民間及知識份子兩階層，故欲對疾虛妄作出有效性之衡量，必須
回到王充的出發點來觀測。王充以虛妄對諸種神異作出通稱，並不斷的以驗
證（不論是二元對立的論證，或同類互證）對之作出更爲理性的判斷。尤其
是已經成爲具強制效力的風俗習慣，王充對之用力更深，以將近一半的篇幅
仔細梳理這類問題。這些「常規」不僅明顯與律法牴觸，〔註49〕更有悖於倫
理。對爲「吏」的王充來說，民間信仰的問題尤爲其關注焦點。王充的教化

〔註44〕《論衡》卷26，〈實知〉，頁1078。
〔註45〕《論衡》卷26，〈實知〉，頁1079。
〔註46〕《論衡》卷26，〈實知〉，頁1080。
〔註47〕閻振益、鍾夏：《新書校注·俗激》，頁91。
〔註48〕《論衡》卷29，〈對作〉，頁1183。
〔註49〕韋伯指出，常規，所指的是風俗的一部分，它在既定社群之中產生，而被視
　　　　爲一種「有效」的共同意見。見韋伯：《社會學的基本概念》頁45。

思想，使其更急於將這些虛妄景況導回以倫理爲價值的信仰。

而從王充對「虛妄」的判準爲可證／不可證、存在／不存在二階層來看，前者爲技術層，後者爲存有層，透過這樣的分析，再來討論其思想上是否存在有效性、無效性，甚至是偶然、必然的問題，才能獲得較大的意義。而要作出所謂有效性的評估，即是要看問、答二方面是否均處同層級。如同「科學在現象中所尋求的遠不止是相似性，而是秩序。……對象的名字……具有一種目的論的功能，這種功能慢慢地發展成爲一種更客觀的、表現的功能」，〔註50〕在討論王充「疾虛妄」法之有效性時，必須清楚，其目的都是在於維護一種秩序，或者，是將喪失的社會秩序重新安排穩定。

「疾虛妄」有效性問題，可以分成二層面來看。首先是王充在敘述策略上問題，其次是《論衡》一書流傳原因的問題。在第一個層面上，王充不煩辭費的條列出諸種虛妄，而此舉不僅使讀者在閱讀上產生論點鬆散之感，對其論說之有效性更有被稀釋的危險及可能。第二，《論衡》之流傳，紀昀云：

> 高似孫《子略》曰：「袁崧《後漢書》載：『充作《論衡》，中土未有傳者，蔡邕入吳始見之，以爲談助。』談助之言可以了此書矣。」
> 此論可謂允愜。此所以攻之者眾，而好之者終不絕歟。〔註51〕

紀昀此言似乎透露出，《論衡》之流傳，在於其中保留了諸多思考的面向與可能，而加上口語、通俗的敘述方式，使得讀者在短暫的閱讀時間上，即能有言語上的趣味。因此，王充在「疾虛妄」上，是否具有有效性即有了討論的空間。因此儘管王充企圖從可證與否的角度建立疾虛妄的實行方式，然而從論者對其「常識」的評語上，隱然可見其中有效性的質疑。以下不擬從有效性、無效性二線分別論述，而以綜合討論的方式並行論之，期對王充之論述方法之有效性議題作出一相較客觀而嚴整的討論。

一、適偶論

面對天、人之間的衝突，王充採取的方式迥異於其他所謂上層的知識份子，即不做一種側面的否定或推論，而是從中找出解放的關鍵。第一步就是適偶論

〔註50〕〔德〕恩斯特‧卡西爾著：《人論》（甘陽譯，臺北：桂冠出版社，2005年），頁329。

〔註51〕紀昀：《四庫全書總目提要》（石家莊：河北人民出版社，2000年），子部30，雜家類4，《論衡》，頁3095

的主張。相應於西方邏輯學，適偶論就是討論普遍性及特殊性的問題。必然性
（necessity），是指「從一定理法而不得不如是者，曰必然或必然性。」〔註52〕
而偶然性（accident）則指一實體之存在與其所含之特質無絕對關係者謂之。〔註
53〕王充在論證一事的虛妄或真實時，會去審視此事是否為必然發生或偶然／偶
爾為之。若為前者，則事件為真的可能性為大；反之，則有較大的空間去討論
事件的真實性，提升事件虛妄的可能性。事件的必然發生，意謂著此事非單一
事件，而是有與其他事件相聯繫，不論是前因或後果。這種有連續性的關係是
緊密的，若硬要打破其中之連結則會造成整個討論的無意義。偶然性則反之，
事件的偶然產生意謂事件發生的獨立性，不必與其他事件有關聯。而王充《論
衡》爭論的焦點是世俗所好之「奇怪之語、虛妄之文」〔註54〕，這些本無其事
之事在王充的必然性／偶然性檢驗下，就很容易被破解、區分出來。除此之外，
此部份亦可擴大去探究事件的普遍性（universality）或特殊性（particularity）。
普遍性是多數事物中的共相，特殊性為某一事物之特定性質。在論證的時候，
若此事為一特例，就不能用來解釋普遍性。反之亦然。

　　王充從普遍性或特殊性的判斷中瓦解天的意識性，並企圖近一步化解追
尋一己之福與天道自然的衝突。而破解方法，即是胡適指出的，對「故」與
「偶」的應用。而此亦是《論衡》中常用的方法。略引數條如下：

> 或時城適自崩，杞梁妻適哭。下世好虛，不原其實，故崩城之名，
> 至今不滅。〔註55〕

> 寒溫自有時，不合變復之家。且從變復之說，或時燕王好用刑，寒
> 氣應至；而衍因拘而歎，歎時霜適自下。世見適歎而霜下，則謂鄒
> 衍歎之致也。〔註56〕

> 夫婦人之乳子也，子含元氣而出。元氣，天地之精微也，何凶而惡
> 之？人，物也，子亦物也。子生與萬物之生何以異？諱人之生謂之

〔註52〕　《哲學辭典》（臺北：商務印書館，1976年）頁112。
〔註53〕　參《哲學辭典》，，頁532。及羅伯特‧奧迪（Robert Audi）英文主編，王思
　　　　　迅主編：《劍橋哲學辭典》（臺北：貓頭鷹出版社，2002年）頁7。
〔註54〕　《論衡》卷29〈對作〉云：「世俗之性，好奇怪之語，說虛妄之文。何則？實
　　　　　事不能快意，而華虛驚耳動心也。是故才能之士，好談論者，增益實事，為
　　　　　美盛之語；用筆墨者，造生空文，為虛妄之傳。」《論衡》頁1179。
〔註55〕　《論衡》卷5，〈感虛〉，頁238。
〔註56〕　《論衡》卷5，〈感虛〉，頁241。

惡，萬物之生又惡之乎？〔註57〕

歲月有神，日亦有神，歲食月食，日何不食？積日爲月，積月爲時，積時爲歲，……安得鬼神之怪、禍福之驗乎？如歲月終竟者宜有神，則四時有神，統元有神。〔註58〕

夫葬，藏棺也；斂，藏屍也。初死藏屍於棺，少久藏棺於墓。墓與棺何別？斂與葬何異？斂於棺不避凶，葬於墓獨求吉。〔註59〕

洗、盥、浴不擇日，而沐獨有日。〔註60〕

式上十二神登明、從魁之輩，工伎家謂之皆天神也。常立子醜之位，俱有沖抵之氣，神雖不若太歲，宜有微敗。移徙者雖避太歲之凶，猶觸十二神之害。爲移徙時者何以不禁？〔註61〕

積分爲日，累日爲月，連月爲時，紀時爲歲。歲則日月時之類也。歲而有神，日月時亦復有神乎？〔註62〕

這些被王充特意標出的「獨」特之行，或「適巧」發生之事，都在說明這些事之發生並不是特殊的，具有神秘意味的。藉由「適偶」的分判，王充對事件發生上之因果關係作進一步的釐清，尤其若「關聯思維一旦束縛於程式化將喪失其精細辨別的能力」，並「將忽略一個真正的因果說明和一個無可懷疑的演繹推理」。〔註63〕因此王充之適偶論對只重連結不重個體的陰陽五行思維及天人感應部分進行了結構性的破壞，他從各種可能的方向拆解箇中的連結循環性，利用適偶的質疑瓦解其中之必然連結，無疑是最具殺傷力的。此部分主要運用在天人感應之類應部分。「人之真正較難確定之知識，……是由辨物類以求對於一個體物有所推知，及由辨物類而知普遍於某類物之各種普遍律則之知識」，〔註64〕《論衡》很大一部分即在處理關於普遍性知識的誤解律

〔註57〕《論衡》卷23，〈四諱〉，頁975。

〔註58〕《論衡》卷23，〈調時〉，頁983～984。

〔註59〕《論衡》卷24，〈譏日〉，頁990。

〔註60〕《論衡》卷24，〈譏日〉，頁993。

〔註61〕《論衡》卷24，〈難歲〉，頁1021～1023

〔註62〕《論衡》卷24，〈難歲〉，頁1025。

〔註63〕葛瑞漢（Angus C.Graham）：《論道者——中國古代哲學論辯》（張海晏譯，北京：中國社會科學出版社，2003年）頁384、385。

〔註64〕唐君毅：〈知識論〉，《哲學概論（上）》，唐君毅全集卷22，頁597。

則。然而面對論者言王充之論不過「只是一種常識」的批評，吾人該如何更仔細的梳理王充論證上有效性問題？從心覺來說，所有的認知都是一種經驗的認知，或由經驗推理出的想像的認知。然「經驗只能告我常如此而不能告我必如此」是「有無之問題，非必不必之問題」。〔註65〕因此王充企圖從外證來援內證，藉由同類事物的對比比較出普遍性或必然性之不同，然其究竟仍忽略了在經驗認知上的盲點，就在於其所以爲的「理性認知」可能並不存在。即，這套他用來駁斥虛妄情事的方法，與民眾思考之方向可能並無二致，其以爲虛妄者可能即是虛妄本身。

二、驗證論

王充強調驗證方式之思維使其成爲具有科學概念之先驅，他追求的是一種眞切的實存狀態。因此他不會接受一切意境式的論點，天就是自然天，沒有其他的想像於其中。而其爲了找出經驗事件所以產生錯誤的因果關係，王充從各種角度論人死不爲鬼，鬼者無知等，即是企圖從不同的驗證中，建立一有效的、合乎王充的判斷標準。他判斷的方式與標準，如緒論第二節所述，即「虛實」問題。可驗證的爲實，而實者爲眞；不可被證實存在的爲虛，虛者爲僞。然而王充的驗證論，往往因爲其援類推之法，即這樣「同理可證」的推論方式，實際上是忽略了事件的獨立性，不能儘從外在相同的字或詞作爲連結的關鍵，任意的加以比附。而其驗證方式亦因此使其有效性有了消減。

三、推類而論

讖緯之驗不獨有「驗於人」，更「推既往以占將來」，〔註66〕王充之所以強調事必「推類驗之」，在於提供同類事物的不同結論，以破解在單一往復間的驗證性。此類似於普遍性的考量，即以普遍性戳破神秘性，去除神異的獨特性。在方法上是以同類事物相提，使神異之事成爲孤證，在沒有普遍性法則的支持下，如是的神異便成爲不可能，而回歸只是適巧出現的特例，不足以成爲信仰，從而動搖其特殊、不可取代的結論。如：

〔註65〕牟宗三：《認識心之批判》（臺北：臺灣學生書局，1990年）頁27。
〔註66〕趙翼在「漢儒言災異」條下云，觀〈五行志〉所載，天象每一變，必驗一事。推既往以占將來。雖其中不免附會，然亦非盡空言也。……實漢儒之言天者，實有驗於人。見趙翼：《廿二史劄記》（臺北：世界書局，2001年）卷2，頁23。

夫萬人舉口並解籲嗟，猶未能感天，皺衍一人冤而壹歎，安能下霜？
〔註67〕

　而「類」的提出，同時也限定了其中諸概念的統一性，〔註68〕推論上易形成有效的必然判斷。如王充曰：

天主施氣，地主產物。……雖云怪變，怪變因類。〔註69〕

凡變復之道，所以能相感動者，以物類也。有寒則復之以溫，溫復解之以寒。故以龍致雨，以刑逐景，皆緣五行之氣用相感勝之。〔註70〕

風從虎，雲從龍。同類通氣，性相感動。若夫物事相遭，吉凶同時，偶適相遇，非氣感也。〔註71〕

藉由類的概念，對概念、物種提出屬性的限制與辨別，以及限制相互感動的範圍，外於其類者即非之。

　然而，以經驗命題為中心的類比互證，判準上往往會流於常識。為使一般世俗亦能明辨虛妄，王充從日常生活俯拾相關旁證，認真的找出相比之處的端點，加以推論，而由此決定之知識價值，除了有失於常識之譏外，更存在附會的危險。同時，這樣「同理可證」的推論方式，實際上是忽略了事件的獨立性，不能儘從外在相同的字或詞作為連結的關鍵，任意的加以比附。而此亦使後論者有了《論衡》者概「文人辯議之語，並無明確深切之理論或見解」評語的空間。〔註72〕

四、二元論

　此處之二元論，指的是善惡，好壞等價值判斷的對立二元問題。

　《論衡》者，「論之平也。」「衡」之論也。「衡」的出現，就揭示了王充

〔註67〕《論衡》卷5，〈感虛〉，頁239。

〔註68〕黑格爾指出，「類」為「直接性的客觀的普遍的東西」，而類的過程，即「揚棄它的個別化，並把自身對其客觀實有作為對自己本身那樣來對待。於是這個過程一方面是回到它的概念和最初消散的重複，是一個新的個體性的生成和以前直接的個體性的死亡。」參黑格爾：《邏輯學》（楊一之譯，北京：商務印書館，1991年），頁377、459～460。

〔註69〕《論衡》卷5，〈感虛〉，頁252。

〔註70〕《論衡》卷5，〈感虛〉，頁255～256。

〔註71〕《論衡》卷3，〈偶會〉，頁102。

〔註72〕勞思光：《新編中國哲學史》（二），頁135。

論證上二元對立的法則。在王充而言，二元是史料與史實間的平衡關係，是事實與俗見間的辨證，是虛妄與眞美間的拉扯。此二元可以是對立，可以抗衡，更是一種均衡、妥協。在王充的思維中，二元是統一而又對立的，他期望在一種緊張對立中推擠出事實眞相。而「衡」的觀念放在美學上，是一種對稱、均衡之美。王充在對立的二元上，進行同步的提升或沉放，在一種齊頭式的平等下，拉大二者間之差距。老子提出了條件與結果間相反相成、對立的統一的關係，開啓了「正言若反」判斷下現象和本質的對立統一，[註73]王充則更進一步對這些關係提出合理的解釋。

然而「衡」的觀念放在美學上，是一種對稱、均衡之美。有論者舉〈對作〉「是故論衡之造也，起眾書並失實，虛妄之言勝眞美也」之說提出王充思想中「美與眞」的統一問題，[註74]並把「眞」理解爲「合乎事實，不虛妄，不隱惡」，是「出身低下的王充對他的時代到處存在虛美隱惡的現象的憤慨」。[註75]這種看法其實是陷入唯物論證的。出身低下與對當時虛美隱惡現象充斥的憤慨可分立而觀。王充在論證事物眞偽的時候，慣常採用二元對立的論證方法。若要探討王充之「眞」爲何，需將「偽」也考慮在內。「偽」的形成是因「世俗之性，好奇怪之語，說虛妄之文。」[註76]以至於「虛妄顯於眞，實誠亂於偽，世人不悟，是非不定，紫朱雜廁，瓦玉集糅」。[註77]「不實誠」即是「偽」，這種「偽」不是與「眞」相對，而是在「眞」之上。而「美」必須放在「眞」下面說，合乎「眞」的條件才是「美」。有眞必有偽，這樣的觀念就是前述「對立而又統一的二元論證」。「論衡者，論之平也」，[註78]王充以史實、現實經驗爲支點，企圖找回記載與事實之間的平衡點。他之所以拿著放大鏡看經書上的一字一句，正是見到章句訓詁割裂經書，破碎原義，混淆事實的現象，他見到了語言自體分裂的強大繁殖力，看到語言的影響力，因此企圖通過自己的思考，得到一種更合宜的獨立結論。他回歸原典／點，找尋原典中的破綻，修補，還原事實眞相，以達到人事、史實、政事、天體

〔註73〕孫中原：《中國邏輯學》（臺北：水牛出版社，1994 年），頁 9～10。
〔註74〕李澤厚、劉綱紀主編之《中國美學史》中言以「眞美」戰勝「虛妄」是《論衡》的主旨，也是他的美學思想主旨。見《中國美學史》（臺北：漢京文化事業，1986 年），頁 629。
〔註75〕同上注，頁 630。
〔註76〕《論衡》卷 29，〈對作〉，頁 1179。
〔註77〕《論衡》卷 29，〈對作〉，頁 1179。
〔註78〕《論衡》卷 30，〈自紀〉，頁 1196。

運行原來的平衡狀態。雖然他的推論，很大的程度上是一種「同理可證」的推論（即只是將兩個觀念中某個外在的共同的特點來作連接，其內在可能並無關聯）。這自然是推論上的危險。因如果前面的推論不成立的話，那推衍出來的結論必定是無效的。這也就是《論衡》給人最大的缺憾。

五、氣化流行論

在強調驗證的同時，其中隱含了一個定義問題，即何者是可被驗證者。從王充多次言及人爲天地自然氣所自生，可知其亦受當時風氣影響，以含氣之物俱爲「實存」可證者。故而我們可以在他討論鬼、神、妖之別時，發現其雖不信鬼神之存在，卻對「妖」持正面態度，原因即在於妖爲氣所構成。如其言「同氣共類，動相招致，可矣」〔註79〕、「氣性異殊，不能相感動也」，〔註80〕以氣爲衡量同類標準之一，對同樣以「氣」爲組成要素的類應，勢必存在判斷失誤的隱憂。因此，以「氣」爲類之基準，使「援類互證」在王充推論上，不僅成爲其驗證方式上重要的有效方式，另一方面亦成爲無效的絆腳石。

王充在論述上，雖企圖建立自己一套判斷標準，然卻不能免的被現實之思維或語境拉走。如其承認「五藏氣之主也，猶頭脈之湊也」，〔註81〕又承認「人之精乃氣也，氣乃力也」，〔註82〕如此則間接承認了人之精誠能透過「氣」傳達於天，而使「精誠所至，金石爲開」之事成爲可能，而與王充自身之努力從「力」來說解力之極致不能過孟賁等，出現矛盾。

六、命定論

王充的命定論不僅是其思想上最大的特點，亦成爲其論述上最引人詬病之處。自宋以後評論者於此多發議論。宋代黃震曾云：

> 既仕不遇，退而作論衡，⋯⋯蓋充亦傑然以文學稱者，惜其初心發於怨憤，持論至於過激，失理之平正，與自名論衡之意相背耳。〔註83〕

乾隆亦云：

〔註79〕《論衡》卷14，〈寒溫〉，頁627。
〔註80〕《論衡》卷16，〈亂龍〉，頁695。
〔註81〕《論衡》卷7，〈儒增〉，頁362。
〔註82〕《論衡》卷7，〈儒增〉，頁364。
〔註83〕黃震《黃氏日抄》，收入文淵閣四庫全書第707～708冊，子部1，儒家類。

> 夫時命坎坷，當悔其所以自致坎坷耳，不宜怨天尤人，誣及聖賢為
> 激語以自表，則己已犯非聖無法之誅。即有讎其言者，亦不過同其
> 亂世惑民之流耳。君子必不為也。〔註84〕

紀昀也有相似意見：

> 充書大旨詳於〈自紀〉一篇，蓋內傷時命之坎坷，外疾世俗之虛偽，
> 故發憤著書，其言多激。〔註85〕

後二者之論其實又可見出一意，即因不遇而影響論證之平正，甚至詆毀聖人
操守不當。如是的評語，其實都出於對思想家的道德要求。當作品含有思想
家感性的現實經驗時，其有效性往往就受到質疑，而其著作目的及動機亦連
帶有了足夠的空間被加以揣測。誠然，命定的議題對人的行為作出解釋，「人
們就可以找到不必、事實上也不能為自己行為負責的藉口」。〔註86〕然王充之
命定論其實是要解決時人過分專注禍福的問題。我們可以觀王充在處理禍福
吉凶事件上的表現。其謂：

> 世謂宅有吉凶，徙有歲月。實事則不然。天道難知，假令有命凶之
> 人，當衰之家，治宅遭得不吉之地，移徙適觸歲月之忌。……必祿
> 衰命泊之人也。〔註87〕

王充以命定論消解意象的神秘力量及天的意志說。以及：

> 丈夫有短壽之相，娶必得早寡之妻；早寡之妻，嫁亦遇夭折之夫
> 也。世曰：「男女早死者，夫賊妻，妻害夫。」非相賊害，命有然
> 也。〔註88〕

以命定之說維持人事上的平衡，避免夫妻倫理之失衡，並消除不必要的相生
相剋連結。再者，將禍福問題簡化為命定，某種程度上，亦能降低祥瑞災異
對人事的控制力。

當我們習於以「理性」、「科學」等印象加諸於王充身上並以之為檢驗其
論之正確性與否時，當檢驗至命定論時，無可避免的立即被視作為其理論缺
口的證明。然而，必須說明的是，所謂「理性」，並不意味著萬無一失的準確，

〔註84〕乾隆：〈御製讀王充論衡〉，收入文淵閣四庫全書子部 10，雜家類 3，《論衡》。
〔註85〕紀昀於提要云：收入文淵閣四庫全書子部 10，雜家類 3，《論衡》。
〔註86〕戴璉璋：〈玄學與形神思想〉，《中國文哲研究集刊》第 13 期（1998 年 9 月），
　　　　頁 228。
〔註87〕《論衡》卷 3，〈偶會〉，頁 106。
〔註88〕《論衡》卷 3，〈偶會〉，頁 104。

或是可以撇清一切人性中感情或直觀的部分。〔註89〕

同時，信仰並不需要目的，尤其對於僅在消極性的求一己之福上，儘管能破解其中無論是對象或目的的一致性上，王充提出的經驗性的意義其實並不存在，或說效用意義不大。此亦是勞思光所認爲的，王充所爭論的「是非」問題，在意義範圍上並非全涉及「事實」，且其所涉及到的「必然」或「應然」問題上，王充俱未區隔清楚。〔註90〕因此，從黃震以來所提出的《論衡》的論點矛盾，其因究於王充並未掌握「虛」與「非」間的差距，而使得其結論往往是視常理爲眞理，而招致常識之譏。而之所以未能掌握虛與非的差距，並導致論述之無效性，除蘊含邏輯方法是否有效運用及考量達成程度，最主要的，是王充的學養所限，以及其儒與吏雙重身分下判斷標準的不同所致。然而是書雖不免有「踳駁謬誤」處，〔註91〕然大抵仍應回歸於紀昀所謂，《論衡》畢竟「中理者多。亦殊有裨於風教，儲泳袪疑說，謝應芳辨惑編，不是過也。」〔註92〕

第三節　思想譜系與王充思想定位

在王充「疾虛妄」方法有效性的最後，討論他的思想定位問題，目的在對王充的方法論提出一根本的理論原點，此不僅有別於以往過分援西方方法論對比王充方法論，更期望將王充的方法放回其應有的思想脈絡。如其自言，其書非無所根由，造端更爲的創新之「作」，而是就世俗之書訂其眞僞、辯其實虛之「論」，王充著書目的主在於針砭世俗之書，因此反對之後的思想脈絡，

〔註89〕 如 Popper 於論「神喻主義及反理性」時指出，理性的態度也有其社會的一面，而不同於天賦或聰明。理性主義者之對事不對人的討論態度是極爲重要的。它使我們有這個觀念，認爲每一個與我們溝通的人都可能是論證和較合理的知識來源。而我們對理性不能有過多的期望；論證雖然是學習的一個方法，卻不一定能夠解決問題，並不是把事情看的一清二楚，而是看得比較清楚。因爲在人的生活中，一些眞正重要的事情都是超越理性的。即使那些少數能堅守理性態度的科學家，也不過是因爲他喜歡理性。在這些極少數的個案中，仍是感情而不是理性，決定了他們的態度。尤有進者，是他的直觀，他對自然事物神秘性的觀照，而非他的理性使他成爲一位偉大的科學家。同時，論證與經驗的有效，的確取決於是否是持理性主義的態度。而理性主義的缺點，在於它未考慮到「人性」的弱點，大多數的人理知是脆弱的，他們依賴的是情緒和激情。見卡爾‧巴柏：《開放社會及其敵人》頁 977～987。

〔註90〕 勞思光：《新編中國哲學史》（二），頁 137。

〔註91〕 收入黃暉：《論衡校釋附編三　論衡舊評》，頁 1246。

〔註92〕 紀昀：《四庫全書總目提要》，子部 30，雜家類 4，《論衡》，頁 3095。

實際才更能顯示思想家所傾向的解決問題的根本態度,而此才是吾人應該注
意的。〔註93〕

　　而從本章第一節中,可以看到,在論者以「合乎義理與否」來對王充〈問
孔〉、〈刺孟〉二篇說解時,其言王充對孔孟言論批評上的不合義理,〔註94〕除
了顯示王充於儒家認識學養上的不足外,是否暗示了王充之於儒家爲異端的看
法?〔註95〕或排除於儒家譜系外?關於思想「譜系」的問題,隨著近年出土文
物的激增,以及內容上的豐富,不僅在既有的學術史認知上,更多的是對既有
的思想譜系,有了不同觀點以及新的詮釋空間。如簡帛〈五行〉篇的出現,不
僅對儒家思孟一派提供了更準確的接榫,更使吾人對儒家有了不同的解讀方
向。然而王充的師承關係不明,其儒生身份又無能證實,欲從「譜系」上對王
充思想作出定位,實際上是有爭議的。然而從前面數章對王充思想的討論上,
已經可以看到,除了循吏之外,不論是「異端」的評價,或是「不合義理」的
評斷,王充思想上儒家傾向是很明確的,其思想上確有一主體存在。而其思想

〔註93〕是以若從一發生來源來論王充思想上所接收到的諸種刺激,實際上會有顧此失
　　　　彼的尷尬產生。如林麗雪在討論「王充與先秦諸子間的關係」中,指出王充與
　　　　儒、道、墨、法、名、陰陽各派之間,有著程度大小不一的批評或接受。(見
　　　　林麗雪:《王充》頁 95～135。)而康瀟文之《王充認識論研究》(臺北:國立
　　　　臺灣師範大學國文研究所碩士論文,2003 年。)第三章中,曾就王充思想認識
　　　　來源作出整理,具體包括有儒、道、墨、法四家。然而漢代作爲第一個統一帝
　　　　國,其思想不僅包含先秦以來諸說諸論,更進一步突出了儒家思想(統治上法
　　　　家的份量也大幅增長)。如是的分類對思想家個人而言,顧此失彼的缺失或遺
　　　　憾是可能產生的問題。因爲我們實在很難從文本上之論述中,清楚地區分哪部
　　　　份屬儒,哪些爲墨,何者又爲道等,因此這樣的分類是否具有有效性,是值得
　　　　商榷的。再者,一思想家思想之獨特,重點並不在於他接受了哪些思想衝擊,
　　　　而在這些衝擊之後,經過內在的消化反芻,而得出一套思想菁華。
〔註94〕關於王充於此二篇是否合乎儒家義理之要求,可參劉謹銘:〈從儒家義理層次
　　　　回應王充的〈問孔〉與〈刺孟〉〉,《東方人文學誌》,2004 年 3 月,頁 21～37。
　　　　劉氏認爲,就義理層次來說,王充對於孔孟的批判無法成立,根本原因在於
　　　　他對儒家的義理缺乏適切的理解。又,以義理來判斷王充之思想屬性者,如
　　　　熊伯龍《讀論衡說》認爲,王充《論衡》無一不宗孔子,故〈問孔〉與〈刺
　　　　孟〉二篇乃「小儒僞作」。見蔣祖怡:《王充卷》(鄭州:中州書畫社,1983
　　　　年)附錄,頁 282～284。
〔註95〕侯外廬在《中國思想通史》(兩漢思想)上不斷言明,作爲儒學異端的王充,
　　　　有著更符合唯物主義、實證、以及歷史進化哲學的精神。而另一本標榜實用、
　　　　有趣的歷史,亦在標題上選用了「儒學異端」一詞來爲王充定位。由此可以
　　　　看到,在閱讀上,王充及其《論衡》有著歧出的趣味。參陳再明:《儒學異端:
　　　　現代王充論衡》(臺北:遠流出版事業股份有限公司,1995 年)

偏移的部分，是受限於其生活階層對個人思維的衝擊，與思維的養成。

　　對王充思想體系的討論，現存最早的史料，即是葛洪《抱朴子》外篇〈喻蔽〉中的一段對話。以下將此段對話擇要錄下：

> 抱朴子曰：「余雅謂王仲任作《論衡》八十餘篇，爲冠倫大材。」
> 有同門魯生難余曰：「夫瓊瑤以寡爲奇，磧礫以多爲賤。……王充著書，兼箱累袠，而乍出乍入，或儒或墨。屬詞比義，又不盡美。……」〔註96〕

此段引文中對於《論衡》長篇累牘、爲文瑣碎的評語，王充已於〈自紀〉中先行辯駁過，可參本書第一章第二節處，此處主要就王充的思想評價來論述。從儒家「魯生」的角度，《論衡》的思想屬性是很模糊的，不僅沒有統一的論述，甚且或儒或墨，游離不定。葛洪針對此「乍出乍入，或儒或墨」說的回應爲：

> 夫發口爲文，著紙爲書。書者所以代言，言者所以書事。若用筆不宜雜載，是論議當常守一物。昔諸侯訪政，弟子問仁，仲尼答之，人人異辭。蓋因事託規，隨時所急。……豈可詣者逐一道，如齊、楚而不改路乎？……若以所言不純，而棄其文，是治珠翳而刳眼，療涅痺而刖足，患莨莠而刈穀，憎枯枝而伐樹也。〔註97〕

從引文可以看到，葛洪但凡肯定王充著書之用心，卻未對論難者所疑王充之思想歸屬作出正面回應；而「不純」一語，卻已經顯示葛洪的確有注意到這個問題，唯不以人廢言，不以言雜廢其文，低調的轉移焦點。

　　而若從目錄學的角度，《論衡》自隋以下概被歸爲雜家，〔註98〕期間差距很有發揮空間。此處欲對王充思想作出一學術的派別鑑定，不僅在期望能對王充思想有更明確的路徑理解，更希望藉此對王充之思想屬性提出一有效的判斷方式。以下分從儒、雜二家論述。

一、儒家思想

　　李景林論及「學派歸屬」問題時曾指出，儒家思想大要可從三方面觀之，一是治道，二是教化與人生，三是性與天道。其中治道爲王道，教化爲仁義、

〔註96〕葛洪：《抱朴子》（楊明照校箋，北京：中華書局，1997 年）外篇，卷 43，〈喻蔽〉，頁 423。

〔註97〕楊明照：《抱朴子校箋》外篇，卷 43，〈喻蔽〉，頁 435～438。

〔註98〕如《隋書‧經籍志》卷 34，頁 1006；《舊唐書‧經籍志》卷 47，頁 2033；《新唐書‧藝文志》卷 59，頁 1534；《宋史‧藝文志》卷 250，頁 5208 等四家。

孝悌、忠信諸德，此二者爲儒家共性一面，而「性與天道」一項於學派歸屬議題上，格外能作出進一步決定作用者。〔註99〕然而以如是的標準觀王充思想，可以發現王充於治道主張無爲，治期爲天命；教化則爲學，並不言德行；性與天道則言性成命定，天道自然。似乎道家的傾向還較儒家多些。然而在進行義理上的分析之前，必須說明，王充之被稱爲「世俗化儒家」，不僅是指陳他的思想層級，更足以說明他的思想義理高度。因此，歷來論〈問孔〉、〈刺孟〉者，多視之爲非聖無法，〔註100〕或將之與孔孟原文作義理上的辯證，〔註101〕二者對於理解王充思想，可能都會存在誤解。〔註102〕必須知道王充「吏」的身份，與其「儒」的思想，其實是存在衝突的。然而李景林所提出之三項檢驗要素，於清理王充思想上，仍不失爲一簡明之方式，故以下仍延用之，並於標題上註明衝突之處。

（一）治　道

　　在霸道主之的漢代家法中，「法」不僅代表法家思想之中心要旨，更表示

〔註99〕見李景林：〈從郭店簡看思孟學派的性與天道論──兼談郭店簡儒家類著作的學派歸屬問題〉，《孔孟月刊》38 卷 5 期（2000 年 1 月），頁 12。

〔註100〕如胡應麟以其〈問孔〉、〈刺孟〉等篇，「闢邪之功不足以贖其橫議之罪矣。」並言：《論衡》之〈問孔〉，序意自明以仲尼大聖，其語言應接有絕出常情者，當時門弟子不能極問，故談疑發難，以待後人之答。藉在孔門固好學之一事第詞間傷直旨。或過求此充罪也。劉玄輩不能詳察，遂從而之之，以譏詆聖人，至堯舜禹湯，咸弗能免，猶李斯之學荀況也。見胡應麟：《少室山房筆叢正集》卷 28，頁 275。錢大昕言：「其答或人之咽，稱鯀惡禹聖，叟頑舜神，顏路庸固，回傑超倫，孔墨祖愚，丘翟聖賢。蓋自居於聖賢而訾毀其親，可謂有文無行，名教之罪人也。」見錢大昕：《十駕齋養新錄》，（臺北：臺灣中華書局，1986 年）卷 6，頁 6。乾隆皇帝云：「夫欲以言傳者，不衷於聖賢未能有傳者也。孔孟爲千古聖賢，孟或可問而不可刺。充則刺孟而且問孔矣。此與明末李贄之邪說何異？」見乾隆：〈御製讀王充論衡〉，收入文淵閣四庫全書子部 10，雜家類 3，《論衡》。紀昀亦云：「〈刺孟〉、〈問孔〉二篇，至于奮其筆端，以與聖賢相軋，可謂誖矣。」見紀昀：《四庫全書總目提要》（石家莊：河北人民出版社，2000 年），卷 120，子部 30，雜家類 4，《論衡》。頁 3095。

〔註101〕如戴杏林：〈論王充《論衡‧問孔篇》中的一些問題〉，《孔孟月刊》，33 卷 12 期（1995 年 8 月），頁 34～40。劉謹銘：〈從儒家義理層次回應王充的〈問孔〉與〈刺孟〉〉，《東方人文學誌》頁 21～37。

〔註102〕然而劉謹銘曾於〈從〈問孔〉、〈刺孟〉論王充批判經典的原旨〉一文中，曾就王充企圖在當時聖哲普遍被神化的情況下求「實」的心態作出論證，其文頗能釐清王充本意，唯文章篇幅稍短，內容亦有未竟之憾。參劉謹銘：〈從〈問孔〉、〈刺孟〉論王充批判經典的原旨〉，《鵝湖月刊》29 卷 7 期（2004 年 1 月），頁 39～45。

漢代統治的根本。王充於〈非韓〉中對其大加駁斥，其實是依循循吏之行。《漢書·地理志》載，潁川，「韓都，士有申子、韓非刻害餘烈，高仕宦，好文法，民以貪遴爭訟生分為失。韓延壽為太守，先之以敬讓，黃霸繼之，教化大行。」〔註103〕王充認為一味求法之效，只會使民相怨而亂，故而其謂法曰：

> 夫法度之功者，謂何等也？養三軍之士，明賞罰之命，嚴刑峻法，富國強兵，此法度也。〔註104〕

法制只是國家在衡量賞罰標準上的一個硬性標準，不能成為治國上涵蓋全面之判準，其以為治國之要在於禮義。其謂：

> 國之所以存者，禮義也。民無禮義，傾國危主。今儒者之操，重禮愛義，率無禮義士，激無義之人。人民為善，愛其主上，此亦有益也。聞伯夷風者，貪夫廉，懦夫有立志；聞柳下惠風者，薄夫敦，鄙夫寬。此上化也，非人所見。〔註105〕

王充指出，禮義才是維持一國家長治久安的最佳方法，因其能確保人民都能具備良好的德行。又曰：

> 治國猶治身也。治一身，省恩德之行，多傷害之操，則交黨疏絕，恥辱至身。推治身以況治國，治國之道當任德也。〔註106〕

> 謂世衰難以德治，可謂歲亂不可以春生乎？人君治一國，猶天地生萬物。天地不為亂歲去春，人君不以衰世屏德。孔子曰：「斯民也，三代所以直道而行也。」〔註107〕

因為治國猶如人自治其身，以硬性之法加諸一身，勢必「交黨疏絕，恥辱至身」。而德是治國之本，不能因為時局狀況而有增損變革。如同天生萬物，不以世變改其初衷。因此王充最後指出，治國之道在養德與力，其謂：

> 治國之道，所養有二：一曰養德，二曰養力。養德者，養名高之人，以示能敬賢；養力者，養氣力之士，以明能用兵。此所謂文武張設，德力具足者也，事或可以德懷，或可以力摧。外以德自立，內以力自備。慕德者不戰而服，犯德者畏兵而卻。〔註108〕

〔註103〕班固：《漢書》卷28下，〈地理志下〉，頁1654。
〔註104〕《論衡》卷10，〈非韓〉頁436。
〔註105〕《論衡》卷10，〈非韓〉頁434。
〔註106〕《論衡》卷10，〈非韓〉頁441。
〔註107〕《論衡》卷10，〈非韓〉頁441。
〔註108〕《論衡》卷10，〈非韓〉頁438。

王充以德、力二者爲治國上允文、允武之標準，實爲中的之語，既有教化遠
來之效，又收國力強盛之功。是以韓非之治國純用法，即是毀壞國基之作爲。
王充批評韓非曰：

> 夫韓子所尚者，法度也。……聞善必試之，聞惡必考之。試有功乃
> 加賞，考有驗乃加罰。虛聞空見，實試未立，賞罰未加。賞罰未加，
> 善惡未定，未定之事，須術乃立。則欲耳聞之，非也。〔註109〕

由此可以知道，王充於治道上，是主張不廢儒生、德行之爲的儒家思想，並
藉屢屢指陳「夫儒生，禮義也；耕戰，飲食也。貴耕戰而賤儒生，是棄禮義
求飲食也。使禮義廢，綱紀敗，上下亂而陰陽繆」諸說，〔註110〕強化其追求
禮義治國、儒生爲用的論點。

（二）教化與人生：智與仁的衝突

　　王充在〈問孔〉中曾就宰我晝寢一事發出疑問，王充認爲宰我有智，故
能登四科之上，且其晝寢之過小，既不足毀行，又不傷性，孔子實不必訾之。
這樣的說明自非純儒之說，然若從王充之出發立場思之，概可了解。吏之職
責，在於化民成俗，而觀循吏之功，有興學如文翁者，〔註111〕好行教化如黃
霸者，均藉教化改移民性。故而王充以宰我行不毀傷而論人之法，爲「取其
行則棄其言，取其言則棄其行」，〔註112〕可知言行二者概可分別觀之，智與仁
可各自分立互不妨礙。其又有謂：

> 智與仁，不相干也。有不知之性，何妨爲仁之行？五常之道，仁、
> 義、禮、智、信也。五者各別，不相須而成。故有智人、有仁人者，
> 有禮人、有義人者。人有信者未必智，智者未必仁，仁者未必禮，
> 禮者未必義。〔註113〕

當然，失去了「仁」爲中心，智與仁只能是分別義而不相乘，實屬支離之解。

〔註109〕《論衡》卷10，〈非韓〉頁444。
〔註110〕《論衡》卷10，〈非韓〉頁432～433。
〔註111〕《漢書》〈地理志〉謂：「巴、蜀、廣漢……民食稻魚，亡凶年憂，俗不愁苦，
　　　　而輕易淫洪，柔弱褊阨。景、武間，文翁爲蜀守，教民讀書法令，未能篤信
　　　　道德，反以好文刺譏，貴慕權勢。及司馬相如游宦京師諸侯，以文辭顯於世，
　　　　鄉黨慕循其跡。後有王褒、嚴遵、揚雄之徒，文章冠天下。」見《漢書》卷
　　　　28下，頁1645。
〔註112〕《論衡》卷9，〈問孔〉，頁407。
〔註113〕《論衡》卷9，〈問孔〉，頁408。

然王充的思想，實常受其自身身份干擾，而無法出現比較清楚的思想脈落。

（三）性與天道

　　王充對教化尤其注意，且注意的程度往往超過了應該解釋的義理的分判。如其由屬地論說人性，將性轉往一外在的修正，而不復能爲內在涵養。其謂：

> 楚、越之人，處莊嶽之間，經歷歲月，變爲舒緩，風俗移也。故曰：
> 「齊舒緩，秦慢易，燕戇投。」〔註114〕

此說不僅與班固在〈地理志〉中言「凡民含五常之性，而其剛柔緩急，音聲不同，繫水土之風氣，故謂之風；好惡取舍，動靜亡常，隨君上之情欲，故謂之俗」之說相近，〔註115〕也反映了王充內在某部分的「吏」性格。〔註116〕以往論性者多從心性著手，而王充由風俗、人之屬地論人之本性，不僅迥異於以往的思想家，更說明了王充的「教化」取向。如以下諸說：

> 夫人之性，猶蓬紗也，在所漸染而善惡變矣。〔註117〕

> 聖主之民如彼，惡主之民如此，竟在化不在性也。〔註118〕

> 孔門弟子七十之徒，皆任卿相之用，……未入孔子之門時，闔巷常庸無奇，其尤甚不率者，唯子路也。……孔子引而教之，漸漬磨礱，闔導牖進，猛氣消損，驕節屈折，卒能政事，序在四科。斯蓋變性使惡爲善之明效也。〔註119〕

> 夫人有不善，則乃性命之疾也，無其教治，而欲令變更，豈不難哉！
> 〔註120〕

〔註114〕《論衡》卷2，〈率性〉，頁79。
〔註115〕《漢書》卷28下，〈地理志下〉，頁1640。
〔註116〕如班固在《漢書・地理志》末條列劉向、朱贛所集之各地風俗，除述地之分野範圍，風土特色、民情性格，更甚者加述此地之吏政與吏化成效。如述秦地武威以西：「此政寬厚，吏不苛刻之所致也。」巴、蜀、廣漢：「景、武間，文翁爲太守，教民讀書法令，未能篤信道德，反以好文刺譏，貴慕權勢。」潁川、南陽：「高仕宦，好文法，民以貪遴爭訟生分爲失。韓延壽爲太守，先之以敬讓，黃霸繼之，教化大行。」見《漢書》卷28下，〈地理志下〉，頁1645、1654。
〔註117〕《論衡》卷2，〈率性〉，頁70。
〔註118〕《論衡》卷2，〈率性〉，頁72。
〔註119〕《論衡》卷2，〈率性〉，頁72～73。
〔註120〕《論衡》卷2，〈率性〉，頁75。

今夫性惡之人，使與性善者同類乎？可率勉之令其爲善；使之異類
乎？亦可令與道人之所鑄玉、隨侯之所作珠、人之所摩刀劍鉤月焉，
教導以學，漸漬以德，亦將日有仁義之操。〔註121〕

夫人之質猶鄣田，道教猶漳水也。患不能化，不患人性之難率也。
〔註122〕

南越王趙佗，本漢賢人也，化南夷之俗，背畔王制，椎髻箕坐，好
之若性。陸賈說以漢德，懼以聖威，蹶然起坐，心覺改悔，奉制稱
藩，其於椎髻箕坐也，惡之若性。前則若彼，後則若此。由此言之，
亦在於教，不獨在性也。〔註123〕

從以上七條敘述可看出，王充對人性的看法，意並不在解釋人性何以有善有惡，
而關心教化的作用。論者曾指出，王充之謂命，與作爲人生本質之性全不相干，
並將命與性區隔開來討論。〔註124〕如前述命論時引王充謂「夫性與命異，或性
善而命凶，或性惡而命吉。操行善惡者，性也；禍福吉凶者，命也。或行善而
得禍，是性善而命凶；或行惡而得福，是性惡而命吉也。性自有善惡，命自有
吉凶。使命吉之人，雖不行善，未必無福；凶命之人，雖勉操行，未必無禍。」
〔註125〕性掌管的是人本質上的行爲表現，而此亦同命是生來稟賦的：「人情有
不教而自善者，有教而終不善者矣，天性，猶命也。」〔註126〕

因此王充之人性論，除〈本性〉中對各家之性提出論證外，亦於討論之
後提出「人性有善有惡」之說。其謂：

人性有善有惡，猶人才有高有下也。高不可下，下不可高。謂性無
善惡，是謂人才無高下也。稟性受命，同一實也。命有貴賤，性有
善惡。謂性無善惡，是謂人命無貴賤也。〔註127〕

如同牟宗三先生指出的，王充對性的考量基準在於「類不同」，〔註128〕即人之
異於禽獸，僅在於人爲「萬物中最貴者」，是以其以氣論性，如其謂：

〔註121〕《論衡》卷2，〈率性〉，頁77～78。
〔註122〕《論衡》卷2，〈率性〉，頁82。
〔註123〕《論衡》卷2，〈率性〉，頁82～83。
〔註124〕見徐復觀：〈王充論考〉，《兩漢思想史》卷二，頁627～628。
〔註125〕《論衡》卷2，〈命義〉，頁50～51。
〔註126〕《論衡》卷1，〈命祿〉，頁26。
〔註127〕《論衡》卷3，〈本性〉，頁142。
〔註128〕見牟宗三：《中國哲學的特質》（臺北：臺灣學生書局，1998年），頁78。

稟氣有厚泊，故性有善惡也。〔註129〕

凡含血氣者，教之所以異化也。〔註130〕

以稟氣多寡作為性善惡成因之解，然其說仍要歸於教化上。故又有性三品說，其曰：

亦有三性：有正，有隨，有遭。正者，稟五常之性也；隨者，隨父母之性；遭者，遭得惡物象之故也。故妊婦食兔，子生缺唇。……喑聾跛盲。氣遭胎傷，故受性狂悖。……故《禮》有胎教之法：子在身時，席不正不坐，割不正不食，非正色目不視，非正聲耳不聽。〔註131〕

性三品亦同於三命說，然王充於此特別強調稟性亦可於妊娠之時調整，重點是要人們尊禮重化，才有改換的可能。因此王充之性與天道，其間僅存在一種隨機給予的關係，關聯處僅「氣」一項，並不涉及任何儒家義理關聯。其謂：

人稟元氣於天，各受壽夭之命，以立長短之形。……用氣為性，性成命定。體氣與形骸相抱，生死與期節相須。形不可變化，命不可減加。〔註132〕

此性亦如命，出生之時即已決定，然可藉由後天的教化學習改惡為善。

王充之性與天道，明顯的與儒家之說大相逕庭，「性」被簡化為觀測一人外在行為表現的一像判準，不再具有活潑的生命含意。而天道亦被化約為一客觀的萬物生長之表現場域，不再肩負「道」的啟示意涵。

二、雜家思想

對於王充這樣底層的思想家來說，由於其思想摻雜了民間思維，若無其自言是書乃「疾虛妄」者，後人當以其論鬆散、其言駁雜稱之。觀隋朝及其後之〈經籍志〉、〈藝文志〉，蓋將《論衡》收於雜家。陳振孫《直齋書錄解題》，〔註133〕及四庫全書亦視《論衡》為雜家之屬。〔註134〕而欲釐清《論衡》之思

〔註129〕《論衡》卷2，〈率性〉，頁80。
〔註130〕《論衡》卷2，〈率性〉，頁78。
〔註131〕《論衡》卷2，〈命義〉，頁53～54。
〔註132〕《論衡》卷2，〈無形〉，頁59。
〔註133〕見陳振孫：《直齋書錄解題》（臺北：廣文書局，1979年）卷10，雜家、論衡三十卷，頁663。
〔註134〕見文淵閣四庫全書（臺北：臺灣商務印書館，1983年）子部10，雜家類3，

想歸屬，當先明「雜家」之性質及特點。

雜家之名，肇自班固。其釋雜家云：

> 雜家者流，蓋出於議官，兼儒墨，合名法，知國體之有此，見再治
> 之無不貫，此其所長也。及盪者為之，則漫羨而無所歸心。〔註135〕

而梁啟超在〈漢書藝文志諸子略考釋・淮南〉條下云：「劉、班以淮南次呂覽之後而並入雜家者，蓋以兩書皆成於賓客之手，皆雜采諸家之說，其性質頗相類也。」〔註136〕與班氏同樣認為「雜采諸家之說」，不能歸類者為雜家。然胡適謂：「雜家是道家的前身，道家是雜家的新名。」〔註137〕又舉司馬談〈論六家要旨〉言道家為：

> 因陰陽之大順，采儒墨之善，措名法之要，與時遷移，應物變化，
> 立俗施事，無所不宜，指約而易操，事少而功多。〔註138〕

並言先秦不見「道家」一詞，而「道」之意即路、法，其意本攝一切道術意義，故班氏所言「兼儒墨，合名法」者其實正是司馬談所謂道家的廣義。〔註139〕而紀昀在論「雜考」時，又從「議官之雜家」論：

> 考證經義之書，始於《白虎通義》。蔡邕《獨斷》之類，皆沿其支流。
> 至唐而《資暇集》、《刊誤》之類為數漸繁，至宋而《容齋隨筆》之
> 類動成巨帙。其說大抵兼論經、史、子、集，不可限以一類，是真
> 出於議官之雜家也。〔註140〕

王充《論衡》之作，考證經義處少，其著書目的本在革除社會弊病，以及滌淨虛妄思想，然其中諸論，亦傳達出其駁議諸家之風格，然其雖有議官之風，實際卻是要導入儒家思想中，儘管此「儒」說不為純儒。

然而目錄學之目的，既在「辨章學術，考鏡源流」，迄隋以降諸家對《論衡》一書幾乎俱歸於雜家，似乎意謂諸家對是書多病其蕪雜，是以屏除各家之外而列入雜家中。〔註141〕

《論衡》。

〔註135〕班固：《漢書》卷30，〈藝文志〉，頁1742。

〔註136〕梁啟超：《諸子考釋》（臺北：臺灣中華書局，1957年），頁104。

〔註137〕胡適：《中國中古思想史長編》（上海：華東師範大學出版社，1997年）頁33。

〔註138〕司馬遷：《史記》卷70，〈太史公自序〉，頁3289。

〔註139〕胡適：《中國中古思想史長編》頁33～34。

〔註140〕紀昀：《四庫全書總目提要》，卷119，子部29，雜家類3，頁3094。

〔註141〕余嘉錫嘗謂目錄學之意義，在辨別此學之源流派別，及其體制、方法等，使
　　　　治學者有研究之資，省搜討之力，及他日從事著作，亦庶幾有成規可循。見

三、小 結

　　從前述引論者對王充〈問孔〉、〈刺孟〉之問難中實未及義理層面中，可知王充於孔、孟之說之反對或若干駁斥，並不是針對二者之思想義理，更多的是對二者對話間是否處於一有效的詰辯所作的判斷。這樣做的意思，並非「追難」孔孟，而是在對世人顯示，孔、孟並非「聖人」，更非「神人」，其說並不如大家所說的完全正確，而是如「凡人」一般，存在口語上不精準的發生可能。是以王充之問孔、刺孟既非反駁其思想義理，其用意當在還原孔、孟非「神」而爲「凡」的意義。因其非神，故無先知之功，而其說自然亦不能作爲神異的基準以及判準。

　　然而，問「孔」、刺「孟」、非「韓」之後的王充，其「儒生」的成分還有多少？如是的疑問是在處理以上細節之後，仍須面對的問題。〈問孔〉、〈刺孟〉既不存在思想上的反駁，王充於諸多義理判準上又依循儒家之說。再者，王充重儒生、禮義而非「韓」，可以清楚王充之定位當在儒而非雜。而《論衡》中若干近於道家之要素，如自然天，實更近於荀子之意。而從民間及知識份子兩階層之「疾虛妄」來看，王充實具更多節制之意涵，〔註142〕而其節制之最終，在於要合於道，而不論是治道的威信、掌控力，或聖人本意之大道，都標誌著王充儒家的取向與歸屬，而非如以上諸家所稱之雜家意。同時，〈非韓〉中王充言：「儒者之在世，禮義之舊防也，有之無益，無之有損。庠序之設，自古有之。重本尊始，故立官置吏。官不可廢，道不可棄。」〔註143〕實承襲了孔子所言「士志於道，而恥惡衣惡食者，未足與議也」，〔註144〕以及「士不可以不弘毅，任重而道遠」中士之載「道」精神。〔註145〕且王充擇「道」去「勢」的選擇，更足以說明王充爲對法家學說作出反省的知識份子。〔註146〕

　　　　氏著《目錄學發微》（台北：藝文印書館，1987 年），頁 2。

〔註142〕唐君毅嘗謂，王充之批判精神，乃漢人之重法度節制之意識，另一種之表現。見唐君毅：《中國哲學原論　原道篇（二）》，唐君毅全集卷 15，頁 213。

〔註143〕《論衡》卷 10，〈非韓〉頁 433。

〔註144〕朱熹：《四書章句集注・論語》（臺北：大安出版社，1999 年），卷 2，〈里仁第四〉，頁 95。

〔註145〕《論語》卷 4，〈泰伯第八〉，頁 140。

〔註146〕如同徐復觀對兩漢知識份子的觀察，其謂：儒家在政治思想上有一個大傳統，政治是爲了現實而具體活著的大多數人民。法家的法，在兩漢中依然保持有系統的傳承。但兩漢較好的知識份子，沒有不反對法家的。這不是抽象地思想鬥爭，當時也很少有人對法家思想作全面的檢討。見徐復觀：〈揚雄論究〉，

　　而王充自言「古有命使采爵，欲觀風俗，知下情也。……《論衡》、《政務》，其猶《詩》也，冀望見采」，〔註147〕也交代了《論衡》的性質，頗類謠詩，以及標舉其著書目的，不僅在「習文法吏事，緣飾以儒術」，〔註148〕更要以儒家義理移風易俗、教化百姓。是以王充之思想可歸於儒家內。然而對王充「儒家」的定位，以及歷來《論衡》「雜家」的分判，可能隱藏著一般對思想家理論完整性的要求，以及對思想家超越性的期望。

　　誠如葛兆光所言，「思想史不是點鬼簿」，〔註149〕思想家被寫入思想史的原因，以及對其思想高下優劣的評價，甚至是思想家的思想地位、思想歸屬等問題，都應該有更全面的考量。本文以學派歸屬的方法，對王充思想作具體的查核，不僅是對王充思想提出一更爲明確的考察方向，更在說明作者與作品間的內在聯繫，不唯作者自身之現實經驗，更在於作者所賦予作品的理念。《論衡》中所表現的駁雜分歧思想，正是王充自身身分定位的困難以及混淆所致。

　　《兩漢思想史》（卷二），頁 547。

〔註147〕《論衡》卷 29，〈對作〉，頁 1185。

〔註148〕班固：《漢書》卷 58，〈公孫弘卜式兒寬傳〉，頁 2618。

〔註149〕葛兆光：《中國思想史　導論　思想史的寫法》，頁 60。

第七章　結　論

　　通過以上的論證，關於王充「疾虛妄」的思想意涵，及其與當時外在環境的互動關係，已經能得到一具體的理解。王充思想中對民間與知識份子二階層的關心，俱在感偽起妄，去除事理的神異表徵，

　　而貫串其間的「吏」階層，在釐清王充思想上的若干駁雜或矛盾上，亦提供了有效而合理的解釋。王充思想成就之所以評價不高，在於其受外在的出處環境及自身儒、吏身分定位混淆之苦，使其無法全力用心於思想議題。本文從其所處社會階層論其思想，目的即在提出王充思想上的諸多難處，並不能僅用一套描繪上乘思想家的模式來檢討。而王充思想上命定、宣漢等爭議，實際有著感偽起妄的用心。因此歷來對王充「反骨」或「攀炎附勢」等評語，其實是忽視了王充作為漢政權底下一員地方官吏的自身職責，故本文所提出的，不僅是王充思想上普世性的一面，更意圖呼應葛兆光先生對中國思想中一般知識、思想與信仰的重視。〔註1〕而歷來對於王充思想研究範式的形成，來自對思想家必定思想「豐富」的過多想像，而刻意忽視思想家世俗性的一面。本文的著眼點，正在於還原王充的思想高度。王充的思想體系的確缺乏更多的人文關懷，然其大張疾虛妄之旗，期望從若干循吏的舉措，以及儒生的知識良知，矯正當時虛妄之風，戮數十年之力寫就《論衡》，其用心仍應當被肯定。

　　而透過文化場域的還原，以觀念史作為理論架構，對王充思想作「起點」的辯析，是在以思想「史」研究脈落為基準的研究範式下，提出另一種理解

〔註1〕 參葛兆光：《中國思想史　導論　思想史的寫法》頁14。

的面向以及可能。本文的章節配置，雖仍沿用以往思想史中對思想家思想背景、內容、思想價值等要素的要求，然在內容上，卻嘗試從場域的角度重新構置疾虛妄的發生以及作用立場，期望能從與王充息息相關的「吏」階層中，找出更貼合思想家的思想源頭。〔註2〕即，屏除一般以點的「個人」、單一連接的論述，而改以「面」的概念鋪展。各層面展現的不僅是王充思想的多元性，其中更有著一貫的主旨——「疾虛妄」。因此如是思想側面的提出，是以往處理王充思想上，所欠缺的一種更符合王充思想產生之「起點」。是以本文之方法選擇，很大程度是對王充疾虛妄思想意涵的強調，而盡量避免人云亦云式的人物品評，或避重就輕的方法揄揚。

誠如緒論所言，本文之作意不在重寫一本王充思想，而在對王充思想豐富處更活潑的展現出來。然而王充的主張，被後世簡化爲才性、自然天、驗證論等，其原先疾虛妄之用心，反而湮沒不存。這個問題不應該只歸咎於思想史方法的過分一致，或是對思想家只追求一種齊頭式平等等的思想史「方法」上的不足，〔註3〕而是更期待隨著觀念史範式的成熟，與葛兆光引一般知識、信仰入思想史而寫就的一種新的思想史，對思想家思想的一種更爲豐富的解讀方式，有新的曙光展露。

〔註2〕 其中民間、知識份子二場域的互動，以及是否存在上下領導、宰制的關係，亦是值得注意的問題，然此問題非學力所能及，亦非本文論述焦點及目的所在。關於場域的理論及論述，可參朋尼維茲：《布赫迪厄社會學的第一課》（臺北：麥田出版社，2005年），頁53，79～80。

〔註3〕 關於思想史「方法」選擇的爭論，如韋政通對勞思光「基源問題」法的問題，在於思想家、流派之間，彼此可能是完全對立的，而學派與學派之間可能有不同的假設與前提，是以如何了解他們之間經由互相刺激互相辯論，以促進思想史的發展，也是哲學史家的重要工作，而此就不是基源問題研究法能完全處理得了的。參韋政通：〈中國思想史方法論的檢討〉，韋政通主編：《中國思想史方法論選集》，頁12。然而「方法」是否「正確」，或是是否「有效」，考量點不應全聚焦於「方法」本身，而更應注意研究者自身對於思想的「態度」，以及所著重討論的議題本身。

徵引書目

一、王充研究論著

1. 《論衡校釋》，黃暉撰，附劉盼遂集解，北京：中華書局，1997 年。

2. 《論衡注釋》，北京大學歷史系《論衡》注釋小組，北京：中華書局，1979 年。

3. 《論衡校箋》，楊寶忠撰，石家莊：河北教育出版社，1999 年。

4. 《論衡析詁》，鄭文撰，成都：巴蜀書社，1999 年。

5. 《王充：中國古代的唯物主義者和啓蒙思想家》，阿·阿·彼得洛夫撰，李時譯，北京：科學出版社，1956 年。

6. 《王充——古代的戰鬥唯物論者》，田昌五撰，北京：人民出版社，1973 年。

7. 《王充自然思想研究》，陳麗桂撰，《國立臺灣師範大學國文研究所集刊》19 號，1975 年 6 月。

8. 《王充研究》，潘清芳撰，《國立臺灣師範大學國文研究所集刊》22 號。

9. 《王充卷》，蔣祖怡撰，鄭州：中州書畫社，1983 年。

10. 《漢初學術與王充論衡述論稿》，李偉泰撰，臺北：長安出版社，1985 年。

11. 《王充學術思想述評》，陳正雄撰，臺北：文津出版社，1987 年。

12. 《王充思想析論》，田鳳台撰，臺北：文津出版社，1988 年。

13. 《王充》，林麗雪撰：臺北，東大圖書公司，1991 年。

14. 《儒學異端：現代王充論衡》，陳再明撰，臺北：遠流出版事業股份有限公司，1995 年。

15. 《虛實之辨——王充哲學的宗旨》，周桂鈿撰，北京：人民出版社，1996 年。

16. 《王充思想評論》，陳拱撰，臺北，台灣商務印書館，1996 年。

17. 〈世俗化的儒家：王充〉，《漢代思潮》，龔鵬程撰，嘉義：南華大學，1999年。

18. 〈王充論考〉《兩漢思想史》（卷二），徐復觀撰，臺北：台灣學生書局，2000年。

19. 《王充新八論》，鄧紅撰，北京：中國社會科學出版社，2003年。

20. 《王充批判方法運用例析》，盧文信撰：臺北：輔仁大學中國文學研究所碩士論文，2000年。

21. 《王充論衡思維方法探析》，朱珮瑜撰：臺北：東吳大學哲學研究所碩士論文，2003年。

22. 《王充認識論研究》，康瀟文撰：臺北：國立臺灣師範大學國文研究所碩士論文，2003年。

23. 〈王充「疾虛妄」論之研究〉，黃國安撰《台東師專學報》第1期。

24. 〈論衡的思想研究〉，林俊宏撰，《鵝湖月刊》20卷5期，1994年11月。

25. 〈論王充《論衡‧問孔篇》中的一些問題〉，戴杏林撰，《孔孟月刊》，33卷12期，1995年8月。

26. 〈「必然性／或然性」與「自然命定論／宿命論」──從當代對王充的批評談起〉，陳啓聖撰，《鵝湖》，2003年1月。

27. 〈王充思想是否符合科學標準之評議〉，劉謹銘撰，《漢學研究》，2003年6月。

28. 〈馮友蘭對王充理解之商榷〉，劉謹銘撰，《思與言》，2003年6月。

29. 〈從〈問孔〉、〈刺孟〉論王充批判經典的原旨〉，劉謹銘撰，《鵝湖月刊》29卷7期，2004年1月。

30. 〈從儒家義理層次回應王充的〈問孔〉與〈刺孟〉〉，劉謹銘撰，《東方人文學誌》，2004年3月。

31. 〈王充《論衡》所論及之人才問題新探〉，吳瑞銀撰，《東方人文學誌》3卷1期，2004年3月。

二、古籍文獻

1. 《春秋左傳注》，楊伯峻注，北京：中華書局，1997年。

2. 《國語》，韋昭注，臺北：漢京文化事業有限公司，1983年。

3. 《四書章句集注》，朱熹集注，臺北：大安出版社，1999年。

4. 《呂氏春秋新校釋》呂不韋撰、陳奇猷校釋，上海：上海古籍出版社，2002年。

5. 《新書校注》，賈誼撰，閻振益、鍾夏校注，北京：中華書局，2000年。

6. 《淮南鴻烈集解》，劉安撰，劉文典集解，北京：中華書局，1997 年。

7. 《春秋繁露義證》，董仲舒撰，蘇輿義證，北京：中華書局出版，2002 年。

8. 《史記》，司馬遷撰，點校本，北京：中華書局，1997 年。

9. 《鹽鐵論校注》，桓寬撰，王利器校注：，北京：中華書局，1996 年。

10. 《說苑校證》，劉向撰，向宗魯校證，北京：中華書局，2000 年。

11. 《白虎通疏證》，班固撰，陳立疏證，北京：中華書局，1997 年。

12. 《說文解字注》，許慎撰，段玉裁注，經韵樓藏版，臺北：藝文印書館，1997 年。

13. 《漢官六種》，四部備要本，臺北：臺灣中華書局，1981 年。

14. 《東觀漢記》，劉珍等撰，四部備要本，臺北：臺灣中華書局，1981 年。

15. 《風俗通義校注》，應劭撰，王利器校注，臺北：明文書局，1988 年。

16. 《抱朴子外篇校箋》，葛洪撰，楊明照校箋，北京：中華書局，1997 年。

17. 《後漢書》，范曄撰，點校本，北京：中華書局，1997 年。

18. 《增補六臣注文選》，蕭統編，李善等注，臺北：漢京文化事業有限公司，1983 年。

19. 《東漢會要》，徐天麟撰，北京：中華書局，1998 年。

20. 《直齋書錄解題》，陳振孫撰，臺北：廣文書局，1979 年。

21. 《黃氏日抄》，黃震撰，收入文淵閣四庫全書第 707～708 冊，子部 1，儒家類。

22. 《古賦辯體》，祝堯撰，收入文淵閣四庫全書·集部，臺北：臺灣商務印書館，1983 年。

23. 《少室山房筆叢正集》，胡應麟撰，上海：上海書店出版社，2001 年。

24. 《四庫全書總目提要》，紀昀總纂，石家莊：河北人民出版社，2000 年。

25. 《全上古三代秦漢三國六朝文》，嚴可均校輯，北京：中華書局，1999 年。

26. 《廿二史箚記》，趙翼撰，臺北：世界書局，2001 年。

27. 《十駕齋養新錄》，錢大昕撰，四部備要本，臺北：臺灣中華書局，1986 年。

28. 《十七史商榷》，王鳴盛撰，臺北：大化書局，1984 年。

29. 《秦會要》，孫楷撰，楊善群校補，上海：上海古籍出版社，2004 年。

30. 《兩漢三國學案》，唐晏撰，臺北：世界書局，1979 年。

三、學術思想

（一）中國經學史

1. 《經學歷史》，皮錫瑞撰，周予同注，臺北：漢京文化事業股份有限公司，

1983 年。

2. 《中國經學史》，本田成之撰，臺北：廣文書局，2001 年。

3. 《中國經學史》，馬宗霍撰，臺北：臺灣商務印書館，2000 年。

4. 《經今古文學問題新探》，黃彰健撰，臺北：中央研究院歷史語言研究所，1992 年。

5. 《兩漢經學今古文平議》，錢穆撰，臺北：東大出版，2003 年。

6. 《兩漢尚書學及其對當時政治的影響》，李偉泰撰，臺北：國立臺灣大學文學院文史叢刊，1976 年。

7. 《古巫醫與六詩考》，周策縱撰，臺北：聯經出版事業公司，1989 年。

8. 《緯書集成》，安居香山、中村璋八編，石家莊：河北人民出版社，1994 年。

9. 《古讖緯研討及其書錄解題》，陳槃撰，臺北：國立編譯館，1991 年。

10. 《超越神話——緯書政治神話研究》，冷德熙撰，北京：東方出版社，1996 年。

11. 《讖緯文獻與漢代文化構建》，徐興無撰，北京：中華書局，2003 年。

12. 《梅園論學續集》，戴君仁撰，臺北：藝文印書館，1974 年。

13. 《容肇祖集》，容肇祖撰，濟南：齊魯書社，1989 年。

14. 《注史齋叢稿》，牟潤孫撰，臺北：臺灣商務印書館，1990 年。

15. 〈論漢儒災異論——以董仲舒、《白虎通》為中心之察考（下）〉，周德良撰，《鵝湖月刊》25 卷 6 期，（1999 年 12 月）。

16. 〈兩漢章句之學重探〉，林慶彰撰，收入《漢代文學與思想學術研討會論文集》，臺北：文史哲出版社，1991 年。

17. 〈漢代章句之學論考〉，張寶三撰，《台大中文學報》2001 年 5 月。

18. 〈論漢代學術會議與漢代學術發展的關係——以石渠閣會議的召開為例〉，夏長樸撰，收入國立政治大學中國文學系主編：《第三屆漢代文學與思想學術研討會論文集》，臺北：國立政治大學中國文學系，2000 年。

19. 〈論漢代經學的「正典化」及其意義——以「石渠議奏」為討論中心〉，林啟屏撰，收入國立政治大學主編：《第四屆漢代文學與思想學術研討會論文集》，臺北：新文豐出版股份有限公司，2003 年。

（二）學術思想

1. 《中國哲學史新編》（第三冊），馮友蘭撰，臺北：藍燈文化事業股份有限公司，1991 年。

2. 《中國哲學發展史》（秦漢），任繼愈主編，北京：人民出版社，1998 年。

3. 《新編中國哲學史》（二），勞思光撰，臺北：三民書局，2001 年。

4. 《中國中古思想史長編》，胡適撰，上海：華東師範大學出版社，1997 年。

5. 《中國思想通史》（第二卷：兩漢思想），侯外廬等編，北京：人民出版社，1992 年。

6. 《漢代思想史》，金春鋒撰，北京：中國社會科學院出版社，1997 年。

7. 《中國哲學原論 導論篇》，唐君毅撰，唐君毅全集卷 12，臺北：臺灣學生書局，1991 年。

8. 《中國哲學原論 原道篇二》，唐君毅撰，臺北：臺灣學生書局，2003 年。

9. 《中國思想史論集》，徐復觀撰，上海：上海書店出版社，2004 年。

10. 《中國思想史方法論選集》，韋政通編，臺北：水牛出版社，1993 年。

11. 《中國思想史導論：思想史的寫法》，葛兆光撰，上海：復旦大學出版社，2003 年。

12. 《思想史研究課程講錄》，葛兆光撰，北京：三聯書店，2005 年。

13. 《糧莠集——中國文化與哲學論集》，龐樸撰，上海：人民出版社，1988 年。

14. 《論道者——中國古代哲學論辯》，葛瑞漢撰，張海晏譯，北京：中國社會科學出版社，2003 年。

15. 《中國思想傳統的現代詮釋》，余英時撰，臺北：聯經出版事業公司，1999 年。

16. 《中國政治思想史》，蕭公權撰，臺北：聯經出版事業公司，2001 年。

17. 《「道」的錯置——中國政治思想的根本困結》，林安梧撰，臺北：臺灣學生書局，2003 年。

18. 《陰陽五行及其體系》，鄺芷人撰，臺北：文津出版社，2003 年。

19. 《中國文化新論 思想篇一 理想與現實》，黃俊傑主編，臺北：聯經出版事業公司 1996 年。

20. 《中國文化新論 思想篇二 天道與人道》，黃俊傑主編，臺北：聯經出版事業公司，1996 年。

21. 《諸子考釋》，梁啓超撰，臺北：臺灣中華書局，1957 年。

22. 《鄒衍遺說考》，王夢鷗撰，臺北：臺灣商務印書館，1966 年。

23. 〈思孟五行新考〉，龐樸撰，《文史》第七輯，1979 年 12 月。

24. 〈從郭店簡看思孟學派的性與天道論——兼談郭店簡儒家類撰作的學派歸屬問題〉，李景林撰，《孔孟月刊》38 卷 5 期，2000 年 1 月。

25. 〈漢代天文學與天文學家的政治功能〉，Wolfram Eberhard 撰，劉紉尼譯，收入《中國思想與制度論集》，臺北：聯經出版事業公司，1976 年。

26. 〈郭店儒簡的外王思想〉，陳麗桂撰，《臺大文史哲學報》第 55 期，2001 年 11 月。

27. 〈顧頡剛的疑古思想：漢儒、孔子與經典〉，丁亞傑、倪芳芳撰，《元培學報》11 期，（2004 年 12 月）。

28. 《中國方術續考》，李零撰，北京：東方出版社，2000 年。

29. 《中國人的幸福觀》，鮑吾剛（Wolfgang Bauer）撰，南京：江蘇人民出版社，2004 年。

30. 《中國文化新論　科技篇　格物與成器》，洪萬生主編，臺北：聯經文化事業股份有限公司，1994 年。

31. 《中國系統思維》，劉長林撰，北京：中國社會科學出版社，1997 年。

32. 〈玄學與形神思想〉，戴璉璋撰，《中國文哲研究集刊》第 13 期，1998 年 9 月。

33. 《才性與玄理》，牟宗三撰，臺北：學生書局，1997 年。

34. 《中國哲學的特質》，牟宗三撰，臺北：臺灣學生書局，1998 年。

35. 《歷史哲學》，牟宗三，臺北：臺灣學生書局，2000 年。

36. 《秦漢歷史哲學思想研究》，龐天佑撰，北京：中國社會科學出版社，2002 年。

37. 《目錄學發微》，余嘉錫撰，臺北：藝文印書館，1987 年。

38. 《中國美學史》，李澤厚、劉綱紀撰，臺北：漢京文化事業，1986 年。

39. 《中國的自傳文學》，川合康三撰，蔡毅譯，北京：中央編譯出版社，1999 年。

40. 《漢樂府研究》，張永鑫撰，南京：江蘇古籍出版社，2000 年。

41. 《經典的批判──西漢文學思想研究》，郜積意撰，北京：東方出版社，2000 年。

42. 《中國文化新論　文學篇二　意像的流變》，蔡英俊主編，臺北：聯經出版事業公司，2003 年。

43. 〈論漢代書序中的「設論」〉，車行健撰，《中國古典文學研究》第 8 期，2002 年 12 月。

44. 〈漢賦問答體初探〉，何沛雄撰，《新亞學術集刊》第 13 期，1994 年。

45. 《文化符號學》，龔鵬程撰，臺北：臺灣學生書局，2001 年。

46. 《中國邏輯學》，孫中原撰，臺北：水牛出版社，1994 年。

47. 《哲學概論（上）》，唐君毅撰，唐君毅全集卷 22，臺北：臺灣學生書局，1991 年。

48. 《認識心之批判》，牟宗三撰，臺北：臺灣學生書局，1990 年。

49. 《認識論》，柴熙撰，臺北：臺灣商務印書館，1991 年。

50. 《知識論》，王臣瑞撰，臺北：臺灣學生書局，2000 年。

四、史　學

1. 《國史大綱》，錢穆撰，臺北：臺灣商務印書館，2003 年。

2. 《劍橋中國史》，Denis Twitchett，Michael Loewe 編，韓復智主譯，臺北：南天書局，1996 年。

3. 《史學與傳統》，余英時撰，臺北：時報出版公司，1986 年。

4. 《中國文人階層史論》，龔鵬程撰，宜蘭：佛光人文社會學院，2002 年。

5. 《古史新證——王國維最後的講義》，王國維撰，北京：清華大學出版社，2000 年。

6. 《中國青銅時代》（第二集），張光直撰，臺北：聯經出版事業公司，2001 年。

7. 《漢代政治論文集甲編》，勞榦撰，臺北：藝文印書館，1976 年。

8. 《漢史論集》，韓復智撰，臺北：文史哲出版社，1980 年。

9. 《秦漢史論稿》，邢義田撰，臺北：東大圖書公司，1987 年。

10. 《秦漢史論稿》，高敏撰，臺北：五南圖書出版股份有限公司，2002 年。

11. 《中國地方行政制度史甲部——秦漢地方行政制度》，嚴耕望撰，臺北：中央研究院歷史語言研究所，1990 年。

12. 《嚴耕望史學論文選集》，嚴耕望撰，臺北：聯經出版事業公司，1991 年。

13. 《秦漢官吏法研究》，安作璋撰，濟南：齊魯書社，1993 年。

14. 《秦漢仕進制度》，黃留珠撰，西安：西北大學出版社，1998 年。

15. 《秦漢官僚制度》，卜憲群撰，北京：社會科學文獻出版社，2002 年。

16. 〈漢代的文史與儒生〉，卜憲群撰，收入《秦漢史論叢》（第七輯），北京：中國社會科學出版社，1998 年。

17. 〈論光武帝「退功臣而進文吏」〉，陳勇撰，《歷史研究》1995 年 4 期。

18. 《睡虎地秦墓竹簡》，睡虎地秦墓竹簡整理小組編，北京：文物出版社，2001 年。

19. 《睡虎地秦簡研究》，徐富昌撰，臺北：文史哲出版社，1993 年。

20. 《睡虎地秦簡論考》，吳福助撰，臺北：文津出版社，1994 年。

21. 《睡虎地秦簡初探》，高敏撰：臺北：萬卷樓圖書有限公司，2000 年。

22. 《雲夢秦簡日書研究》，饒宗頤、曾憲通撰，香港：中文大學出版社，1982 年。

23. 《睡虎地秦簡日書研究》，劉樂賢撰，臺北：文津出版社，1994 年。

24. 〈從卜筮祭禱簡看「日書」的形成〉，工藤元男撰，收入武漢大學中國文化研究院編：《郭店楚簡國際學術研討會論文集》，武漢：湖北人民出版社，2000 年。

25. 〈日書：秦國社會的一面鏡子〉，〈日書〉研讀班撰，《文博》1986 年 5 期。

26. 〈秦漢政治生活中的神秘主義〉，林劍鳴撰，《歷史研究》1991 年 4 期。

27. 〈日書與秦漢時代的吏治〉，林劍鳴撰，《新史學》2 卷 2 期，1991 年 6 月。

28. 〈睡虎地秦簡《日書》的世界〉，蒲慕州撰，《中央研究院歷史語言研究所集刊》62 本 4 分，（1993 年 4 月）。

29. 《尹灣漢墓簡牘論考》，蔡萬進撰，臺北：臺灣古籍出版有限公司，2002 年。

30. 《簡牘與制度——尹灣漢墓簡牘官文書考證》（增訂版），廖伯源撰，桂林：廣西師範大學出版社，2005 年。

31. 〈「尹灣漢墓簡牘」的主要內容和學術價值〉，謝桂華撰，收入中國秦漢史研究會編：《秦漢史論叢》（第七輯），北京：中國社會科學出版社，1998 年。

32. 〈〈東海郡下轄長吏名籍〉研究〉，李解民撰，連雲港市博物館、中國文物研究所編：《尹灣漢墓簡牘綜論》，北京：科學出版社，1999 年。

33. 〈試論尹灣漢墓出土〈東海郡屬縣鄉吏員定簿〉的史料價值——讀尹灣漢簡札記之一〉，高敏撰，《鄭州大學學報》30 卷 2 期，1997 年 3 月。

34. 〈尹灣新出土行政文書的性質與漢代地方行政〉，紀安諾撰，《大陸雜誌》95 卷 3 期，1997 年 9 月。

35. 〈漢代內郡的吏員構成與鄉、亭、里關係——東海尹灣漢簡研究〉，楊際平撰，《廈門大學學報》，1998 年 4 期。

36. 〈虛像的太平：漢帝國之瑞祥與上計的造作——從尹灣簡牘「集簿」的分析說起〉，李成珪撰，《國際簡牘學會會刊》，2002 年 5 月。

37. 《漢代的相人術》，祝平一撰，臺北：臺灣學生書局，1990 年。

38. 《墓葬與生死：中國古代宗教之省思》，蒲慕州撰，臺北：聯經出版事業公司，1993 年。

39. 《中國古代禁忌》，張寅成撰，臺北：稻鄉出版社，2000 年。

40. 《叫魂：1768 年中國妖術大恐慌》，孔飛力（Philip A. Kuhn）撰，陳兼、劉昶譯，上海：上海三聯書店，2002 年。

41. 《追尋一己之福——中國古代的信仰世界》，蒲慕州撰，臺北：麥田出版社，2004 年。

42. 《漢代的巫者》，林富士撰，臺北：稻鄉出版社，2004 年。

43. 〈中國古代鬼論述的形成〉，蒲慕州撰，收入蒲慕州編：《鬼魅神魔——中國通俗文化側寫》，臺北：麥田出版社，2005 年。

44. 《法制與禮俗》，劉增貴主編，中央研究院第三屆漢學會議論文集歷史組，臺北：中央研究院歷史語言研究所，2002 年。

45. 〈偃師縣南蔡庄鄉漢肥致墓發掘簡報〉，《文物》1992 年 9 期。

46. 〈東漢的方士與求仙風氣〉，邢義田撰，《大陸雜誌》，94 卷 2 期。

47. 〈讀「肥致碑」札記〉，李訓詳撰，《大陸雜誌》95 卷 6 期。

48. 〈東漢《肥致碑》考釋〉，虞萬里撰，《中原文物》1997 年 4 期。

49. 〈東漢肥致碑與方士的騙術〉，趙超撰，《中國典籍與文化》1999 年 1 期。

50. 〈論肥致碑的立碑者及碑的性質〉，劉昭瑞撰，《中原文物》2002 年 3 期。

51. 〈武氏祠研究的一些問題——巫撰《武梁祠——中國古代圖像藝術的意識形態》和蔣、吳撰《漢代武氏墓群石刻研究》讀記〉，邢義田撰，《新史學》8 卷 4 期，（1997 年 12 月）。

52. 〈從沂南漢畫像石墓看堪輿術之影響〉，李錦山撰，《故宮文物月刊》193 期，（1999 年 4 月）。

53. 〈漢畫像石反映的巫術習俗〉，李錦山撰，《故宮文物月刊》97 期，（1999 年 8 月）。

54. 〈信立祥撰《中國漢代畫像石的研究》讀記〉，邢義田撰，《台大歷史學報》25 期，（2000 年 6 月）。

55. 〈巫蠱之禍的政治意義〉，蒲慕州撰，《中央研究院史語所集刊》57 本 3 分，1986 年。

56. 〈對於「巫蠱之禍的政治意義」的看法〉，勞榦撰，《中央研究院史語所集刊》57 本 3 分，1986 年。

57. 〈形體、精氣與魂魄——中國傳統對「人」認識的形成〉，杜正勝撰，《新史學》2 卷 3 期，1991 年 9 月。

58. 〈古代物怪之研究（上）——一種心態史和文化史的探索〉，杜正勝撰，《大陸雜誌》104 卷 3 期，2002 年 1 月。

59. 〈祟病與「場所」：傳統醫學對祟病的一種解釋〉，李建民撰，《漢學研究》12 卷 1 期，1994 年 6 月。

60. 〈「婦人媚道考」——傳統家庭的衝突與化解方術〉，李建民撰，《新史學》7 卷 4 期，1996 年 12 月。

61. 〈漢隋之間的「生子不舉」問題〉，李貞德撰，《中央研究院歷史語言研究所集刊》66 本 3 分，1995 年 9 月。

五、西方學術論著

1. 《邏輯學》，黑格爾撰，楊一之譯，北京：商務印書館，1991 年。

2. 《社會科學方法論》，韋伯（Max Weber，1864～1920）撰，黃振華，張與健譯，臺北：時報出版事業，1991 年。

3. 《支配社會學》，韋伯撰，康樂、簡惠美譯本，臺北：遠流出版事業股份

有限公司，1993 年。

4. 《支配的類型：韋伯選集 3》（修訂版），韋伯撰，康樂等編譯，臺北：遠流出版事業股份有限公司，1997 年。

5. 《宗教社會學》，韋伯撰，康樂、簡惠美譯，臺北：遠流出版事業股份有限公司，2003 年。

6. 《社會學的基本概念》，韋伯撰，顧忠華譯，桂林：廣西師範大學出版社，2005 年。

7. 《人論》，恩斯特·卡西爾（Ernst Cassirer）撰，甘陽譯，上海：上海藝文出版社，2003 年。

8. 《開放社會及其敵人》，卡爾·巴柏（Karl Popper）撰，莊文瑞、李英明譯，臺北：桂冠圖書股份有限公司，1994 年。

9. 《客觀的知識——一個進化論的研究》，卡爾·波普爾（Karl Popper）撰，舒煒光、卓如飛、梁咏新等譯，杭州：中國美術學院出版社，2003 年。

10. 《知識份子論》，薩義德（Edward W. Said）撰，單德興譯，陸建德校，北京：三聯書店，2002 年。

11. 《布赫迪厄社會學的第一課》，朋尼維茲（Patrice Bonnewitz）撰，孫智綺譯，臺北：麥田出版社，2005 年。

12. 《馬克思主義與文學批評》，伊格頓（Terry Eagleton）撰，文寶譯，臺北：南方叢書出版社，1987 年。

13. 《西洋哲學辭典》，項退結編譯，臺北：華香園出版社，1992 年。

14. 《劍橋哲學辭典》，羅伯特·奧迪（Robert Audi）英文主編，王思迅主編，臺北：貓頭鷹出版社，2002 年。

15. Redfield, Robert. *Peasant Society and Culture*. Chicago: University of Chicago Press, 1956.